时间的悖论

[美] 菲利普·津巴多（Philip Zimbardo）
[美] 约翰·博伊德（John Boyd）著
张迪衡 译

THE
TIME
PARADOX

中信出版集团 | 北京

图书在版编目（CIP）数据

时间的悖论（美）菲利普·津巴多，（美）约翰·博伊德著；张迪衡译. -- 北京：中信出版社，2018.4（2024.8 重印）
书名原文：The Time Paradox
ISBN 978-7-5086-8459-8

Ⅰ.①时… Ⅱ.①菲…②约… ③张… Ⅲ.①时间－管理－通俗读物 Ⅳ.① C935-49

中国版本图书馆 CIP 数据核字（2017）第 311141 号

THE TIME PARADOX: THE NEW PSYCHOLOGY OF TIME THAT WILL CHANGE YOUR LIFE BY PHILIP ZIMBARDO, PH.D. & JOHN BOYD, PH. D.
Copyright © 2008 BY JOHN BOYD AND PHILIP ZIMBARDO
This edition arranged with THE MARSH AGENCY LTD
Through BIG APPLE AGENCY, INC., LABUAN, MALAYSIA.
Simplified Chinese edition copyright © 2018 CITIC Press Corporation
All rights reserved
本书仅限中国大陆地区发行销售

时间的悖论

著者： ［美］菲利普·津巴多 ［美］约翰·博伊德
译者： 张迪衡
出版发行：中信出版集团股份有限公司
（北京市朝阳区东三环北路 27 号嘉铭中心 邮编 100020）
承印者： 北京盛通印刷股份有限公司

开本：880mm×1230mm 1/32　印张：12.25　字数：276 千字
版次：2018 年 4 月第 1 版　　印次：2024 年 8 月第 10 次印刷
京权图字：01-2016-9675　　　书号：ISBN 978-7-5086-8459-8
定价：88.00 元

版权所有·侵权必究
如有印刷、装订问题，本公司负责调换。
服务热线：400-600-8099
投稿邮箱：author@citicpub.com

献给我的儿子亚当以及我的兄弟唐。他们教会了我合理安排并利用好时间的重要性,而且让我意识到这样做能真正地提高生活的质量。

——菲利普·津巴多

献给我的父母:我所有的一切,都来源于你们。

献给南希:你让我的当下充满了爱,让我的未来充满了意义。

——约翰·博伊德

目 录

第一部分　关于时间的科学　001

第 1 章　时间为何如此重要　003

你的时间是有限的　003
无所从来，亦无所去　008
时间比金钱更宝贵　009
时间的心理相对论　013
"善良的撒玛利亚人"实验　016
掌控过去的人也掌控着未来　021
时间心理学　022

第 2 章　测测你的时间观　031

急剧变化的世界　032
古人类的"事件时间"　034
"时钟时"的转变　041
今天的时间观　045
对待改变的反应　049
相关科学测试　052

第 3 章 如何看待过去 077

津巴多的往事 077
你的过去与最早的记忆 080
约翰的往事 081
决定论、解析主义和行为主义 082
重构过去 087
过去的真实性是否重要 093

第 4 章 全然真实的当下 109

如何专注于当下 110
折现未来的经济学 115
活在当下的三种方式 116
活在当下的优缺点 133
守时是一种美德 147

第 5 章 从今天看未来 151

如何以未来为导向 157
以未来为导向的优缺点 163
为成功的未来预演 175

第 6 章 超越未来 183

自杀式恐怖袭击 185
超未来时间观 195
超越未来的应对方式 202
超未来时间观的未来 206

第二部分　珍惜时间，乐享生活　211

第 7 章　时间、身体和健康　213

大脑中的时间　215
当下和未来的致命危机　219
时间与精神错乱　223
失序的时间　227
时间与健康　230
时间与压力　235

第 8 章　时间是最有智慧的人生顾问　241

延迟满足的棉花糖　241
时间观影响你的未来　243
时间不仅是金钱　253
5 步轻松迈向财务自由　256
退休以后　261

第 9 章　爱情里的时间　275

恋爱中的时间观　277
测测你与恋人时间观的配合度　279
在以未来为中心的世界寻找另一半　280
幸福与时间观　283
幸福的绊脚石　285
提升你的幸福指数　289

IV 时间的悖论

第 10 章　商业、政治与时间观　299

商业时间简史　303
时间观引发的领导力　309
时间陷阱　314
时间观的冲突是政治的核心　320

第 11 章　重置你的心理时钟　335

提升时间洞察力　335
最佳时间观组合　337
重置时间观　343
打造崭新的均衡时间观　351

第 12 章　时不我待　355

让你的人生更有意义　355
人生苦短，你在等待什么？　357
重温，沉浸，享受　360
一切尽在你手中　362

后　记　忙，越来越忙　365

第一部分
关于时间的科学

第1章
时间为何如此重要

你的时间是有限的

17世纪,在罗马的"西班牙大阶梯"的尽头,在一间毫不起眼的教堂——康契吉欧尼圣母教堂(后又称"人骨教堂")那幽暗、尘封的地下室里,一群隐秘的教徒为了纪念时间的重要性,建造了一座阴森恐怖的纪念堂。就像圣彼得教堂一样,康契吉欧尼圣母教堂逼仄的墙上布满了独特的镶嵌物,构成一幅幅超凡的马赛克图案。和圣彼得教堂不同的是,那些用来装饰康契吉欧尼圣母教堂的狭小空间的镶嵌物,不是彩色小玻璃而是褪色的人骨。成百上千的人头骨堆砌成了罗马式的拱门,成千上万的人脊柱骨拼成了错综复杂的曼陀罗图案。那些更小的,也许是人的手骨或脚骨,则被装上电灯泡,做成了吊灯。一具完整的小男孩的骸骨,被挂在了天花板上,他纤细的手上托着代表公正的天平。还有穿戴整齐的僧侣,他们的皮肤已经干枯但衣着仍完好无缺，他们保持着沉思的姿势，见证着永恒。这绝对是一个奇观：可怕，却又迷人万分。

嘉布遣会[①]僧侣，以他们那独特的像卡布奇诺（一种表面覆盖奶泡的咖啡）一样的帽子而著称。他们把 4 000 位已经去世的教友，重新葬在了这个地下室，因为那些逝者之前安息的场所已经变成了新的建筑。尽管内容神圣庄严，但这个近乎超现实的、布满了骸骨的嘉布遣会僧侣地穴，给人一种好莱坞电影剧场的感觉，或者像一场极其出众的万圣节展览。对于大多数的游客而言，这个地穴只是一个景点，并不是一个用来沉思的地方。每年从中穿梭而过的游客，在这些逝者面前，也没有比他们在附近的梵蒂冈博物馆的艺术品面前表现出更多敬意。

图 1-1

---

① Capuchin，天主教方济各会的一支。——编者注

那些并不急着奔赴下一个景点的人，则能感受到这个地穴的深层含义。例如，本书的另一位作者约翰·博伊德，曾经在嘉布遣会僧侣地穴里参观过一个下午。他发现在一堆骨头下面的地板上，写着这样一行题词：

汝之今昔，彼之昨日。
彼之今昔，汝之来日。

当他读到这简简单单的几个字时，过去与未来像潮水一样涌向当下。一瞬间，这些骸骨不再是神秘的历史文物，而是我们人生旅途中命定的旅伴、我们的同辈人。400年的日出日落，150 000天的盛宴、饥荒、战乱与和平，也不能再将我们分隔开来，那些僧侣干枯的皮肤和象牙色的骨头，还有他们所说的中世纪的拉丁文，以及他们所穿的长袍，这些都已不再重要了。尽管我们都具有非常出色的心理能力去忽视甚至去否认，但这行题词却让我们不得不面对一个无法回避的现实：我们活在这世上的时间是有限的。在宇宙洪荒一眨眼的时间里，我们就会成为数以亿计的人类祖先中的一员——他们曾经活着，然后死去，最后跟我们眼前这堆骨头一样，难以区分。

这个地穴给了活着的世人关于最终命运的庄严警示。虽然罗马的其他景点展示了一些世界级艺术家的作品，但这个地穴则保存了生命本身的遗骸。如果骸骨能说话，它们会告诉我们关于躺在这里的上千个达·芬奇、米开朗琪罗和拉斐尔的故事。但这个地穴所传达的，并不是让我们为死亡做好准备的警告，而是一个深情的恳求——恳求我们让自己的人生富有意义且充实。

这正是本书的主题——时间和人生：如何利用我们30多年来关于时间的激动人心的研究发现，去强化、加深、甚至重新设计你和时间的关系。我们想与你分享一个基于个人经验、学术，同时又是基于研究所得到的关于时间的新科学。你个人以及你和周边的人共有的对于时间的态度，对人的本性有着极大的影响，但这种重要性却被绝大部分的人忽视，无论是学术界还是普罗大众。这正是关于时间的第一个悖论：你对于时间的态度将对你的生活产生深远的影响，但你自己却很少会意识到这一点。

在研究中，我们发现了6种对待时间的态度或看法。首先，我们会帮助你了解自己的时间视角，然后会提供设计的练习来扩展你的时间观念，帮助你更充分地利用宝贵的时间。如果我们能成功做到这一点，你就能把负面的经历转化成正面的经历，并且学会利用当下和未来的正面经历，而非盲目地屈从于两者之一。而这正是第二条重要的时间悖论：对待过去、当下和未来的适中的态度预示着一种健康的生活方式，而极端的态度则会导致不健康的生活方式。我们的目标是帮助你厘清过去，享受当下，掌握未来。要做到这一点，我们将教给你新的方法，去审视和处理你的过去、当下和未来。

在过去的30多年里，我们向上万人发放了调查问卷。有超过15个国家的同行也利用这份问卷对几千人进行了调查。我们欣喜地看到，参与者通过这份问卷意识到，他们其实会把自己连续的个人经历划分成不同的心理分区或者时间区域。我们将在第1章介绍研究框架，之后会讨论如何使用这些新的认知来获得更健康的生活、更丰厚的投资回报、更成功的事业和生意，以及更幸福的生活。

我们希望这些发现能让你得到与众不同的、更好的生活方式，使你摆脱那些因陈旧时间观带来的麻烦、过时、累人的想法和行为。这就像一个我们都听过的经典笑话：

> 一个城里人在一条乡间小路上走着，他路过一家农场，发现农场主在用一种特别奇怪的方式喂猪。农场主站在一棵苹果树下，抱起一头非常大的猪，让它尽情地吃树上的苹果。一个苹果吃完了，农场主抱着猪到另一个苹果前，直至猪吃饱了为止。然后，农场主又抱起另一头猪来喂。城里人看了好一会儿，最后他实在忍不住，开口问道："不好意思，我实在忍不住想告诉你，你这样一头一头地把猪抱起来喂苹果，实在太费劲了。你直接去摇那棵树，然后让猪去吃掉下来的苹果不是更省时间吗？"农场主一脸茫然地看着城里人问道："对于一头猪来讲，时间有什么用呢？"

想想在你的生活中，你需要放下哪些一直抱着不放的"猪"呢？

在我们进入新的时间心理学成果之前，需要先谈谈我们的文化中对时间的理解，并重新审视一些长久以来对于时间的误解。希望你可以看到自己在哪些方面用无效的方式看待时间，在哪些方面应该放下怀里的那头又老又重的"猪"（态度）——因为它对你现在的生活已经毫无意义。

🕐 无所从来，亦无所去

> 人不能两次踏进同一条河流，因为河已经不是原来的河，人也不是原来的人了。
>
> ——赫拉克利特

如果那些嘉布遣会僧侣中的一位能从永远的沉睡中醒过来，来到 21 世纪，那么他一定认不出现在这个世界。世界已经变了，但这位复活的僧侣，可能比我们更能体会时间对世界的深远影响。就像生活在水里的鱼可能意识不到水的存在，大部分人也没有意识到时间正在一刻不停地流逝。我们通常只会在一些重大的时刻才能体会到时间的威力：至亲的去世、濒死体验，或者某些重大的人生悲剧，如"9·11"事件。我们几乎不自觉地把时间分成小时或天，然后记录重大的生活事件，比如亲人的生日和祭日。时间如承载意识之水，尽管时间在生活中具有如此核心的地位，但我们很少反思时间如何区分我们的生活，如何赋予我们生活的方向和深度。对于大部分人来说，我们身处其中的时间之流是浑浊不清的而非透明清澈的，这让我们看不清时间到底从哪里来，要到哪里去。也许直到时间之河已经流干时，我们才会意识到时间的存在，就像那些葬在康契吉欧尼圣母教堂里的僧侣一样。

时间比金钱更宝贵

> 请记住,时间就是金钱。
>
> ——本杰明·富兰克林

时间是我们最珍贵的财产。在古典经济学里,一种资源越稀少、用处越多,它的价值就越高。比如,黄金本身并没有任何内在的价值,它只是一种黄色的金属。然而,地球上黄金的矿脉很稀少,而且黄金的用途很多。人们首先学会了用黄金做首饰,近年来,黄金被用作电子零件中的导体。关于稀缺和价值的关系我们都很清楚,所以黄金的定价过高也就不足为奇了。

我们能拥有的大部分东西——钻石、黄金、百元大钞都可以再生。因为新的金矿和钻石矿可以继续开采,新的钞票可以再印,但时间却不能。无论如何,我们都不可能多出一丁点儿的时间,也不能把浪费的时间要回来。时间一旦流逝,就永不再来。所以,尽管富兰克林有很多一针见血的名言,但他那句"时间就是金钱"却是错的。我们最稀有的资源是时间。金钱有价,而时间无价。

在日常交易中,我们能隐隐地体会到时间的价值。比如,我们通常愿意花大价钱去购买别人的时间,价钱越高,时间越有价值——一小时收费500美元的律师应该比收200美元的律师要好;手工制造的商品要比机器生产的贵;精细制作、需要细细品味的食物要比快餐价格高。同样,我们也愿意花高价来购买节省时间的特权,如特快快递、干洗店、直飞航班、便利店都要索取附加费,这正是因为我们赋予时间很高的内在价值。

我们赋予时间这么高的价值，事实上，时间也是最有价值的商品，但我们在如何使用时间这个问题上花的精力竟如此之少，这实在令人惊讶。如果一个有点儿讨人嫌的家伙希望你能投资他的新公司，你可能会仔细分析这笔生意的成本和收益。如果你最终认定这是一桩糟糕的投资，你很可能会一口回绝，哪怕这样做会冒犯到你的朋友。毕竟，谁愿意让自己的钱打水漂呢？但假设同样是这个人，他邀请你共进晚餐，恐怕你就不会如此认真地考虑这顿饭的付出和回报。哪怕你并不想赴宴，你还是会在排得满满的日程里抽出一个小时和他见面吃饭，然后全程都在为把时间浪费在自己不想做的事情上而后悔。

为什么我们花钱的方式比花费时间的方式更明智呢？也许是因为我们无法保存时间，无论我们如何决定，时间都会匆匆流逝。或许是因为花费时间的方式看不见、摸不着，而金钱交易因涉及和具体的物质打交道所以需要深思熟虑。比如，你想要一个新闹钟，于是你花了 20 美元就得到了这个东西。但花费时间似乎不需要我们付出什么，而且也没有与时间等价的财物——你不可能把时间装进瓶子里去交换一样物品。

另一方面，我们轻易地花费时间，是因为我们从来没有学过应该如何思考时间。在历史长河中，人们在如何支配时间上并没有太多的选择余地。他们需要花时间生存下来，先是独自存活，后来是成群聚居。他们并没有太多休闲的时光，他们需要外出打猎、采集食物、生火、打水、建造住所。直到最近几千年，人们才得到了宝贵的自由时间。直到最近几百年，人们才开始享受或忍受闲暇时光。

因为时间比金钱更有价值，在重新评估思考时间的方式时我们不得不问：我们对时间的认知真的正确吗？那些拥有最多银行存款的人，真的是世界上最富有的人吗？如果一个人把所有的时间都用来赚钱却没有时间来享受生活，这样的人真的算富有吗？像钓鱼大师布伦特·福克斯（Brent Fox）这样的人，选择了教学这种收入相对较低的工作，从而拥有了建造自己"看不见的时间宫殿"的自由，我们应该如何衡量他的财富呢？像那些有上亿家产，把时间都花在了建造豪宅上，却没有时间去享受的人，我们又应该如何衡量他们的财富呢？理财顾问总是基于你的个人财务目标为你设计投资策略，如果我们也有这样一个时间顾问，那该多好！要知道如何正确地投资时间，你需要成为自己的时间投资顾问。首先，问问自己这些问题："你希望从生活中得到什么？如何让自己的时间花得有价值？如何有效利用时间？"此外，你还是个人时间投资决策的仲裁者。我们的研究发现，相比于花在物质享受上的时间，人们更能从精神享受的时间消耗（例如度假）以及发展有意义的社交关系的时间花费中得到满足感。研究也表明，每个人都可以通过更明智地思考时间的使用而受益，包括：什么是时间？时间对于我们有什么意义？如何用新的方式去看待和使用时间，从而让我们生活变得更美好？

这些关于时间的问题，本质上就是关于人生意义的问题。若要寻找到自己的答案，你也许需要《圣经》、犹太教律法书、《古兰经》，或者一条山间幽泉。虽然本书并不能给你一个终极答案，但我们可以给你一些基于几十年心理学研究的新建议、新策略以及简单的技巧，让你更有意识、更有效地利用时间。

时间的机会成本

另一个与时间有关的经济学概念是机会成本。在经济学中，机会成本是指放弃某个机会时产生的潜在成本。比如，如果你决定买入 1 000 美元谷歌公司的股票，你就失去了把这 1 000 美元投资到雅虎、IBM（国际商用机器公司）或者赛马上，甚至只是放在储钱罐里的机会。无论你做出何种选择，你都失去了其他机会。机会成本的概念告诉我们，投资的资源总是稀缺的，每一个投资选择背后都有相应的代价。与使用金钱和时间相关的机会成本无处不在，却常不为人知，也无法为人所知。无论你如何利用时间，你都会为了最终的选择，付出放弃另一项活动的机会成本——也许是无数机会的机会成本。对于金钱，你还有把它存进银行这种保守的选项，但时间却不可以。无论你喜欢与否，生活中的每一个瞬间都在花费着时间。时间悄然流逝，片刻不停。我们就是"时间自显于其上的钟表"（《理查二世》，莎士比亚）。

一旦你意识到时间投资是有机会成本的，你就会对如何做出和时间相关的决定更敏感，进而做出让你更快乐的决定。请记住，比起已经做过的事，人们更容易为那些没有做过的事而后悔——无论最终的结果如何。正如莎士比亚所言：

> 当我传唤对已往事物的记忆，
> 出庭于那馨香的默想的公堂，
> 我不禁为命中许多缺陷叹息，
> 带着旧恨，重新哭蹉跎的时光。

比如，一个想成为好莱坞明星的女人，比起搬到洛杉矶去寻找机会却以失败告终，她更有可能后悔自己当初没有选择搬到洛杉矶去寻找机会。所以，通过阅读本书你会更加积极主动地规划时间，把握更多的机会，留下最少的遗憾。

时间非常宝贵还因为人生是有限的，时间是我们度过一生的媒介。如果不能有效地利用时间，我们将付出沉重的机会成本（失去机会）。

时间的心理相对论

时间之所以宝贵，也源自它的相对性。毫无疑问，我们对这个说法都非常熟悉，也对它背后的物理学原理了然于胸。爱因斯坦的相对论同时预言了超能量和宇宙大毁灭，它从根本上改变了我们对世界和人类自身的看法。但比起爱因斯坦完美的方程，时间的相对性更受个人因素影响。时间不仅受限于爱因斯坦的客观物理定律和牛顿提出的参照物理论，同时也受限于我们的主观心理过程。一个人的情绪状态、时间观以及生活节奏，都会影响他感受时间的方式。

人类对于物质世界的探索始于15世纪和16世纪的文艺复兴时期，而对于心理世界的探索却不到200年。不过心理学界已得出结论：时间不仅在物理上是相对的，在心理上也是相对的。爱因斯坦曾经说过：

> 一名男子坐在漂亮女孩旁边一个小时，他感觉只过了一分钟。他坐在热炉子边上一分钟却感觉比一个小时还漫长。这就是相对论。

物理规律和心理规律的根本区别在于，物理规律是不变的，但心理规律却是弹性的。心理规律会因环境和参照系的改变而发生改变。在一定程度上，人们可以控制这些心理规律的改变和应用，与此相对应的心理学名词叫"建构"，即我们理解和解释这个世界的方式，一旦我们了解了心理学规律和身处的世界，就可以根据自身需要和所拥有的资源，以更有建设性的方式去建构这个世界。

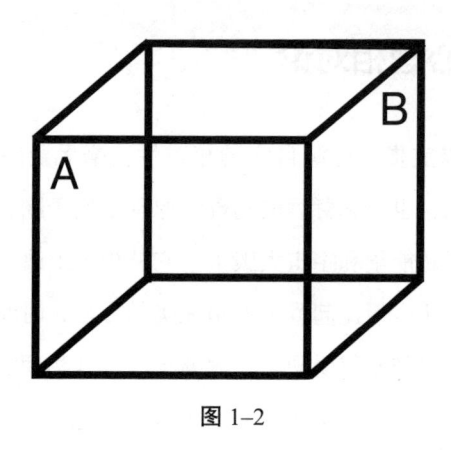

图 1–2

以著名的视觉错觉图像为例，可知人们在理解世界时是如何选择不同视角的——有时候人们觉得平面 A 是突出来的那一面，而有时候人们觉得平面 B 是突出来的那一面。两种不同的视角都有据可依。但让我们花一分钟想象一下，如果把平面 A 看成突出的一面会得到奖励，而把平面 B 看成突出来的一面会受到惩罚。一旦你明白了不同视角将带来不同的结果之后，你就会选择从那个能带来最大收获的视角去看待事物。

图 1-3

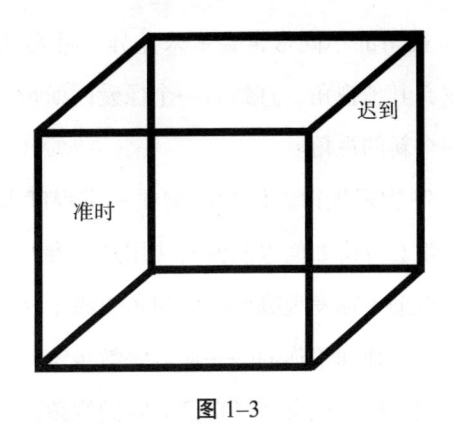

正如心理学家罗伯特·奥恩斯坦在他的经典著作《体验时间》（*On the Experience of Time*）中所述，对于时间的感知是一个认知的过程，受限于认知错觉，就像上图中的内克尔立方体（Necker Cube）一样。一般来讲，在特定的时间里你处理的认知任务越多，就会觉得时间越漫长。比如，莱斯大学的研究员发现，人们觉得变高或者变低的声音比同时长的不变的声音更长。声音方位的改变与此现象并无关联，而声音的大小决定了这种现象的产生。音调和音量的改变使人们产生了暂时的错觉，让人们坚信度过了更长的时间。

在生活中，你会遇到许多视觉和时间上的错觉，它们都可能比这些例子更复杂。虽然并没有所谓的"正确"方式，但主观因素常常会让人更倾向于其中一种视角。有时候，用某种时间视角来看世界会带来成功，但换一种时间视角则会导致失败。以未来视角看世界也许会让你变得"准时"，而以当下视角看世界则会让你"迟到"。当然，客观来讲，这两种时间视角并没有真假对错之别，但在复杂的、主观性很强的社会里,视角的不同常常会带来差异。社会认定一种视角是"对的",则会摈弃其他视角,直到另一个像爱因斯坦一样聪明的人出现并提出另一种全新的视角。

我们不能控制物理规律,但我们能在一定程度上控制自己看待时间的参照物。学会分辨如何以及何时使用这些参照物能让你从生活中获益更多,也有助于你发现哪些时间视角阻碍了你的生活。有些时候,时间视角是社会强加于你的——通过宗教传统、教育、社会阶级还有文化背景,但你仍有机会选择自己的时间视角。本书旨在帮助你发现自己的时间视角,了解它是如何影响你的想法、感受和行动的。最后,我们希望帮助你发展思维的灵活性,从而让你在面对不同的生活难题时,选择最利于自己的时间视角。

"善良的撒玛利亚人"实验

让我们回顾 1977 年的一个心理实验——社会心理学家约翰·达利和丹·巴特森对普林斯顿神学院的学生如何为"善良的撒玛利亚人"的演讲做准备进行了研究。演讲在学校的一个会堂里进行,神学院的指导老师还要对演讲进行评审。在学生准备好之后,他将被告知:A.他已经迟到了,几分钟之前老师已经在会堂等他,让他马上赶到会堂去;B.他还有很多时间,但他最好马上出发。两种说法唯一的不同就是时间上的压力被细微地改变了。研究员非常好奇,他们想知道这种细微的改变会不会影响这些准备终身服务于教会的学生的行为。

从准备室到演讲会堂的路上，每一个学生都会遇到一个倒在走廊地上咳嗽、看起来需要帮助的人（这些学生不知道，这个人其实是研究人员事先安排好的）。在附近没有其他人的情况下，这些学生面临着一个选择：是选择帮助这个危难中的陌生人（正如善良的撒玛利亚人所做的那样），还是选择视而不见，去完成一个关于积极行善的重要演讲？那些已经"迟到"的学生对陌生人伸出援手的可能性，是否和"准时"的学生一样？对于一个神学院的学生来讲，做正确的事应该比说正确的话更重要，但事实并非如此！

大部分认为自己还有充足时间的学生的确停下来帮助了这个人，这种反应与他们选择的职业一致。那些立志于把自己的生命奉献给他人的人，应该向危难中的陌生人伸出援手。出乎意料地，90%"迟到"组的学生并没有停下来为陌生人提供帮助，他们从这个需要帮助的人身边走了过去，因为他们处于一种以未来为导向的时间视角中，更倾向于避免迟到，虽然这些学生在实验后的访问中都承认自己看到了那个需要帮助的人。

我们该如何解释两组学生在助人行为上有如此戏剧化的差异呢？因为两组学生唯一的差别在于他们和时间的关系，我们只能得出"对时间看法的改变导致了行为上的差异"这个结论。一个对时间简单、细微的操控，就能让一心向善的人把他们眼前关心的事置于急需帮助的人的需求之上，这些神学院的学生做出了他们自己都感到羞耻的行为。

达利和巴特森这个影响深远的研究表明，时间视角可以改变人们的行为。不过，真实的世界显然比这个心理实验复杂得多，所以另一位社会心理学家罗伯特·列文研究了时间视角如何在心理学实验室之外的生活里产生影响。列文把人们对时间的态度称为"生活节奏"（pace of life），而生活节奏是由社区中每一个成员的社会行为决定的。列文的研究组走访了不同的城市，测量了当地人走路的速度、手表和时钟的准确性以及他们在日常商业交易中的节奏，比如，在邮局里买邮票等。通过这些指标，列文计算出了世界上十几个城市的生活节奏。在全世界范围里，西欧国家的生活节奏之快名列前茅，其中瑞士名列第一。日本也在排名里相对靠前。大部分发展中国家节奏较慢。在被研究的31个国家里，墨西哥是生活节奏最慢的国家。

列文也通过记录人们走路的速度、银行柜员的工作速度、市民说话的速度以及人们戴手表的普遍程度，算出全美36个城市的生活节奏。结果，波士顿、纽约及几个东北部的大城市是全美生活节奏最快的城市，而美国南部和西部的城市生活节奏相对较慢，其中洛杉矶是36个主要城市中生活节奏最慢的城市。

列文的研究清楚地表明了人们生活的节奏，即"着急程度"，在不同的城市、不同的国家里都非常不一样。另外，列文也研究了在这36个美国城市中的"助人行为"。他评估了一个城市居民做以下事情的可能性：

- 归还别人"不经意间"掉了的笔
- 帮一个腿上打了石膏的人捡起他不小心掉了的杂志
- 帮盲人过马路
- 帮别人换零钱

- 帮别人把弄丢的信寄掉
- 给慈善机构捐钱

　　和"善良的撒玛利亚人"实验的结论一样，列文发现，一般情况下，生活节奏最快的城市的居民，最不愿意为他人提供帮助。纽约州的罗切斯特，生活节奏相对比较慢，它在这项研究中成为全美国最乐于助人的城市，而生活节奏排名第三的纽约市，被评为全美国最不乐于助人的城市。然而，研究中也出现了明显的例外。加州的城市生活节奏普遍较慢，但居民在乐于助人方面不如那些生活节奏更快的城市。这也许说明了比较慢的生活节奏是利他主义的必要不充分条件。加州人也许有帮助他人的时间，但他们也许对于花时间让自己生活得更好更感兴趣。

　　达利和巴特森的研究表明，一个人与时间的关系可以影响他在重要行为上的选择，如向需要的人提供帮助。而列文的研究则记录了社会关系和时间在不同城市和国家是如何变化的，他也在现实生活中验证了达利和巴特森的研究发现。

　　关于时间，我们（本书的作者）已经进行了30多年的研究。我们关注生活环境中的不同方面，比如社区中的生活节奏如何被内化、被接受、被传播，最终又如何影响每一个个体的想法、感受和行为。我们相信，个人对于时间的态度很大程度上是后天习得的，在大部分情况下我们都是通过无意识的、主观的方式来对待时间的。对此，在你对时间的意识有所提高之后，你就可以拥有更佳的时间视角。事实上，我们的时间视角基本都是无意识的、主观的，我们会把连续的经历分成小的时间框架，以便为不同的事项排序，使其保持一致，并赋予其意义。这些时间的框架也许反映了重复出现的周期，比如四季的轮回、你的生理周期、孩子的生日，或者反映了独特的单一线性事件，比如父母的离世日期、某次事故的发生日期、某次战争的爆发日期。在你记录、储存和回忆自己的经历时，在你感受和体验每一刻时，在你修改自己的预期、目标、不确定的计划时，在你每次想象一个场景时，你都用到了不同的时间视角。

我们在研究中发现，时间视角在人们生活的方式中扮演了非常重要的角色。人们大都倾向于发展出并且过度使用某一种时间视角。比如，专注于未来、现在，或者过去。未来导向的人倾向于在职业或者学术发展上取得成功，他们的饮食更健康，锻炼更规律，并且经常安排预防性的体检。之前实验中那些"迟到"的神学院学生和生活在快速生活节奏社区里的人，他们的时间视角更有可能是未来导向的，因此不愿意把自己的时间用到利他行为上。

相反，当下导向的人更愿意帮助他人，但在关怀自己方面则表现出更少的意愿或能力。一般而言，当下导向的人比未来导向的人更有可能会尝试高风险的行为，包括性、赌博、吸毒和酗酒。他们很少去锻炼身体，不在意健康饮食，较少采取预防性的保健措施，比如使用牙线、定期体检等。

因此，未来导向的人更有可能取得个人的成功，但帮助他人的可能性更小。这件事本身非常讽刺，因为最有能力提供帮助的人提供帮助的概率最小。相反，当下导向的人成功的概率更小，却更有可能帮助他人。这一点也非常讽刺，因为最有可能帮助他人的人，却时常忽视自己。至于那些过去导向的人，情况就更加复杂了。对于一部分人来说，过去充满了美好的回忆，比如家庭仪式、个人成功和快乐时光。对于另一部分人来说，过去则充满了负面的回忆，是一座苦难、失败和悔恨的博物馆。这些对待过去的态度极大地影响着我们做出日常决定的方式，因为这些或积极或消极的思维方式，成了我们脑海中挥之不去的参照系。

掌控过去的人也掌控着未来

> 掌控过去的人也掌控着未来，而掌控当下的人则掌控了过去。
>
> ——乔治·奥威尔

这句话出自奥威尔的小说《一九八四》，一般指的是社会和政府的控制。那些控制了当下局势的社会阶层可以通过篡改历史从而改变未来社会的发展。《一九八四》中的主要人物温斯顿是真理部的雇员，而他的工作就是根据政府宣传的要求改写教科书上的历史。

掌控过去、现在和未来，对于每一个人（包括你在内）都同样重要，而你有意识地用积极的方式去审视时间的能力，决定了你能否拥有心理和情绪上的健康。我们并不是让你盲目乐观，而是指当你可以控制当下时，也就控制了你的过去和未来。你可以重新诠释甚至是改写你的过去，从而让你对未来有更强的控制感。事实上，所有的心理治疗都可以被认为是一种通过当下获得对过去和未来的控制感的尝试。不同的心理学流派强调不同的时间维度的重要性，尽管所有的流派都从当下着手。例如，精神分析强调过去的重要性，存在主义心理治疗强调现在的重要性，而人本主义心理治疗则强调未来的重要性。

当下不仅是你改写过去的手段，也是你将最初的想法、感受和行动写进记忆里的媒介。你当下的每一个决定和行动，都将立刻变成过去。因此，对当下的掌控可以让你决定你的过去，从而可以让你在未来想要改写过去的需求最小化。平日里，你需要做出上百个决定，比如穿什么，吃什么，空闲的时候做什么，和谁在一起，不和谁在一起。在任意的一天，这些决定看起来都毫不起眼，甚至一点儿也不重要，但从整体上看，它们决定了你的过去、现在和未来。

时间心理学

本书尊重你的时间。欧内斯特·贝克尔因提出"人类的心底都有着对死亡的恐惧"而赢得了普利策奖。贝克尔认为，人们无法从心理上接受死亡的现实，所以他们普遍地否认死亡。更重要的是，人们会否认自己的死亡。嘉布遣会教堂里的景象深深地触动了我们，因为它破坏了我们优秀的否认能力。贝克尔写道：

> 没有什么东西能像死亡和对死亡的恐惧一样，在人类的担忧中挥之不去。它是人类活动的发条——人类大部分的活动都是为了回避死亡而设计的，或者为了超越死亡，从而极力在某些方面否认死亡，这是人类最终的命运。

死亡就是一生的结束。否认死亡，就等于否认人生会有终结。如果你不承认时间会有尽头，那么你对待时间的态度很有可能和你认为时间是稀缺且有限时大不一样。如果你相信人生是无限的，你就不可能视时间如真金，你更有可能把时间看作沙滩上的一把沙。讽刺的是，否认死亡能够缓解焦虑和压力，让你看不到生命的价值，从而无法拥有充实的人生。

本书中我们讨论的正是如何充分利用你的生命，如何抓紧每一年、每一个月、每一个小时里的分分秒秒。我们一直致力于研究人类如何使用时间，并且想帮助你过好每一分、每一秒。

在开始这段激动人心的时光之旅前，你的导游菲利普·津巴多和约翰·博伊德想介绍一下我们是如何产生了研究时间的兴趣，以及我们的发现如何影响了我们的生活。

对于津巴多来说，有5件事让他对时间产生了浓厚的兴趣：出生在一个意大利家庭；童年一直体弱多病；家庭贫困；有幸得到很多无私敬业的小学教师的庇护；发起了斯坦福监狱实验。关于体弱多病，稍后再讲，以下是他的故事。

20世纪30年代，我成长在纽约市南布朗克斯的贫民区里，我们这些小孩子几乎什么都没有——没有玩具，没有游戏，也没有书。但我们有很多伙伴——我们的家庭里有很多孩子，除了上学，我们几乎都在大街上玩耍。我们发明了很多游戏，也经常改编各种传统游戏，我们可以一直玩好几个小时的棒球或者垒球，而且一点儿也不觉得累。我慢慢学会了完全地活在当下，也慢慢地明白冲动和鲁莽的危险。我的很多朋友都受过伤，有一些人甚至因为意外而去世。

我的家庭非常崇尚深厚的历史传统，同时也喜欢享受美食、美酒和音乐。我非常喜欢那些不用急着上床睡觉的夜晚，那些时候就可以和家人在一起，听父亲弹曼陀铃，祖父弹吉他，还有一位叔叔或表哥用吉他伴奏。他们一直唱着老歌，直到手指发麻。这些歌会让我们想起以前美好的日子，以及已经去世但仍活在我们记忆里的亲人。

我和家人非常亲近，但他们没怎么受过教育，也不太重视正规教育。在他们看来，上学只是迫于法律上的规定，而且他们想方设法早早工作。因为他们没有特别的技能，也没有学历，所以通常都干着简单重复、没有出路的粗活儿，生活总陷于贫困。

我还算幸运，因为小学里的那些无私敬业的老师教会了我把目光放长远，而不是像我周围的人那样，每日为着眼前短暂的欢愉而活着。他们清楚地告诉我，当下的努力是通向未来成功的唯一道路。我非常喜欢学校，因为学校里干净整洁，一切都井然有序。你付出什么，就能得到什么。你只要做一个好学生，就可以得到小红星、铅笔这些奖励，也可以得到坐在第一排的荣誉。这些好老师让我学会了如何远离当下的满足，学会通过延迟满足得到更多的回报，他们还教会我学业和作业重于玩乐。他们相较于普通的老师，更像是传教士，因为他们教会了我很多关于人生的智慧和道理。

直到今天，我依然把这些人生智慧存在心里。

1971年，我进行了一项颇有争议的实验——斯坦福监狱实验，即在斯坦福大学的校园里研究社会情景对于普通人行为的影响，具体来讲，就是研究"一个好人"是如何被引导，并对他人做出恶劣的事情来的。我把学生分成"囚犯"和"狱警"，然后将一栋教学楼里的地下室作为"监狱"。

这些学生"囚犯"知道他们只是实验中的临时角色，但他们表现出来的行为却并非如此——他们就像自己永远失去了自由一样。这些"囚犯"本可以和其他囚友分享他们以前的身份，讨论实验结束之后的计划和希望，但他们很少这么做。相反，他们在牢房里的谈话录音表明，他们大部分的对话都是关于当下生活中不好的方面：糟糕的伙食、恶劣的狱警、辛苦的劳役、失去自由的孤独等等。这些"囚犯"从不分享自己的身份，也不分享他们对于未来的梦想，他们只知道彼此都是囚友。他们的经历恰好和我童年的经历相反，对此我感到震惊：当我被儿时的环境和贫困所限时，我心中想的却是更加美好的未来。为了生存，无论身处何种境地，我都会尽可能地享受每时每刻。仅仅因为专注于眼前这个假的监狱里的负面体验，假"囚徒"很快就被绝望所困。

那么，我们长期持有的人格为何会被轻易改变呢？是什么让不同的人在同样的情景面前有着不同的反应？为了寻找答案，我开始了关于时间视角的研究。我早期在斯坦福大学的研究，因为1994年约翰·博伊德的加入而有了质的飞跃，我们一起研发出一种可靠有效的时间视角测量法。经过30多年的研究，约翰和我的想法影响了世界各地的研究者，而我比以往更加坚信，时间视角是影响人的想法、感受和行动的最重要的因素之一，它也是最鲜为人知、最不受重视的一种因素。

让我们来听听约翰关于时间研究的故事：

先天和后天的因素非常独特地结合在一起，让我产生了对时间的兴趣。我天生害羞且内向，我的童年是在加州的南莱克塔霍的森林里和想象中的牛仔及印第安小伙伴们一起度过的。在我进幼儿园的时候，我的父亲在加州大学洛杉矶分校的附属小学找到了一份工作，于是我们全家搬到了洛杉矶。我花了很长时间才习惯了大城市的喧嚣，以及周围的真人伙伴。

有一天，母亲到幼儿园接我，那会儿正好是课间休息，她找遍了操场也没有找到我。她有点儿紧张，于是回到教室问老师我到哪里去了。"你找过操场中间的那棵树了吗？"我的老师回答说，"课间休息时，他大都在那树上看着别的小孩儿玩耍。"我母亲在操场中间那棵孤零零的树上找到了我。我现在很少再躲在树上了，但我对于人类的行为依然着迷，也想找到他们的行为和生活态度背后的原因。

和菲利普一样，公共教育在我的时间视角的发展中起到了重要的作用，我能感受到它对于我在学校和在家里生活的影响。我的父母作为公共教育者，都取得了事业上的成功，我的母亲还取得了教育学的博士学位，我的父亲则得到了硕士学位。基于他们的影响和我自己对于学术研究的兴趣，我拥有了和菲利普一样的以未来为导向的时间观。

在我刚满18岁的时候，我的父母结束了他们长达20年的婚姻。我对此既困惑又震惊。我原打算在接下来的20年，以父亲作为人生榜样，但他却选择了放弃。他的行为让我无法理解。在一次交谈中，我问父亲，从18岁到40岁，他的生活发生了什么变化。他坦诚地回答了我：有时，人们并不知道为什么自己会改变，他们只是变了。他想到的最好答案是，他在一段时间里努力尝试着不去改变，却再也无法坚持下去，他要忠于自己的内心。就在那一天，我决定不能等到自己40岁的时候再来面对改变，我决定"每天都接受一点儿中年危机"，以避免40岁的时候面对更大的危机。

现在，我40岁了，我的方法似乎有了成效。我并没有成功避免衰老过程带来的改变，但我能更好地接受自己在18岁到40岁之间发生的转变。我学会了不和时间作对，而是全身心地臣服于时间。我很晚才结婚，并且尝试着迎接婚姻对我的改变。我避免了急剧地改变自己的生活，我选择了继续在生活中聆听自己的内心。我喜欢玩飞钓、做木工、旅行，和我的亲朋好友在一起，即使未来导向的时间观常常阻止我这么做。

在职业上，我选择了追求自己的兴趣和热情，包括心理学、时间和技术，以及这三者的结合。我在斯坦福大学最初做的心理研究，事实上是希望解释人们为什么会做出一些别人觉得疯狂的事情，比如自杀式爆炸。我发现，答案往往不是简单明了的，原因和每个人高度个人化的时间观以及身处的环境有很大关系。我发现，心理学界的大部分人都有意识地忽视了对于未来的信念，因为这些信念大都和宗教高度相关，而宗教在主流心理学界几乎是一个禁忌的话题。最后，我的研究工作验证了菲利普早期的工作，并把它延伸到对未来的研究。在过去的14年里，我们一直都在研究上有合作。而我们俩从事这一研究的时间加起来有52年。在这段时间里，我们采访了数以万计的学生和数以千计的实验参与者，从而得出了本书所述的研究结论。

这是一本指引你未来投资的指南。无论你是谁，住在哪里，年纪多大，做着怎样的工作；无论你现在是在独自喝酒，还是身为一国的领导人；无论你是单身母亲、行政人员、老师、学生或者是囚犯；无论你是一个享乐主义者还是一个精力充沛的工作狂，时间对于你都非常重要。你的时间是宝贵的，你只能活一次。因此，尽可能地利用人生这段旅程是至关重要的。

我们希望能帮助你发展出一种平衡的时间观。平衡的时间观能让你根据当前情景的需要，灵活地从以过去为导向转向以当下或未来为导向，从而做出最优选择。虽然我们会给出建议，但你也需要自己做决定，你需要做出承诺去学习和改变，这样才能从投资中得到最大的回报。只有你才能让你的时间变得重要起来。如果不是你，还有谁可以做到呢？如果不是现在，又会是什么时候呢？

表 1-1 名言与作者、时代配对

名言	作者
1. 你难道不爱你的生命吗？那就不要挥霍你的时间，因为你的生命是由时间构成的	A. 伊丽莎白一世（1533—1603 年）
2. 我所拥有的一切不过是时间里的一瞬	B. 泰奥弗拉斯托斯（公元前 371—公元前 287 年）
3. 时间是一个人能花费的东西里最贵的一样	C. 本杰明·富兰克林（1706—1790 年）
4. 你的时间是有限的，因此不要浪费时间去过别人的人生……除此之外，其他一切都是次要的	D. 查尔斯·达尔文（1809—1882 年）
5. 时间是你生活的货币。它是你所拥有的唯一货币，也只有你才能决定如何花费它。小心不要让别人把你的时间都花掉	E. 弗朗索瓦·拉伯雷（1494—1553 年）
6. 没有东西能比时间更珍贵	F. 卡尔·桑德堡（1878—1967 年）
7. 一个敢于浪费一个小时时间的人，他还没有发现生命的价值	G. 普鲁塔克（约公元 46—120 年）
8. 时间之所以珍贵是因为它的期待、关注和回忆的本质	H. 圣奥古斯丁（354—430 年）
9. 当毕达哥拉斯被问到时间是什么的时候，他回答说，时间是世界的本质	I. 巴尔塔沙·葛拉西安（1601—1658 年）
10. 我们真正拥有的只有时间，哪怕是一无所有的人也拥有时间	J. 约翰·伦道夫（1773—1833 年）
11. 时间曾经是我们最宝贵也是最容易消逝的财产	K. 史蒂夫·乔布斯（1955—2011 年）
12. 你可以向我要任何你想要的东西，除了时间	L. 拿破仑（1769—1821 年）

答案：1. C; 2. A; 3. B; 4. K; 5. F; 6. E; 7. D; 8. H; 9. G; 10. I; 11. J; 12. L。

第 2 章
测测你的时间观

> 唯一不变的就是变化本身。
>
> ——赫拉克利特

根据卡尔·萨根著名的"宇宙日历",地球是在宇宙形成的第一年的 9 月份诞生的。恐龙出现在圣诞节前夜,猿人出现在 12 月 30 日晚上的 10 点 15 分。人类祖先在 12 月 31 日晚上的 9 点 42 分开始直立行走,而第一个解剖学上的现代人类出现在当晚 10 点 30 分。今天是宇宙第二年的第一秒。在人类出现之前的第一年的 364 天 10 小时 30 分,发生了太多的事情——银河系形成了,太阳系等恒星系精细的同步轨道开始稳定,行星各安其位。对于萨根这个宇宙学家来说,浩瀚的宇宙正是测量时间的背景:

地球非常古老,人类则非常年轻。我们人生中重要的事情,都是以年或者比年更小的单位来计算的。人的一生以数十年计,

> 我们的家族可以延续百年，所有有记载的人类历史大概只有几千年。但在人类诞生之前，时间的长河已经流过了漫长的、令人敬畏的岁月。已经发生的过去，时间跨度惊人，对此我们的了解却非常少——不仅因为没有书面的记载，也因为我们很难理解其中牵涉到的广袤时空的概念。
>
> ——卡尔·萨根，《伊甸的巨龙》

萨根曾经以光年为单位测量过距离，以千年为单位计算过时间，但大部分人都以生活事件的先后顺序衡量时间。我们的人生在广袤浩瀚的宇宙面前只是弹指一挥间，但它是我们拥有的一切。从人生的角度来看，我们的出生和死亡日期标记了个人时间的开始、经过和结束。对于我们来说，100年已经是很长的时间了，1 000年则长得如同永恒一般。每一个婴儿的出生都是生命的到来，而死亡则是生命的结束。在出生时，每个人都是全新的生命，但这个过程也像从宇宙一般老的模子里倒出来的一样。在萨根的日历中，那364天并不是被白白浪费掉的，这些时间正是花在了创造人类上。

🕐 急剧变化的世界

从我们出生以来，我们周围的世界就在急剧地变化着，所以我们都是年代倒置的造物。在过去的150年里，我们的世界已经发生了戏剧性的改变，而花了上百万年的时间才创造出的人类的生理机能，在过去的15万年里几乎没有发生过什么变化。你的身体（哪怕是刚出生的健康婴儿）被设计得可以很好地适应周围的环境，但这是过去的环境。你的身体其实是一部古老的生物机器，在进化中适应了一个早已消失的世界。虽然，我们生活在一个计算机的运算速度大约每24个月就会增加一倍的世界，可人类的信息处理能力在过去的15万年里几乎没有任何显著的增长，可见，我们的生理构造明显落后于时代的发展。

我们就像是赫兹级别的机器，生活在兆赫的年代。对于一个普通人来说，他的简单反应时大概是250毫秒。简单反应时是指一个人对刺激做出反应所需要的时间，比如从他看到灯亮到按下按钮关灯的时间。因此，每一轮从光信息输入到按按钮的反应大概需要1/4秒，四轮的反应大概需要1秒的时间。因此，一个普通人的运算速度大概有4赫兹。相比之下，现代的台式电脑的中央处理器（电脑的"大脑"）有着超过3 000兆赫的时钟速度，电脑的处理速度大约是人的速度的750 000 000倍。

我们相对比较慢的处理速度有两个层面的意思：第一，这意味着每个人都活在至少250毫秒之前的世界里，我们的身体需要大约250毫秒才能意识到周围发生的事情，比如一盏灯亮了。我们还需要更长的时间来感知声音，因为声音传播的速度比光的速度要慢得多。

第二，因为人脑的中央处理器运行得比较慢，所以我们要小心谨慎地对待思考某个问题上的时间。我们保护大脑处理资源的周期就像守财奴保护他的钱财一样。心理学家甚至有一个专有名词来形容这种倾向，他们把人类叫作"认知守财奴"。在生活中，当人们需要做出日常周期性的决定时，就会把自己的认知资源保留起来，选择依靠捷思法——通过尝试、试错和改进而得到的简单、实用的经验规律。我们把做判断、做决定的技能留给了生活中的那些新颖的、不确定的以及危险的事，并且用来预测未来。不幸的是，过去有效的方法现在却不一定有效，特别是当现在的情况与以前相比已经发生了改变的时候。而且，我们过去的成功也不会自动地在未来重复出现，无论我们多么希望这一切会发生。

古人类的"事件时间"

> 自远古以来，人类就一直处于文化发展的过程中……幸亏有这个过程，我们成为现在的样子，而且，我们也忍受着它所带来的善意的折磨。
>
> ——西蒙·弗洛伊德

如果人类的生理构造在过去的 15 万年里没有改变，那么什么改变了呢？让我们回到萨根的宇宙日历中的 12 月 31 日晚上 10 点 30 分，我们会遇到一位生活在东非的祖先塔杰，他 21 岁，已经是部落里比较年长的族人了。他和伴侣夏娃，还有两个孩子，以及其他 40 名族人一起生活。他活动的范围是大概一百平方英里[①]的被茂密的雨林遮盖着的草原，树林为塔杰提供着几乎源源不断的食物，塔杰也会

[①] 1 英里 ≈ 1.61 千米。——编者注

以猴子和鼠类作为食物。

总体来讲，塔杰生活得挺不错的。这里没有需要忍受的寒冬，而且土地提供给他们一切生活所需。塔杰部落的人们在这里一起生活，相亲相爱、共同劳作。至于现代社会的灾难——毒品、团伙暴力犯罪、即将崩溃的退休制度以及因为孩子没能上全市最好的幼儿园而丢面子，这些都是后来的事。但是，塔杰也有他的烦恼，其中最大的烦恼就是时刻担心他和家人可能遭野兽袭击和被野兽吃掉，这可是一个非常现实的问题。除了野兽，塔杰还担心来自不远处的其他部落的威胁。上次他在河边看到对方时，塔杰留意到对方盯着美丽的夏娃看，塔杰害怕这些人会趁他睡着的时候拿石头砸死他。当他不用为眼前的死亡威胁而恐惧的时候，他就会把思绪转向打斗、逃跑、吃和性上，其中吃的需求就占据了他大量的时间。吃，不仅意味着要找到一个有食物的地方，还要保证在那里他和他的族人们找到食物的概率要比被吃掉大。解决了吃的需求后，如果还有空闲的时间，他就把注意力放到其他需求上。

托马斯·霍布斯曾经把塔杰及与他同时期的人类生活总结为"孤独的、贫乏的、肮脏的、野蛮的和短暂的"。虽然塔杰也许不孤独，但他的生活毫无疑问是贫乏、肮脏和野蛮的，他只能接受这一切。尽管如此，塔杰的人生可能会非常短暂的这个事实，仍让他夜不能寐。事实上，塔杰把他大量的认知资源都用在思考如何避免各种可能有生命危险的事情上。

塔杰一直沉迷于如何回避死亡这件事上，可见他对于时间的概念基本上是以当下为导向的。他一味回避当下可能让他死掉的事情，从而忽略那些可能在明天要他性命的事。他根本不需要日历来记录过去的每一天、每一周、每一个月或者每一年。如果塔杰活得足够久，他也有可能患上因衰老而带来的疾病，比如癌症和心脏病。但他只关注那些近在眼前的危机，并以"把你的眼、耳和注意力都放在当下，不然你随时都可能丢掉性命"作为生活的信念。塔杰很少为未来而担心，相反，困难的日子和普通的日子他都一样地过——想尽办法活下来。如果给塔杰一粒向日葵种子，他不会选择把它种在土里，而是会直接把它吃掉。

如果我们问塔杰他对时间有什么看法，那么他根本无法理解这个问题。他以当下为导向的生活态度并不需要"过去"和"未来"这两个概念，所以他没有描述时间所需要的词汇。就像皮拉哈（一个位于巴西西南部迈西河流域，只有 350 个人的快乐和谐的小部落），塔杰的当下导向时间观是如此彻底，他和他的族人没有发明一个词语来形容比一天更长的时间。皮拉哈人也没有关于过去和未来的词语，他们的每一天都是一个当下的延伸概念，就像生活在宇宙日历 12 月 31 日晚上 10 点 30 分的塔杰一样——他们享受当下，不为明天而忧。

皮拉哈人和塔杰的生活是以"事件"时间（环境中发生的事件的时间）为指导的，比如，当太阳高照天空的时候、当一种特定的鸟开始唱歌的时候，或者当潮汐开始的时候。事件的过程和进展赋予他们生活的次序和结构。用餐、跳舞、音乐表演都在他们觉得合适的时候开始，而不是等到时钟的指针指向此事件应该开始的时间。这种时钟时和事件时分离的生活，会让我们这些依赖时钟来安排生活的人感到不安，并觉得难以想象和习惯。

几年前，我们的同事帕特里夏在巴厘岛度假的时候，很想去看一个当地的舞蹈表演，因为曾经看过这个表演的人都赞不绝口。作为斯坦福大学的戏剧老师，帕特里夏也非常期待这个表演。然而，当她找遍了所有可能的消息来源——报纸、公告板和各种告示，都没找到表演开始的时间，她只好去问一个当地人。

表 2-1 被延伸的当下的词语

皮拉哈词语	词义	直译
ʼahoāpió	新的一天	新的火焰
soʼóá	已经	时间的消耗
ahoái	晚上	在火焰当中
ʼahoakohoaihio	清晨，日出之前	在火焰当中边吃边走
piʼí	现在	现在
kahaiʼaiiʼogiiso	满月	月亮暂时变大
piiáiso	退潮	水暂时变少
hibigibagáʼáiso	日落/日出	他暂时进来
hisó	一天当中	在太阳下
hisóogiái	中午	在太阳变大的时候
hoa	白天	火焰
piibigaiso	涨潮	水暂时变多

帕特里夏：打扰一下，请问今晚的舞蹈表演什么时候开始呢？

当地人：晚饭后，天黑了之后。

帕特里夏：好的，是晚饭后马上就开始吗？

当地人：有时是这样，有时不是。

帕特里夏（有点儿头疼）：那么，是晚一点儿的时候吗？比如晚上9点？

当地人（有点儿随意）：差不多吧，但大部分时候都在9点之前。

帕特里夏（生气）：那就是说，7点钟？

当地人：有时候吧，但有时也没有表演。

帕特里夏（气愤）：这是什么意思？有时会没有表演？

当地人：如果时间不对，或者表演的人不想演了，他们就不演了。

帕特里夏（试图平静下来并换一种方式）：所以，人们都在什么时候看表演呢？

当地人：通常他们在晚饭前就来了，但有些人会在表演开始之后再出现。

为了简短起见，我们让这段对话停在这里，事实上帕特里夏还问了很多问题，最后她才意识到她和当地人一直在说着不同的语言——帕特里夏说的是钟表语言，而当地人说的是事件语言。对于当地人来说，表演者和观众无意识地协商出表演开始的时间。社会的共识决定了表演开始的时间。而对于帕特里夏来讲，时钟上的时间决定了何时某一特定事件应该且必定会发生。最终，帕特里夏和她的朋友学会了理解事件语言，意识到文化对时间观的影响。

塔杰的四季

最终，塔杰的人生在他 25 岁成熟的暮年戛然而止，他当时已经是 8 个孩子的父亲，只有两个孩子活过了 10 岁，其中一个成了我们的直系祖先。在塔杰、夏娃和我们之间，有无数勇敢的人逐渐地远离了原来的以当下为导向的生活，选择了一种全新的、以未来为导向的时间观。这些有先见之明的祖先的目光开始超越日夜的周期，先是意识到月盈月亏的周期，然后是季节——他们开始察觉到大自然规律的一致性，寒冷的冬天总会按时让位给充满生机的春天，炎热的夏天总会持续一段长度可估的日子，秋天凉爽的早晨预示着冬天的回归，而整个周期每年都会重复一次。为了好好利用这个规律，他们开始在春天播种，在夏末和秋天收割。他们还发现动物会在气候适宜、食物充足的时候产仔。一开始，人类的观察只能让他们生存下来，然而，随着时间的流逝，他们的农耕技能已经能允许他们发展其他活动并且有一定长度的休闲时间了。某些幸运的少数人已经拥有把时间花到新活动上的自由了，有些人甚至能完全自由支配自己的时间了。

所有这些新的活动几乎都和生活中最麻烦的方面有关，霍布斯也指出了这一点——人的一生太短暂了。人们为了消除最有可能夺取他们性命的事物以及最迫切的威胁而工作，野兽不是被杀死就是被隔离起来。人们搭建起窝棚，以保护家人。食物被储存起来，为艰难时期做好准备。当我们的祖先成功地减少了眼前的威胁时，他们就可以把目光投到未来，不必担心随时会被杀死。就这样，人类开始了不断迈向未来的征程。

阿卜杜勒的太阳

阿卜杜勒是塔杰的后代，也是我们的祖先，他生活在宇宙日历12月31日晚上大约11点59分52秒——大约在2 500年之前。作为一个鞋匠，阿卜杜勒平时在埃及的一个小镇上经营他的鞋店。他的顾客大都是当地人，也有很多旅客和商人。阿卜杜勒也曾想过要加入商旅队伍，去东方探险，但他有1个妻子、4个孩子，以及6个孙子孙女。最近，镇上关于战争的流言让他有点儿担心——他的一个儿子已经被军队登记在册，而他最小的女儿很快就要到出嫁的年纪了，需要一份嫁妆。小女儿从小就梦想着有一场盛大的传统婚礼，阿卜杜勒不想让女儿失望，哪怕这意味着在他长满老茧的双手上会再增加一些新茧。

和塔杰不一样，阿卜杜勒很少为当下的事情烦忧，虽然他的顾客经常讲一些他们在东方冒险时的故事。他谈论时间、讨论未来的计划，也会根据太阳在城镇广场上的方尖碑投下的影子来安排一天的生活。那时新兴的埃及历法，和我们现代的历法相似，有12个月、365天，但每个月只有3周，每周由10天组成。12个月，每个月30天，一共只有360天，埃及人出于实际考虑，在每年的最后人为"额外"加上5天，这样更接近365天的太阳年。虽然这个历法也有它的缺点，但比以前已经有了很大的进步——在此之前，埃及人的历法是基于尼罗河季节性泛滥的规律制定的。

阿卜杜勒平时会在第一缕阳光照到方尖碑的碑尖时开门迎客，因为他想吸引的旅人会在寒冷的早晨开始他们的旅途。阿卜杜勒会在一天结束、最后一点儿阳光从方尖碑上消失的时候关门。顾客通常都会在早上等待他开门营业,但他的小店每天都按自己定的时间开门。如果顾客需要买鞋,他们就得在门外闲聊消磨时间来等待开门。阿卜杜勒的生活介于事件时和钟表时之间,那时候钟表还没有出现。如果有人给阿卜杜勒一颗种子,他可能会把它吃掉,也有可能把它种到地里,这取决于他当时饿不饿。

"时钟时"的转变

在阿卜杜勒的时代之后,时间观继续改变。尤利乌斯·恺撒的儒略历在公元前 45 年代替了旧罗马历法,从此不再需要额外人为增加天数。格里高利历在 1582 年取代了儒略历。1854 年后,计时变得更加准确,钟表也变得更加小巧精致。列车乘务长和富人开始佩戴怀表(这正是工业革命的产物),怀表很快就成为社会地位的象征。1884 年,英国人采用了格林尼治标准时间,从而避免了不同城镇间采用不同时间标准的混乱局面。一个世界通用的标准时间使火车的时刻安排得更精确、更安全。此前,火车的运行是按照火车公司总部所在地的时间来安排的。

爱德华是阿卜杜勒的后代,生活在萨根宇宙日历中的晚上 11 点 59 分 59 秒,大约是 150 年前的英格兰。和阿卜杜勒一样,爱德华也是一个鞋匠,但他的小店因为无法和新开的低价鞋厂竞争而倒闭了。爱德华独自工作,一天可以做 5 双手工鞋,但那些没有受过训练的工人每小时就能做出 5 双鞋来。爱德华没有办法和他们竞争,于是他搬到了伯明翰,在一家工厂里工作。

工作地点上的改变也需要爱德华转变自己的时间观念,这意味着在很多方面,他的时间已经不再属于自己了,工厂的哨声和机器的节奏控制了他的生活——哨声决定他什么时候起床,什么时候汇报工作,什么时候回家。当他远离工厂哨声的时候,教堂的钟表和他的新怀表让他和工业化城市的节奏紧紧地绑在一起。到了19世纪,世界已经发生了很大的变化,时间不再只是依照自然世界的变化来衡量,时间变成了社会生活中的一种基础——商店准时开门,人们按时做礼拜,列车时间表依时而定,剧院表演也要按时开演。就算是不太重要的事件,比如下午茶,也有特定的时间。如果给爱德华一颗向日葵种子,他会把它种到地里,也会负责照料它,还可能看着它长大,把长出来的花卖掉。

　　从事件时间到钟表时间的转变深刻地改变了整个社会,尤其是其中的经济关系。例如,当阿卜杜勒需要为女儿的嫁妆挣更多的钱时,他只需要多做、多卖一些鞋子就好了。爱德华也有一个女儿,但多做、多卖一些鞋子并不能让爱德华赚更多的钱。要赚更多的钱,爱德华需要付出更多的时间来做鞋,这意味着他要加班工作。阿卜杜勒出售他的鞋,但爱德华就像我们今天的很多人一样——出售自己的时间。

　　不管爱德华一天做50双鞋还是100双鞋,他的工资都是一样的。通常,爱德华只有固定的、有限的时间可以出售,无论他是否有效地使用了自己的时间。有时,当工厂的订单比较少的时候,爱德华会被分配一定量的做鞋任务。如果爱德华用半天的时间完成工作,他就能得到半天的报酬。因此,从经济利益出发,他应该用一定的工作量去填满他卖给工厂的时间。效率并不是爱德华最看重的东西,填满

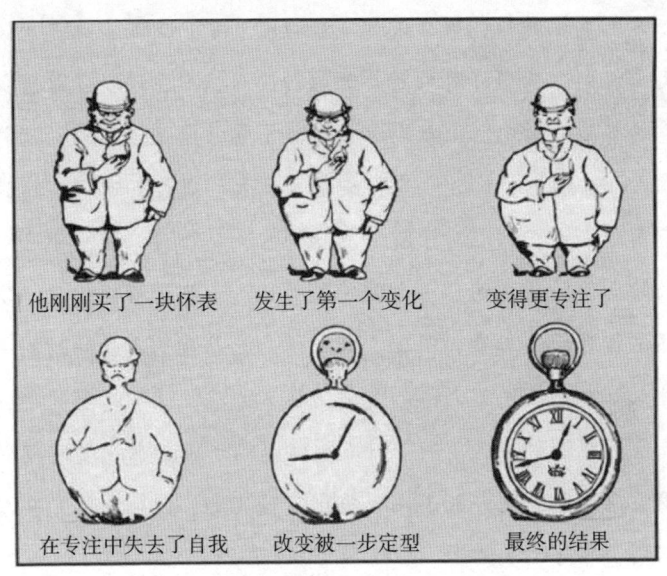

图 2-1 守时

注：这位先生对他买的每一块表都不甚满意，直到他发现了这个让他爱不释手的怀表。他久久地凝视着它，以致身体都发生了一系列的变化。改编自 The Waterbury 时钟公司（现天美时 Timex 公司）出版于 1887—1895 年的《广告年鉴》里 1888 年的插图。

他需要出售的时间更重要。对于爱德华来说，时间就是金钱。

> 马克思，权力/功率（Power），劳动力与时间
>
> 　　卡尔·马克思相信工业化世界里的工人都被剥削了，因为他们并没有得到与其生产的商品等价的工资。比如，阿卜杜勒能拿到他做的每一双鞋的利润，但爱德华却只能拿到时薪。从马克思的观点来看，阿卜杜勒和爱德华都在出售他们的劳动力。因此，如果爱德华的工作量和阿卜杜勒一样多，

但拿到更少的钱,那么爱德华就被剥削了。然而,马克思没有意识到,从事件时到时钟时的转变从根本上改变了经济关系的本质,所以阿卜杜勒和爱德华出售的是完全不同的两样东西——阿卜杜勒出售鞋,爱德华出售的是他的时间。从这个角度来看,剥削对于阿卜杜勒而言,是指付给他少于一双鞋的全价的钱;剥削对于爱德华而言,是指付给他少于他实际工作时间的工资。同理,如果阿卜杜勒花了更长的时间去做一双鞋,他也不会得到更多的钱,因此,从马克思的观点来看,在这种情况下阿卜杜勒也被剥削了。虽然出售时间对于爱德华来说也许并不比直接出售鞋实惠,但至少他完全意识到了交易的本质。

物理学家很早就明白了功率和时间的关系,实际上,他们把功率定义为"功/时间"。和马克思一样,物理学家对功率也很感兴趣,而且他们把功率定义为"力×距离/时间"。虽然物理规律在工业革命的过程中并没有发生改变,但人类和时间的关系却改变了。我们从一种以事件和产物为本的经济模式过渡到一种以时间为本的经济模式,在这种模式中我们以单位时间出售自己,比如时薪或年薪。

工厂的所有者当然希望雇员能生产出尽可能多的价值。在这里我们要介绍"科学管理之父"弗雷德里克·温斯洛·泰勒,他相信每个人做事都有正确的方式和错误的方式,包括一些简单的任务,比如铲煤、压制部件和做鞋子。正确的方式是指用尽可能少的时间完成一个计划任务。错误的方式是指任何会浪费时间或金钱的方式。泰勒进行了关于时间和操作的研究，记录了工人完成工作时所花的时间，然后设计各种技术让工人用最少的时间来完成任务。这样，最有效率的技术就会被应用到整个工厂。对于泰勒来讲，时间就是金钱，他的工作就是为了确保公司能从雇员的工作时间里得到最多的回报。时间变成了一种商品，可以被保存、被使用、被浪费、被赚取，甚至可以被弄丢。他认为员工应该采用高效的工作法从而得到金钱上的补贴。但是，很多员工认为他的努力只不过是一种管理策略，目的就是为了让他们拿着同样的工资更加努力。直到今天，这依然是劳动力和管理谈判中具有争议性的话题。

今天的时间观

人类为了延长个人和集体的未来所做的努力，塑造了自己的历史进程，而今，我们仍在努力，以摆脱生存威胁。人类的预期寿命在过去的几千年里已经增加了300%，从大约25岁延长至75岁。我们的整体生活质量也提高了。200年前，90%的人口都从事农耕。今天，这个比例则少于4%。一个世纪之前的美国，一个五口之家收入的80%花在了吃穿住上，并且有10%的收入是由孩子当童工赚来的。到2002年，平均人口为2.5人的家庭收入中，只有不到1%是儿童赚来的，而只有50%的家庭总收入用在了吃穿住上。如今这些家庭花更多的时间在娱乐、旅行、业余爱好和享乐上。显然，传说中的"过去的美好年代"并不是针对所有人而言的。

如今，我们发现自己沉迷于网络、看每日新闻、读每月报告、关心财政季度报表和学年信息。我们创造并适应了时钟时，以至于很多人如果没有戴手表就感觉像没有穿衣服一样。有意思的是，尽管时间在我们的生活里无孔不入，手表的销售额却在2007年出现了下滑。当然，时间并没有变得不重要，而是因为手机、掌上电脑、笔记本电脑都会显示时间，所以手表已经变得多余了。我们的生活，从年、月、日、小时、分钟甚至到秒都被放进计划中。例如，对于一个美国人来说，他白天的平均时长为12.5小时，而使用电子产品就占了约8个小时（470分钟），其中超过3个小时（202分钟）完全花在了电子产品上。只有52分钟（也就是白天中的7%）花在了阅读书籍和其他印刷媒体上，剩下的3个多小时则被花到了媒体和其他非媒体活动当中。这些媒体媒介（除了印刷）没有一样存在于150年之前，显然，如今我们已经没有时间被狮子吃掉了。

我们对时间如此重视，以至于"时间"（time）这个词已经成为英语中出现次数最多的名词。事实上，在"最常见的英语名词"排行榜上，和时间相关的名词出现了三次。在雅虎上搜索"时间"，结果有超过70亿条相关链接。相比之下，搜索"金钱"只能出现不到30亿条，搜索"性爱"则不到10亿条。与时间相关的词也出现在艺术作品里，比如，《三只小猪》的寓言鼓励小孩子为未来做准备，要学会保护自己。当我们认识

最常见的英语名词

1. Time（时间）
2. Person（人）
3. Year（年）
4. Way（道路）
5. Day（日）
6. Thing（事）
7. Man（男人）
8. World（世界）
9. Life（生活）
10. Hand（手）

到在未来潜在的威胁,就可以通过合理的准备避免威胁。时间也是音乐和文学作品中常见的主题,有些艺术家哀叹时间的飞逝,而另一些艺术家则希望时间过得更快一点儿。时间甚至影响了一批后现代艺术家像毕加索、布拉克和达利。例如,毕加索和布拉克的立体风格就体现了从各个视角同时描绘人和物体存在的状态,而达利的《记忆的永恒》则描绘了时间的可塑性和相对性。

> **关于时间的童话**
>
> 《三只小猪》(1843年)
>
> 《三只小猪》是一个关于需要为未来做准备的故事。有三只小猪,第一只小猪修了幢草房子,大灰狼一怒之下吹气把房子吹倒了,然后他就把小猪吃掉了。第二只小猪用木条修了幢木房子。这房子比第一只小猪的草房子更费工夫,但大灰狼还是把木房子吹倒了,然后吃掉了小猪。第三只小猪比它的兄弟更有先见之明、更勤劳,它修了幢砖房子。大灰狼吹不倒砖房,小猪得以生存。
>
> 《丑小鸭》(1843年)
>
> 《丑小鸭》是一个关于坚韧和时间的力量的故事。农场里的丑小鸭一直以为自己也是一只鸭子,它无法融入鸭群,觉得自己一无是处,最终离开了农场。艰难地熬过严冬之后,丑小鸭遇到了一群天鹅,它们的美丽让人羡慕。虽然农

场里的鸭子对丑小鸭很不友好,但天鹅还是以温暖、爱和尊重对待丑小鸭。一开始,丑小鸭不明白为什么天鹅对它这么好,有一天丑小鸭看到自己在水里的倒影,才发现原来它已经变成了一只美丽的天鹅。

《彼得·潘》(1902年)

《彼得·潘》是关于一个不愿意长大的小孩的故事。因为彼得·潘拒绝长大,因此他不必面对成人世界里的责任和别人对他的期望,也不必接受成人世界里的未来导向时间观。在故事里,彼得·潘的爱人温蒂选择了从永远不用长大的无忧岛回到真实的世界。20年后,彼得·潘依然是个小孩,他回到现实世界,却发现温蒂已经变老了。

《灰姑娘》(1697年)

《灰姑娘》的故事在世界各地被传诵了几个世纪。灰姑娘过了午夜十二点还没有回家,结果,她那漂亮的斗篷变成了破布,她的随从变成了老鼠,她的马车变成了一个南瓜。灰姑娘的故事告诉我们,守时是一种美德。这个故事也告诉我们,你一定要听从时间观念的指引,如果你太着迷于转瞬即逝的欢愉,你就可能会失去一切。

《瑞普·凡·温克尔》(1819年)

《瑞普·凡·温克尔》的故事教导我们要合理使用时间,

> 否则我们将永远失去时间。一天，瑞普在逃离了妻子的唠叨之后，决定在一棵树下打个盹儿。但他一睡就是20年，等他醒来以后发现，他的妻子已经去世，朋友也都不在了。这个故事传达的信息非常清晰：不要把你的一生都睡过去，否则你将后悔万分。合理地利用时间，当问题来临的时候就好好应对，不要回避。

今天，我们对未来的探索比以往任何时期都要远。我们也应该如此，因为我们今天的行动会影响百年之后的后代，核废料、核冬天还有核战争都有可能彻底结束人类的未来。全球气候变暖已经是被科学证实的事实。除非所有国家马上限制碳排放，在节省能源和减少排污上进行根本性改变，否则全球气候灾难就会在不远的未来发生。

当我们看得更远时，也必须在当下做更多的事情——我们总有接不完的电话，电子邮件总是堆满了收件箱，还有大量的电视节目、电影和书籍等着我们去看。现代社会中的很多人都感到时间紧迫，压力满满。如今有更多的人试图平衡他们对时间的需求，如果每个人都能平衡自己的时间，就能继续我们在进化上的好运，我们同在一个地球村，而人类的结局将取决于我们和其他国家的行动，以及我们的危机意识。

🕐 对待改变的反应

改变总是具有挑战性的，改变往往不受欢迎，却又无处不在。赫拉克利特在2 500年前说过,"唯一不变的就是变化本身"。他本可以加一句"无论我们多么不希望改变"。组织行为心理学家沃伦·本尼斯和菲利普·斯莱特曾说过,世界改变得如此之快,所有的一切——事业、家庭、角色和责任,很快都会变成临时性的。最近,詹姆斯·格雷克在他的力作《更快》(Faster)中记录了这种加速的状态。幸运的是,如果所有事情都以同样的速度加快的话,事物之间的相对位置仍能保持不变。格雷克的观点与本尼斯、斯莱特和阿尔文·托夫勒不谋而合,托夫勒甚至认为生活节奏一直都在加快,而把过多的变化放在过短的时间里则会让我们感到不适。的确,癌症、心脏病、高血压等都是与压力高度相关的疾病。托夫勒认为在未来世界改变的速度将导致"未来冲击",未来冲击会因为在过短的时间里发生过多变化而出现。个体会因为未来冲击而感到压力、焦虑和不适应,进而影响人际关系和社会秩序。

尽管如此,改变并不是什么新鲜事,人类社会自有觉醒意识以来,一直都在用各种方式应对改变。比如,古埃及就用回避的态度来应对改变。查尔斯·范多伦写道:

> 埃及人有一个巨大的秘密,三千多年来他们都没有忘记。他们厌恶和害怕改变,而且只要有可能,他们便会想尽办法回避它。

不过,埃及人在3 000年前努力抵抗的改变洪流,在如今冲击人类生活的巨大变革面前,也只能算是涓涓细流。但是,我们展望未来时常常忧心忡忡,我们回顾过去时却仁慈大度得多。

那些把萧条凋敝的时代和只存在于想象中的黄金时代进行比较的人，可能会说时代一直在衰落，但没有一个洞悉过去的人会对当今的时代持有消极的态度。

这些话是托马斯·巴宾顿·麦考莱勋爵在150年前写下的。

古埃及人试图让时间停下来，20世纪60年代的年轻人却主动去反抗20世纪50年代的传统时间观。20世纪60年代的人的口号是：激发自我、探寻内心、脱离体制。这句话出自蒂莫西·利里的一次演讲，他同时提出了20世纪60年代反主流文化运动中"活在当下"的追求：

就像过去的每一种伟大的宗教一样，我们寻找圣洁的神性，并通过拥有一种荣耀和崇拜上帝的生活来洞察神圣的启示。这些古老的追求，我们用当前的隐喻来定义，它们就是——激发自我、探寻内心、脱离体制。

那些曾经践行利里"活在当下"态度的自由灵魂，很快就被吸收到主流传统的未来导向时间观里去了。这种观点同样也是工业革命以来的商业领袖所信奉的，它认同在当下为未来做好计划的价值，而这正是资本主义经济的核心。

人类生活的节奏很可能会一直加速下去，而人类的生理特征却如此古老，我们如何适应得了呢？我们会因为持续加速的快速生活文化带来的未来冲击而消亡吗？幸运的是，答案是否定的，因为塔杰为我们留下来的遗产是一件异乎寻常的杰作——人脑。15万年前，人脑进化成现在的样子时,没有人能想象有一天我们需要为退休做规划,没有人能想象互联网等媒介会发生信息爆炸,也没有人能想象当今交通运转和信息交流的速度会如此之快。幸运的是,我们的大脑能通过预测当下行为的结果去窥探未来,也能从经验中学习。我们不仅可以回避未来的冲击,还能用我们的能力改变心理,从而驾驭时间。

相关科学测试

> 时光流逝,因人而异。我将告诉你时间会在谁身上缓缓流过,会在谁的身上一路小跑,会在谁的身边奔腾驰骋,又会在谁的身上站立停留。
>
> ——莎士比亚,《皆大欢喜》

本书的作者并不是第一批对时间感兴趣的心理学家,心理学之父威廉·冯特、美国心理学之父威廉·詹姆斯,以及社会心理学之父库尔特·勒温都意识到了时间的重要性,他们都写过相关的著作或者进行过相关的研究,勒温甚至曾经对弗雷德里克·温斯洛·泰勒把科学原则应用到时间管理上的做法大加赞赏。然而,极少有心理学家把时间作为他们的主要研究对象。每个研究者都用其独特的方法定义、测量和谈论时间,他们并没有试图和对方合作或者寻求同行之间的共识。

在过去的 20 年里,我们对数以千计的人进行了采访、调查、分析、交谈和观察(从儿童到 94 岁的老人),其中一个惊人的发现是,没有哪两个人的时间观是完全一样的。

时间观的传统定义

威廉·詹姆斯（美国心理学之父，亨利·詹姆斯的兄弟）

时间观是对信息流其他部分的认识，过去或者未来，临近或者遥远，它总是与我们对当下事物的了解交织在一起。

库尔特·勒温（社会心理学之父）

时间观是个体对于其在某一特定时间点上的心理未来和心理过去的观点之总和。

保罗·弗雷斯（时间心理学研究之父）

我们在某一时间点的行动，并不仅仅取决于当时身处的情景，也取决于我们过往的经历，还有我们对未来的期待。我们的每一个行动都会受到这些因素的影响，有时比较明显，但大多数时候都是不知不觉的……可以说，我们的每一个行动都是在一个短暂的时间观中发生的，而它取决于我们对事情发生那一刻的看法。

津巴多与博伊德（本书作者）

时间观常常是无意识的。它是我们每一个人各自持有的对待时间和过程的个人态度，会将我们持续不断的时间流分成不同的时间类别，从而赋予生活以次序、连贯性及意义。

对于心理学家来说，时间观上的极端多样化让我们心神不宁，也让我们很难找到人们的共同点。心理学界需要一致的测量方法和词语来讨论时间。因此，20年前我们尝试找到一种测量时间观的方法，并在1997年和1999年分别发表了津巴多时间观量表（Zimbardo Time Perspective Inventory, ZTPI）和超未来时间观量表（Transcendental-future Time Perspective Inventory, TFTPI）。正如我们希望的那样，这些量表已经在美国、法国、西班牙、巴西、意大利、俄罗斯、立陶宛、南非和其他国家得到了广泛测试和应用。

你的时间观反映了你对待时间的态度、信念和重视程度。比如，你会花更多的时间思考过去、当下，还是未来呢？当你思考过去、当下或者未来的时候，你的想法是负面的还是积极的，是快乐的还是悲伤的，是满怀希望的还是充满恐惧的？你的时间观部分地决定了这些问题的答案，也反映了你的想法、感觉和行为。事实上，它能反映你生活中的每一个方面。

我们的研究发现，时间观有不同的维度。你没有办法只用一个数字来描述一个木盒子所有的维度，你需要测量盒子的宽度、高度还有长度。同样，你也无法用一个数字来描述时间观的多个维度。不同的时间观会继续出现、改变和进化，我们界定出六种时间观：两种关于过去，两种关于当下，两种关于未来。这些时间观被命名为：

- 关注过去的消极时间观
- 关注过去的积极时间观

- 关注当下的宿命主义时间观
- 关注当下的享乐主义时间观
- 关注未来的时间观
- 超未来时间观

从理论上来讲这些时间观之间是不相关的，你在某一个维度上的得分和其他维度上的得分并没有关系。事实上，我们却发现很多人在时间观上具有相同的结构。

我们建议你在继续阅读之前，先完成ZTPI和TFTPI。你可以在网上完成量表，也可以完成本书所附的版本，然后把你的得分和网上的标准进行比较。不用担心，答案并没有对错之分，而且只有你自己知道结果。如果你作弊的话反而会受到惩罚——你将错失一个难得的机会去了解自己和你在世界中的位置。

另一种以当下为导向的时间观可以被称为关注当下的整体时间观。它是指通过训练让你活在当下，而且把过去和未来作为一种专注于当下的延伸。这种时间观是佛教禅修的核心，而禅修中的冥想练习是达到这种独特的意识状态的一种方法。它在西方文化中比较少见，因此我们并没有把它包括在ZTPI中。然而，它也是一个非常重要的时间观，它和我们研究的另外两种以当下为导向的时间观——享乐主义和宿命论——非常不同。现在，让我们看看你的时间观和其他参加我们测试的人的时间观有什么不同。

表 2-2 津巴多时间观量表（ZTPI）

阅读以下每一项，并尽可能诚实地回答此问题："这在多大程度上描述了我的性格和特征？"在右边的五个选项中选择合适的一项。

	非常不像		中立		非常像
	1	2	3	4	5
1. 我认为和朋友一起参加聚会是生活中很重要的乐趣					
2. 熟悉的童年景象、声音和气味经常会勾起我很多美好的回忆					
3. 命运决定了我人生中大部分的事情					
4. 我经常会想，在那段人生中我应该这样做而不应该那样做					
5. 我的决定很大程度上取决于我周围的人和事					
6. 我认为每一天都应该在早晨就提前做好计划					
7. 回想过去能让我感到快乐					
8. 我做事比较冲动					
9. 如果事情不能按时完成，我也不会焦虑					
10. 当我想做成某一件事情时，我会设定目标，仔细考虑各种能达成目标的方法					

(续表)

	非常不像		中立		非常像
	1	2	3	4	5
11. 总的来讲，我的美好的回忆比不好的回忆要多很多					
12. 当我聆听喜欢的音乐时，我常常会忘记时间的流逝					
13. 赶明天的任务和做其他必要的工作比今天晚上的娱乐活动更重要					
14. 既然要发生的事情总会发生，那么我做什么并不重要					
15. 我喜欢听那些关于"过去的美好时代"的故事					
16. 那些过去的痛苦经历总是在我的脑海里重复出现					
17. 我尽可能充实地度过我的每一天					
18. 迟到让我觉得很难过					
19. 理想状态下，我会把每一天都当作生命中的最后一天来度过					
20. 那些美好时光的快乐记忆经常出现在我的脑海里					
21. 我总是准时兑现我对朋友或者上级的承诺					
22. 我过去遭受过侮辱和拒绝					
23. 我经常在冲动之下做决定					

（续表）

	非常不像		中立		非常像
	1	2	3	4	5
24. 我总是活在当下，而不是尝试去规划每一天					
25. 过去有太多不愉快的回忆，我情愿不去回想					
26. 在我的生活中寻找刺激很重要					
27. 我曾经在生活中犯下了令我后悔的错误					
28. 我觉得享受自己正在做的事比把事情按时完成更重要					
29. 我常常怀念我的童年					
30. 在做决定之前，我会衡量成本和收益					
31. 冒险让我的生活不那么无趣					
32. 享受生活的旅程比专注于达成人生目标更重要					
33. 事情很少会按我预想的那样发展					
34. 我很难忘记儿时不愉快的记忆					
35. 如果我总是想着目标、结果和产出，就会让过程变得非常无趣，无法专注地做事					
36. 当我在享受当下的时候，我也会不自觉地把现在和过去类似的经历进行比较					

(续表)

	非常不像		中立		非常像
	1	2	3	4	5
37. 我很难真的为未来做规划，因为事情的变化太快了					
38. 我人生的旅途是被我不能改变和影响的力量控制的					
39. 为明天而忧虑一点儿用也没有，因为没有什么事是我可以左右的					
40. 我总是持续稳定地推进我的工作，最后按时完成任务					
41. 我总是会在家人讨论从前时发呆走神					
42. 为了让生活更刺激，我会选择去冒险					
43. 我会把要做的事情列出来					
44. 我经常会听从内心去做决定，而不是听从我的理智					
45. 当我知道自己有事情要做的时候，我可以抵挡诱惑					
46. 我发现自己常常会被兴奋冲昏了头脑					
47. 现在的生活太复杂了，我更想过从前的简单生活					
48. 我更喜欢随性交往的朋友而不是有板有眼的朋友					
49. 我喜欢定期重复的家庭传统或者仪式					
50. 我有时候会回想起以前发生过的不好的事情					

（续表）

	非常不像		中立		非常像
	1	2	3	4	5
51. 如果困难的、无聊的工作可以让我领先别人一步，我也会去做					
52. 把赚来的钱在今天花掉比存起来更好					
53. 很多时候运气比努力更重要					
54. 我有时候会想起那些生活里错失的美好事物					
55. 我喜欢亲密关系，并充满激情					
56. 我总有时间把落下的工作进度补回来					

计分方法

在计分之前，你需要把第9、24、25、41和56题的分数反转，也就是：

1变成5；

2变成4；

3仍是3；

4变成2；

5变成1。

把分数反转之后，把每个类别的问题的得分分别加起来。每类问题的总分求出来之后,把总分除以该类别的问题总数。最后,5个类别都会分别得到一个平均分。

关注过去的消极时间观

把你在第4、5、16、22、27、33、34、36、50和54题的得分加起来之后,将总分除以10。

问题:

4. 我经常会想,在那段人生中我应该这样做而不应该那样做。

5. 我的决定很大程度上取决于我周围的人和事。

16. 那些过去的痛苦经历总是在我的脑海里重复出现。

22. 我过去遭受过侮辱和拒绝。

27. 我曾经在生活中犯下了令我后悔的错误。

33. 事情很少会按我预想的那样发展。

34. 我很难忘记儿时不愉快的记忆。

36. 当我在享受当下的时候,我也会不自觉地把现在和过去类似的经历进行比较。

50. 我有时候会回想起以前发生过的不好的事情。

54. 我有时候会想起那些生活里错失的美好事物。

得分:

关注当下的享乐主义时间观

把你在第1、8、12、17、19、23、26、28、31、32、42、44、

46、48 和 55 题的得分加起来之后，将总分除以 15。

问题：

1. 我认为和朋友一起参加聚会是生活中很重要的乐趣。

8. 我做事比较冲动。

12. 当我聆听喜欢的音乐时，我常常会忘记时间的流逝。

17. 我尽可能充实地度过我的每一天。

19. 理想状态下，我会把每一天都当作生命中的最后一天来度过。

23. 我经常在冲动之下做决定。

26. 在我的生活中寻找刺激很重要。

28. 我觉得享受自己正在做的事比把事情按时完成更重要。

31. 冒险让我的生活不那么无趣。

32. 享受生活的旅程比专注于达成人生目标更重要。

42. 为了让生活更刺激我会选择去冒险。

44. 我经常会听从内心去做决定，而不是听从我的理智。

46. 我发现自己常常会被兴奋冲昏了头脑。

48. 我更喜欢随性交往的朋友而不是有板有眼的朋友。

55. 我喜欢亲密关系，并充满激情。

得分：

关注未来的时间观

把你在第 6、9（反转）、10、13、18、21、24（反转）、30、40、

43、45、51 和 56（反转）题的得分加起来之后，将总分除以 13。

> 问题：

6. 我认为每一天都应该在早晨就提前做好计划。

9. 如果事情不能按时完成，我也不会焦虑。

10. 当我想做成某一件事情时，我会设定目标，仔细考虑各种能达成目标的方法。

13. 赶明天的任务和做其他必要的工作比今天晚上的娱乐活动更重要。

18. 迟到让我觉得很难过。

21. 我总是准时兑现我对朋友或者上级的承诺。

24. 我总是活在当下，而不是尝试去规划每一天。

30. 在做决定之前，我会衡量成本和收益。

40. 我总是持续稳定地推进我的工作，最后按时完成任务。

43. 我会把要做的事情列出来。

45. 当我知道自己有事情要做的时候，我可以抵挡诱惑。

51. 如果困难的、无聊的工作可以让我领先别人一步，我也会去做。

56. 我总会有时间把落下的工作进度补回来。

> 得分：

关注过去的积极时间观

把你在第 2、7、11、15、20、25（反转）、29、41（反转）和 49 题的得分加起来之后，将总分除以 9。

> 问题：

2. 熟悉的童年景象、声音和气味经常会勾起我很多美好的回忆。

7. 回想过去能让我感到快乐。

11. 总的来讲，我的美好的回忆比不好的回忆要多很多。

15. 我喜欢听那些关于"过去的美好时代"的故事。

20. 那些美好时光的快乐记忆经常出现在我的脑海里。

25. 过去有太多不愉快的回忆，我情愿不去回想。

29. 我常常怀念我的童年。

41. 我总是会在家人讨论从前时发呆走神。

49. 我喜欢定期重复的家族传统或者仪式。

> 得分：

关注当下的宿命主义时间观

把你在第3、14、35、37、38、39、47、52和53题的得分加起来之后，将总分除以9。

> 问题：

3. 命运决定了我人生中大部分的事情。

14. 既然要发生的事情总会发生，我做什么并不重要。

35. 如果我总是要想着目标、结果和产出，就会让过程变得非常无趣，无法专注地做事。

37. 我很难真的为未来做规划，因为事情的变化太快了。

38. 我人生的旅途是被我不能改变和影响的力量控制的。

39. 为明天而忧虑一点儿用也没有,因为没有什么事情是我可以左右的。

47. 现在的生活太复杂了,我更想过从前的简单生活。

52. 把赚来的钱在今天花掉比存起来更好。

53. 很多时候运气比努力更重要。

得分:

表2-3 超未来时间观量表(TFTPI)

阅读以下每一项,并尽可能诚实地回答此问题:"这在多大程度上描述了我的性格或特征?"在右边的五个选项中选择合适的一项。请回答以下所有的问题。

	非常不像		中立		非常像
	1	2	3	4	5
1. 只有我的肉体会最终消亡					
2. 我的身体只是真正的我暂时居住的地方					
3. 死亡只是新的开始					
4. 我相信奇迹					
5. 进化论已经解释了人类是怎么出现的问题					
6. 人类是有灵魂的					
7. 科学规划不能解释所有的事情					

（续表）

	非常不像		中立		非常像
	1	2	3	4	5
8. 在我死了之后，我要为我生前所做的事情负责任					
9. 有一些神圣的规定，我们应该遵守它们					
10. 我相信有神灵					

计分方法

在计算超未来时间观量表的得分之前，你需要把第5题的分数反转，也就是：

1变成5；

2变成4；

3仍是3；

4变成2；

5变成1。

反转之后，把所有题目的得分加起来，然后把总分除以10。

案例解读

关注过去的积极时间观：积极怀旧的波莉

波莉今年35岁。当她做我们的量表时，波莉非常同意类似"熟悉的童年景象、声音和气味经常会勾起我很多美好的回忆""回想过去能让我感到快乐"这样的说法。对于波莉，过去就像是那个半满的杯子。她和丈夫、两个孩子住在一间维多利亚风格的老房子里。波莉和丈夫的感情很稳定。作为一个家庭主妇，她希望孩子也能享受她以前有过的那些生活经历。她的很多朋友都觉得她是一个温和、敏感、友好、快乐和自信的人。她很少焦虑、抑郁或者表现强势。波莉经常为家人做晚饭，然后大家围在大饭桌边上一起吃饭。休闲的时候，波莉会听经典老歌、看经典电影，她也很喜欢组织家庭和俱乐部的聚会。波莉负责管理家里的财务，并且将存款放在同一个银行账户里面。波莉平时戴一块她祖母留下来的机械表。

关注过去的积极时间观描述的是对过去的态度，而不是对过去好事坏事的准确记录。对过去的积极态度也许反映了一些人们真的体验过的正面事件，积极的心态让人们在非常困难的时期里尽可能好好生活。从心理学的角度来说，人们"相信"过去发生了什么，比过去真的发生了什么更能影响他们当下的想法、感觉和行为。尼采说"不能杀死我的东西只能让我变得更强大"，那些经历过困境却用一种积极正面的态度看待它的人会变得更坚韧、更乐观。

如果你在关注过去的积极时间观上得分比较高的话，那么恭喜你！如果你得分比较低，你则有一个自我发现和成长的机会。

关注过去的消极时间观：消极怀旧的内德

内德今年 40 岁。当他做我们的量表时，他非常同意类似"我经常会想，在那段人生中我应该这样做而不应该那样做""那些过去的痛苦经历总是在我的脑海里重复出现"这样的说法。对于内德，过去就像那个半空的杯子。内德希望他的 4 个孩子不用经历他曾有过的痛苦。他没有亲近的朋友,而且总是充满绝望、焦虑。有时,内德会情绪失控,把东西扔得到处都是。他很少锻炼,也很少娱乐,很难控制自己的冲动,并沉迷赌博。

和积极怀旧一样,消极怀旧的时间观衡量的是你对于过去的态度。消极的态度也许是因为过去真实发生过的负面事件,也有可能是因为当下对于过去发生的好事情的负面重构。虽然没有人能改变已经发生的事情,但所有人都能改变对待它们的态度和信念。

你可以把改变时间观念看作改变一条小河的流向,持续的细微改变最终可以产生巨大的效果。你可以把时间想象成一条蕴含巨大能量的大河,比如密西西比河。在 19 世纪,在密西西比河两岸拥有土地的人,常常会雇人看管他们的产业,一旦看到有人拿着铲子出现在他们的土地上,就直接开枪。一些野心勃勃的地主会在密西西比河买下产业,然后潜到河对面地主的土地上,偷偷地把一些关键地段的土铲走,让河流的走向发生巨大变化,以增加自己的土地,对面的地主就只能看着自己的土地被河水一点点地冲走。这个故事告诉我们三个道理:第一,微小的改变可以带来巨大的变化。第二,你的目标不是引起改变,而是为即将发生的改变做准备。改变是不可避免的,所以你真正的任务是改变这些不可避免的改变的方向,让它们朝着你想要的方向去发展。第三,下次去密西西比河两岸旅游的时候,记得把铲子放在家里。

关注当下的享乐主义时间观:享乐主义的赫德利

赫德利今年 25 岁。当他做量表时,他同意类似"我认为和朋友一起参加聚会是生活中很重要的乐趣""我做事比较冲动"这样的说法。赫德利非常有创造力，他有很多朋友，也有用不完的精力。他喜欢冒险，能让每个人都开怀大笑，他总是很开心。他是一个活泼爱热闹的人，他以弗洛伊德所说的"快乐原则"为主导。他的座右铭是"如果感觉对了就去做"。他感觉对的事情当中包括手淫、没有保护措施的性行为、酒精、毒品及开快车。他经常做这些事情。赫德利的父母离婚了，他从来不戴手表，在经济宽裕的时候他就会买新潮流行的衣服。赫德利热爱爵士音乐、玩街头篮球，以快餐为食。虽然他的每份工作都不超过6个月，但他却开着一辆崭新的跑车——他的信用卡都被刷爆了，但他并不为此忧心，因为他认为自己有一天会中彩票。

关注当下的宿命主义时间观：宿命主义的弗雷德

弗雷德今年20岁。当弗雷德填写我们的量表时，他同意"命运决定了我人生中大部分的事情""既然要发生的事情总会发生，那么我做什么并不重要"这样的说法。这种个人效能感的缺失在一定程度上也造成了弗雷德的焦虑和抑郁。他的室友给他介绍朋友时就像"强行推销"一样，因为他太让人扫兴了。弗雷德并不快乐，也没有责任心，平时总是精神萎靡，他并不像赫德利那样寻欢作乐。虽然弗雷德也会吸毒，发生无保护措施的性行为，但他并没有感到快乐，他并不相信在性行为中使用保护措施或吸毒会对他的未来产生任何实质性的影响。他认为该发生的事总会发生，一切都无所谓。事实上，在吸毒者中，那些在关注当下的宿命主义时间观上得分高的人更有可能在注射毒品的时候与他人共用针头。

关注未来的时间观：专注于未来的费利西娅

费利西娅今年32岁。当她在填写我们的量表时，她同意类似下面的说法:"我认为每一天都应该在早晨就提前做好计划""当我想做成某一件事情时,我会设定目标,仔细考虑各种能达成目标的方法"。费利西娅服从的是弗洛伊德所说的"现实原则",她希望需求能立即得到满足,这点就像赫德利一样,但她会小心衡量即时满足和未来可能付出的代价。她通常都会选择放弃立即得到满足,因为她相信未来将有更大的收益。费利西娅有很多朋友,但并没有太多亲密的朋友。她的熟人认为她有责任心、有耐心,而且会认真考虑未来的后果。在工作中她总能按时完成任务,表现出色。她并不喜欢新奇或刺激的东西,她总是小心平衡自己的收支,每天都会使用日程本,认真列好待办事项。她出门总会戴手表,一天中几乎没有什么空闲的时间。她也小心留意自己每年的体检结果,定期洗牙,小心选择食物,因为她有高血压和肠易激综合征。费利西娅认为冒险、喝酒、滥用药物还有无保护措施的性行为会妨碍自己实现梦想。

超未来时间观:超脱的蒂芙尼

蒂芙尼今年 50 岁。在她做我们的量表时,蒂芙尼同意"死亡只是新的开始""只有我的肉体会最终消亡"这样的观点。作为一个信仰重生的基督徒,她相信在她死亡之后会进入天堂。蒂芙尼定期参加宗教活动,在家里也保持相应的仪式。蒂芙尼能很好地控制自己的冲动,从不急躁或者冒犯别人,做事也会考虑后果。

以上只是对我们这 6 种时间观的一个大概的描述,而这些不同的观点在人们与他们的环境互动中能够被充分体现出来。为了说明时间观如何影响人们的想法、感觉和行为,让我们想象一下,假如波莉、内德、赫德利、弗雷德、费利西娅和蒂芙尼曾经是高中同学,他们将聚在一起追悼另一位高中同学鲍勃。高中时，这群人形影不离。但鲍勃最近因心脏病突发去世了。让我们看看这群朋友在他们最喜欢的一家餐厅里追忆鲍勃的对话。

（未来导向的费利西娅早到了10分钟。她不想迟到，并且非常不耐烦地等待着其他人的到来。赫德利像往常一样迟到了，其他人都准点到达。）

积极怀旧的波莉："见到你们实在是太好了！当我听到鲍勃去世的消息时非常难过。之后我又翻了翻我们那本旧同学录，心情才好了一些。我们以前的日子是多么开心啊！"

消极怀旧的内德："我们以前也有难熬的日子，但能见到大家也很开心。我只是希望能在一个更好的场合重聚，而不是因为鲍勃的去世。"

宿命主义的弗雷德："是啊，但这事迟早也会发生在我们身上，我们还是早点儿适应比较好。"

未来导向的费利西娅："我们要更好地照顾自己，生活中还有很多好的事情在等着我们呢。"

宿命主义的弗雷德："我们一年一年地在变老，对此也做不了什么。"

积极怀旧的波莉："你可以好好检查一下你的胆固醇啊，你们家不是有心脏病家族史吗，弗雷德？"

宿命主义的弗雷德："是啊，但那些都是浪费时间，我有可能吃了20年难吃的有机食物，结果在从健康食品超市回家的路上被大巴撞死。"

（享乐主义的赫德利姗姗来迟）

享乐主义的赫德利："大家好！最近大家过得怎么样？"

未来导向的费利西娅（讽刺地）："不要告诉我，你是因为工作才迟到的。"

享乐主义的赫德利："工作？不不不，我之前在玩游戏呢。我一直冲击最后一关，但一直没有成功……哦，这可是自助餐啊，我们开动吧，我快饿死了！"

积极怀旧的波莉："我一直在想鲍勃多么希望我们不要忘记他，也许我们应该以鲍勃的名义向学校捐一把长椅。"

消极怀旧的内德："捐一把长椅，让那些学生在上面乱写乱画，刻自己的名字？"

积极怀旧的波莉："不，我知道鲍勃很喜欢我们高中，我觉得这是一个有意义的纪念方式。"

消极怀旧的内德："我要花很长时间才能把他贴在那些吓人机器上的画面忘掉。"

超脱的蒂芙尼："他在天堂等着我们和他重聚呢。"

未来导向的费利西娅："不如我们设立一个奖学金？鲍勃以前是一个好学生，我们可以以他的名义成立这个奖学金。"（她看了一眼她的手表，跟她的丈夫说了她会在9点之前回家。）

（赫德利吃完自助餐回来。）

享乐主义的赫德利："我的天啊，你们一定要尝尝那些布法罗鸡翅，真是太好吃了，简直是我吃过的最好的鸡翅！"

积极怀旧的波莉："你之前说我做的鸡翅才是最好吃的！"

享乐主义的赫德利："曾经是，直到今天。"

积极怀旧的波莉："我们刚才在讨论要不要以鲍勃的名义向学校捐一把长椅。"

未来导向的费利西娅："或者以他的名义成立一个奖学金。"

享乐主义的赫德利："不如我们买一辆二手车，在车门上刷上鲍勃的名字，把它停在情人道上给现在的年轻人用。说不定我们还能帮别人挽回一段婚姻呢。"

未来导向的费利西娅（讽刺地）："或者我们可以在男厕所里装一台免费的安全套发放机！"

宿命主义的弗雷德："他的阳寿到头了，来，给我点儿布法罗鸡翅吧。"

超脱的蒂芙尼："鲍勃只不过是在我们还不愿意让他离开的时候被召回了天堂而已。"

未来导向的费利西娅："如果我们成立一个奖学金，就可以帮助那些鲍勃没有机会亲自帮助的学生，这可以让我们的世界变得更好。"

消极怀旧的内德："我不知道，我只知道我们还在学校的时候，奖学金都发给了那些有钱的孩子，还有那些根本不需要奖学金的书呆子。"

未来导向的费利西娅："好吧，我要走了，我们考虑一下这几个选项吧。我会给学校打电话看看能做些什么，然后约个时间，我们近期再聚一聚。波莉，我们能在你家聚会吗？"

积极怀旧的波莉:"当然,我还能做些赫德利喜欢的甜点。看,我们大家还是跟以前一样!"

超脱的蒂芙尼:"一想到鲍勃现在到了一个更好的地方,我就好受一些了。"

享乐主义的赫德利(对弗雷德说):"嘿,兄弟,你不会也要走了吧?"

宿命主义的弗雷德:"不,我没有什么别的事情要做,我们上酒吧去吧。"

享乐主义的赫德利:"这才像样嘛!让我们为鲍勃多喝几杯!"

6个人都参与了对话,通过他们各自特定的时间观理解他们的回应,他们的回应也反映了各自的时间观。他们都很爱鲍勃,也很爱对方,但他们的人生观和时间观都很不一样——积极怀旧的波莉总记得那些好的事情,消极怀旧的内德总记得那些不好的事情,宿命主义的弗雷德相信他的人生由命运控制而他对此无能为力,享乐主义的赫德利享受生活的每一天。未来导向的费利西娅总在为未来规划,超脱的蒂芙尼因为相信鲍勃的灵魂还存在而感到欣慰。他们的解读和回应都不是错的,也并不疯狂,只是非常不一样。当然,很少有人会像以上几个角色一样性情单一。不过,你可能会在我们的例子中看到自己或者身边人的影子。

在本书剩下的部分,我们会一一回顾这6种时间观念。在详细讨论的时候,我们经常会用到一些缩略形式来简化复杂的讨论。当我们在描述一种与特定的时间观相对应的想法、感受和行为时,我们是指一个在该特定时间观上得分比较高，而在其他时间观维度上得分相对低的人。在现实世界里，一个人可以在多个时间观维度上得分都比较高，所有这些时间观也会有互动。我们讨论的时候会假设个人会有一项比较突出的特征，比如享乐主义、宿命主义，或者超尘脱俗。我们希望你能记住每个人的特征都有 6 个时间观维度，每个维度都是一个从低到高的连续体。

未来的发展

我们相信在你读到这一章的时候，已经开始发现你的时间观对生活的影响了。你也许在家里放置很多的纪念品来帮助你记住过去的时光，也可能用抽象的艺术品装饰自己的家（而不是家人的照片）。你也许经常迟到，你也许非常讨厌等人。就像卡尔·萨根用他的宇宙日历形象地表明了时间是我们生活的背景，也是构成宇宙的材料，你也读到了时间观如何影响到每个人的想法、感受和行为。在接下来的章节里，我们将会探索我们各自在生活不同阶段中扮演的角色，以及你如何参与塑造或者编写生活的剧本。

> 整个世界（以及人生）就是一个舞台，
> 所有的男男女女不过是台上的演员。
> 他们有退幕之时，也有上场之时。
> 每个人都在自己的人生中，扮演着许多角色。
>
> ——莎士比亚，《皆大欢喜》

第 3 章
如何看待过去

那些不能记住过去的人，注定要重蹈覆辙。

—— 乔治·桑塔亚纳

过去的事大概可以分成两种：一种其实从来没有发生过，另一种则基本无关紧要。

—— 威廉·拉尔夫·英奇

津巴多的往事

我 5 岁时，得了严重的顿咳和双叶肺炎。1939 年，磺胺和青霉素这些药还没有出现，所以这两种病并没有有效的治疗方法。我和纽约市其他几百个可怜的小孩被隔离起来，他们得了脊髓灰质炎样综合征、结核病、猩红热等传染性疾病。我们被安排在一家儿童传染性疾病医院，访客（连同父母在内）只在每周周日有两个小时的探访时间，而且只能和孩子隔着玻璃窗互动，以防感染。护士照顾小孩的时候都戴着手术用的防毒面具，孩子都躺在成排的小床里。那里没有收音机，没有电视，没有电子游戏，也没有任何其他的娱乐活动，除了一些被翻破的漫画书。我很快就和其他孩子建立起了友谊。但这种友谊并不长久。

有些早晨，我醒来时会发现边上的小床空了，床单也被清理掉了。我问昨晚睡在我边上的小伙伴去哪儿了，他们总会告诉我那个小孩已经"回家"了。其实，我的小伙伴没能活过那一夜，他们的遗体很快就被移走了，这样其他孩子就不会受到惊吓。护士和我们这些孩子一起否认了这个显而易见的事实：消失的孩子已经死亡。我对这些"回家"孩子的嫉妒也随着我意识到他们被剥夺了生活和未来而消散。

后来，父亲直接把血输给我，让我熬过了那5个月。我在氧气箱里待了很长一段时间。在冬天天气允许的时候，我的家人有时会在周日从很远的家里到医院来看望我。我能活下来的原因得益于我总爱发明各种新的游戏，让周围的小孩一起来玩儿。此外，我每天都会祷告两次：早上向上帝祷告，感谢他让我又活过了一晚，并祷告他能给我熬过另一天的力量。晚上我也会向魔鬼祷告，希望它能放过我。这双重剂量的祷告看来非常有用。

那是一段恐怖的时光，小孩子不断哭泣、咳嗽、喘息，最后死去。我靠着不断地祷告能有一个更好的未来而活了下来。我总是想象未来我能变得高大、健康、强壮,和朋友一起快乐地玩耍。我让这些生动清晰的画面充满了我的脑袋,我学会了让自己关注一个可能出现的美好的未来。

神奇的是,当这场考验过去后,我已经把这次负面经历变成了一种正面体验。在医院里,我提前学会了阅读和写字,学会了讨好护士,也学会了用想象的游戏娱乐。作为一个幸存者,我学会了自力更生。在1939年,当我因为顿咳和双叶肺炎进了医院时,10岁和10岁以下的死亡儿童中有足足一半都死于肺炎、流感、痢疾或肠炎,还有13%的10岁以下的死亡儿童死于肺结核、白喉、顿咳。因此,63%与我同年龄段的死亡儿童(大约每10万人中会有200个1到10岁的男性小孩)都得过我所患的这两种病或者其他相近的疾病。而且,我被"隔离"在一家专门收治传染性疾病的医院里,被暴露在其他传染性疾病中,比如脊髓灰质炎样综合征,能成为少有的幸存者真的非常神奇和幸运。

通过这次经历,我学会了通过心理重塑的方式把过去的经历从地狱变成天堂。有些人却恰恰相反,他们选择只存储和回忆最糟糕的时光,建立自己的"博物馆"来保存创伤。那些恐怖又丑陋的过去也会时刻影响他们对当下的看法。

人类的记忆是很容易出错的,我承认这些童年的回忆是不完美、不完整的,不过有足够的证据让我相信我的经历和记忆是一致的。这些信念塑造了我的生活,让我学会了感恩。

你的过去与最早的记忆

过去发生了什么很重要，你解释、编织和赋予回忆的情感意义也很重要。有哪些回忆塑造了你的生活？为了帮助你缩小搜索的范围，请专注地回忆一下你的第一段记忆。我们想让你花一分钟时间回忆你能想到的最早的记忆。当你翻遍了自己的"记忆库"之后，写下那段最早的记忆的细节。具体发生了什么事？是什么时候发生的？有谁在，谁不在？哪些部分非常清晰，哪些部分想不起来或者非常模糊？当你想好了这件事情的一个回忆版本之后，把你的注意点转移到你对这件事情的想法以及感觉上。保持耐心，细节往往会慢慢浮现。在你相信自己能很好地想起最初的回忆之后，请继续和我们一起阅读下面的内容。

奥地利心理学家阿尔弗雷德·阿德勒认为，一个人最初的回忆是一扇窥探他一生的窗户。在阿德勒进行心理治疗的时候，他经常会问来访者，他们最早的记忆是什么，并用这些记忆作为了解他们现在处境的方法。比如，如果一个焦虑的来访者最早的记忆是被生母抛弃在孤儿院，比起其最早的记忆是他的弟弟或妹妹刚从医院回到家的那一天，阿德勒对这个病人产生的焦虑的解读会有所不同。阿德勒并不是特别在意这些回忆的准确性，因为在没有独立证据的情况下我们很难确认这些事情是否真的发生过。他认为，一个人相信一件事情是真实的比事实上发生了什么更重要，毕竟，一个人的生活基于其个人化的记忆，也就是基于他们认为真实的事情，而不是基于一份官方认证的客观历史记录。对于阿德勒而言，过去非常重要，但过去是一份对于已发生的事件的重述或重构,而这一过程是基于当下的想法和感觉的。换句话说,你的过去可以塑造你现在的想法、感受和行动,同样,这些当下的想法、感受和行动反过来也可以重塑你对过去的回忆。

🕐 约翰的往事

我最早的记忆是在我 3 岁的时候,和我的爸爸一起坐在一张老旧的沙发上看电视。当时电视里正在播放一部警匪片,警匪追逐之中,一个坏蛋被逼到了一个铁皮仓库楼顶的角落里。那个坏蛋没有就范,而是跳到了下面巷子里的纸箱和垃圾堆上。罪犯纵身一跃后,在箱子上滚了几下,最后逃脱了警察的追捕。

看了这个坏人的特技表演之后,我站在了沙发的坐垫上,向空中一跃,然后腹部落地,趴在了我家的硬木地板上。最后碰撞地板的一刻一点儿也不好玩,我还记得我当时在想:这跟我想象中会发生的事情差太远了。我的这段记忆也得到了父亲的确认,他记得当时看着我跳出去之后,就等着看我号啕大哭。我却没有哭。我只是带着一副迷惘不解和惊讶的表情安安静静地回到了沙发上,继续看电视。从那开始,我就一直在验证个人生活和职业生活的真实性。

你最早的记忆展现了你的哪个方面?现在的你有哪些方面和记忆中年幼的你一样?现在的你和当时的你有了怎样的变化?你也可以在

晚餐聚会时让你的客人分享一下他们最初的记忆。在他们分享完后，告诉他们阿德勒的理论，然后再让大家轮流探索一下现在的自己和这个最早的记忆之间的联系。我们两位作者做了这个练习之后，我们的朋友常常能找到一些我们自己没有看到的联系，或者一些我们从来没有想过的背后的意义。当然这个游戏的答案并没有对错之分，甚至你可能会发现你回忆的那件事并不是如你所记得的那样发生的，正如我们下面即将讨论的话题一样。

决定论、解析主义和行为主义

世界最初的一抔土，揉出了地上最后的一个人，
最初播下的种子，预示了最后的丰收：
正如创世的第一个黎明，
已写下了末日黄昏的命运。

昨日已备下今日之疯狂，
明日之静默、欢呼或绝望。
痛饮吧！谁又明了你来时的光景为何而歇息？
痛饮吧！谁又明了你前路的方向为何而启程？

——奥马尔·海亚姆

心理学的决定论断定，我们的每一个想法和感受，我们的每一个行动，都是由过去的事件决定的。虽然决定论的这种说法听起来与你行使自由意志来决定今天早餐吃什么并不相关，但科学正是建立在决定论的基础上的。科学的目的就是描述、理解、预测，以及小心谨慎地控制我们自己和这个世界——在理想状况下，让世界变得更好。准确预测的前提是过去与当下被确定的关系在未来依然是有效的。想象一下在物理定律失效的情况下预测台球的路径。或者，当你试图穿过街道时，车辆随意流动，没有任何信号灯或路牌的情景。幸运的是，自然法则相对恒定，我们能够使用科学的方法揭示稳定的物理关系和心理关系。具体来讲，两个主要的心理学流派精神分析和行为主义，都强调了过去在决定我们生活进程中的重要作用。

著名心理学家西蒙·弗洛伊德曾是一个雄心勃勃的神经内科医生，他希望治疗其他医生不能（或者不愿意）帮助的患者。这些患者的身体状况很差，他们忍受着诸多病痛，比如瘫痪、失明、头晕、沮丧，而且已经尝试过各种各样的治疗手段。在弗洛伊德出现之前，这些人不得不独自与疾病斗争，就像菲利普当时患顿咳那样。弗洛伊德试图帮助这些19世纪的中产阶级"贱民"，他也因此名声大噪。

一开始，弗洛伊德并不清楚应该如何处理这些棘手的病例。因为没有经验可借鉴，于是他开始倾听患者的倾诉。他让患者主导治疗的进程，让他们分享自己的故事，并且弗洛伊德会专注地、不带批判地倾听。这种治疗方法非常有效，弗洛伊德早期的患者称之为"谈话疗法"。这就像是打扫烟囱一样，把患者之前堆积的心理创伤一扫而光。这种敏锐、不带批判的倾听方式依然是现代心理治疗的核心方式。

然而，个人经历并不是决定一个人心理状态的唯一因素。弗洛伊德相信，过去会通过"本我"对当下产生影响。在弗洛伊德用德语第一次提出本我（Id）这个概念时，"Id"其实写作"Es"。"Es"是德语中"它"（It）的代词。但是，"Es"并没有被翻译成英语中的"It"，而是被翻译成了拉丁文的"Id"。弗洛伊德用本我来描述人格中深层、黑暗、古老、不成熟以及本能的部分。本我是永恒的。

本我与人格中的另外两个方面——自我（Ego）和超我（Superego）决定了我们的思考、感受和行动。本我是由我们原始的、本能的过去，以及"快乐原则"主导的，而自我则是以实用为原则，由当下的社会限制主导。正如我们想象的那样，本我和自我之间不相容的目标经常让我们处于自我矛盾之中。本我希望马上就按自己的愿望来行事（就像一个被宠坏了的小孩一样），而自我则会发现，我们所追求的欲望、念想、即时的需要对我们来说并不是最有利的。就像史蒂芬·斯蒂尔斯的歌词，本我满足于爱他想爱之人，而自我满足于爱身边的那个人。

在本我和自我之上的是超我，它包含了由父母、宗教和文化灌输的道德原则。超我是在童年时形成的，它包含了很多隐含的"如果这样，则必须那样"的原则。如果你在大街上捡到了一个钱包，你的超我也许会让你把这个钱包还回去。你在过去习得的原则会指导你在当下和未来的反应。

除了接受长期的医学训练，弗洛伊德也是一名犀利的社会批评家，他很快就发现患者所谈论的内容都和当时社会中不能被公开讨论的生活方面有关，比如性。他的来访者经常会表达一些不为社会所容的想法和感受。他们公开地讨论了这些"禁忌话题"之后,病情就发生了好转。弗洛伊德因此提出了精神分析的"基本原则":让来访者在分享想法、感受和行为的时候完全诚实、坦白,不让他们有所保留。

弗洛伊德觉得,让人感到不舒服的、鸡毛蒜皮的、毫无逻辑的想法,在治疗的过程中都是非常重要的。治疗师就是要引导患者进行一次对过去的考古之旅。因此,弗洛伊德也被称为"灵魂考古学家"。病者的想法大都不光彩,事实上,大部分内容都是人性中丑陋的东西,但在弗洛伊德看来,无论这些想法有多丑陋,这些想法和概念都决定了患者的当下。虽然弗洛伊德努力去关注这些病患的未来,但是他把一生中大部分的时间都用在挖掘病患被压抑的过往经历,以及在当下的审视中重新理解这些事件上。在弗洛伊德的引导下,他的患者重新体验并理解自己的过去。弗洛伊德通过这样的方式力图缓解他们情绪上的紊乱和精神疾病,并把悲惨的过去转化成寻常的、可接受的不快,以及更为健康的行事方式。

行为主义心理学派相信他们的训练原则甚至可以让乌托邦式的发展成为现实。行为主义心理学家以约翰·华生和斯金纳为首,把心理学界的决定论思潮引向了极致。他们自信地宣布,人类的行为完全由过去的奖励和惩罚经历决定。人们穷其一生所形成的想法和感受,以及他们的一切行为,都是为了让自己更好地趋利避害。行为主义心理学家甚至坚信,人的想法和对事件的理解在决定人们行为的过程中并不能起什么作用。对于行为主义心理学家而言,之前真实发生的经历使人们产生了想法、感受和行为,而想法和感受本身并不会产生行为。在一种比较后期的行为主义理论当中，斯金纳保留了过去的重要地位，并断言未来与决定人们行为的过程是完全不相关的：

> 那些最严肃的思考者都认为我们的世界正面临严重的问题……地球正在变得不宜居，而这一问题也因为不受控制的人口发展而更加恶化……我们为什么不付出更多的努力呢？……我们应该为我们的未来做些什么。但是，未来并不存在。未来并不能对我们产生什么影响，我们也不能对未来产生什么影响。

弗洛伊德和行为主义心理学派对于过去的观点让他们发展出了不同形式的心理治疗方法。对弗洛伊德而言，心理治疗包括对过去的诚实探索和重新释义。这一过程不会改变过去发生的事情，但会改变一个患者对于过去经历的态度。

行为主义心理学家则认为心理健康可以通过一套奖励和惩罚的系统来控制。例如，如果你向一个行为疗法的咨询师诉说你有过很多段混乱的恋爱关系，咨询师会和你一起探索你从维持这些混乱的关系当中得到了怎样的益处。虽然益处不一定是显而易见的，有些甚至是非理性的，但是行为主义心理学家坚持益处一定存在，或者曾经存在。比如，一些父母会经常向孩子强调他们真实存在或者虚构的病痛，从而让孩子按他们想要的方式去行事。（不要和那个人结婚；不要搬走；不要去那家学校，不然你爸会心脏病发作。）可见，父母会通过生病的方式来实现对孩子的控制。行为疗法包括消除不良的想法和行为，通过调整奖励和惩罚来让更健康的想法和行为取代原有的一套。

🕐 重构过去

很多人都以为,他们的记忆准确记录了过去发生的事情,并且他们的记忆是永恒的。不幸的是,记忆的确会随着时间而发生改变。它们不是对过去的客观记录,并非存在于我们大脑里的对于事件的录像。相反,记忆一再被重构,而记忆的重构会受到当下的态度、信念和可得到的信息的影响。记忆重构的本质意味着,我们今天的想法和感受影响了我们记忆中的昨天。哪怕只是稍稍改变我们对过去的询问方式,也能戏剧性地改变我们对于"真实发生的事件"的回忆。

伊丽莎白·洛夫特斯曾经做过一个著名的实验,来揭示记忆重构的本质。两组受试者被要求观看一个涉及两辆车的交通事故的录像。事后,研究者仅改动了一个词来询问两组受试者,要求他们回答两辆车相撞时各自的速度。第一组被问道:"当两辆车'撞击'在一起的时候,两辆车的速度大概是多少?"这组受试者答案的平均数约为41英里每时。第二组被问道:"当两辆车'接触'到对方的时候,它们的速度大概是多少?"第二组受试者看的是同一个录像,但他们答案的平均数只有32英里每时。受试者又被问及是否看到汽车碰撞之后玻璃碎裂的场面。尽管事实上在视频里车窗玻璃并没有被撞碎,但在"撞击"组中,回答"看到了"的受试者人数是"接触"组的三倍。

显然,参与本实验的受试者并不会像录像带一样记录这次事故。他们保存了对事故的大概印象,然后在被问及具体细节的时候,再根据当下可用的信息对细节进行补充。例如,"撞击"组为了与问题中暗示的更为严重的"碰撞"相一致,他们在重构记忆的过程中加入了更快的车速和严重车祸中常常出现的破碎车窗等细节。相反,"接触"组则记得行车速度相对较慢,而与较慢的速度相一致的情况则是一般不会撞碎车窗。经验丰富的律师每天都在他们的工作中使用这种引导性提问的方法。

虚假记忆

在上一节提到的研究中,无论是"撞击"组还是"接触"组,都有人记得在车祸之后车窗玻璃被撞碎的细节,虽然在录像中这并没有发生。在后续的研究当中,洛夫特斯和她的同事证实了植入这样的"虚假记忆"非常容易。在一个研究中,受试者被要求阅读一份迪士尼乐园的广告,在广告中迪士尼让受试者回忆他们之前在迪士尼乐园的快乐经历,比如唱那首欢乐的"小小世界"主题曲,从一个乐园项目跑到另一个项目,还有和兔八哥握手的环节。广告的描述温馨又迷人,很多受试者在研究结束之后都去了一趟迪士尼乐园。

但广告里有一个错误是被研究员故意植入用来观测读者的反应的:兔八哥的版权其实是华纳兄弟所有,并非迪士尼公司所有。因此,迪士尼乐园里面从来没有过兔八哥。受试者在参观了迪士尼乐园之后,被问到自己对此次游玩的记忆,16%的受试者记得自己曾经在乐园里和兔八哥握手,虽然这根本不可能发生。

当我们记住了一些并没有发生过的积极的事情时,是否会有一定的危害呢?很有可能并没有带来什么危害,除非你还想再去一次迪士尼乐园,把你的孩子介绍给兔八哥。但如果是负面的事情呢?人们可能会记住一些并没有发生过的负面事件吗?根据洛夫特斯和其他心理学家的后续研究，答案是可能的。在一项研究中，研究者分别从受试者的亲人口中搜集到受试者年幼时确实发生的 3 个生活片段。研究者把这些事情，加上一个捏造的片段，形成 4 个记忆片段。而第 4 个记忆——受试者 5 岁的时候在一个商场里迷了路并没有发生过，它是一个从未发生的事件。在后续的访问中，受试者表示记得发生过的大部分事情，且有足足 25% 的受试者生动地描述出自己在商场里迷了路，痛哭，最后被一位老太太发现了的故事。1/4 的人记住了一个虚假记忆——一件从来没有发生过的事情！公平地说，受试者的确记得更多真实记忆的细节，而他们报告的真实记忆也更加清楚。然而，很多人记住了从来没有发生过的事情，就像他们真的经历过一样。

记忆中被遗忘的事情

在洛夫特斯开展研究的年代，很多治疗师认为记忆可以在被压抑多年后恢复。被压抑的记忆的概念存在已久，几乎所有人都相信它真的存在。被压抑的记忆是弗洛伊德潜意识理论的核心，自弗洛伊德以来，没有人觉得有必要去证实它的存在。自从研究证实了植入虚假记忆的可能性之后，被压抑的记忆的支持者（比如恢复记忆计划的研究者）便开始收集支持被压抑的记忆可以恢复的证据。研究者甚至还在确认涉及被压抑的记忆的脑区研究中取得了进展。在回溯性的研究当中，也不乏支持的数据。例如，退伍军人经常忘记创伤性的战斗场面的事实早在几个世纪前就为人所知。这种综合征如今被称为创伤后应激障碍（post-traumatic stress disorder），它在"二战"期间被称为战后创伤神经症（traumatic war neurosis），在"一战"期间被称为炮弹休克（shell shock），而在美国南北战争期间被称为思乡病（nostalgia）。

有一项研究收集了 129 份成年女性的案例，她们都在童年遭受性侵犯，而且这些事件都能通过医疗和社会服务档案进行证实。在访问研究进行的时候，这些事件平均都发生在 17 年以前，而有 38% 的妇女都不记得当时自己被侵犯过。一些研究者使用了另外的研究方式。心理学家乔纳森·斯库勒和其他研究者首先找到那些恢复了童年遭受性侵记忆的女性，然后去寻找能证实这些侵害事件发生过的证据，而不是先找到被侵害的女性，然后再问她们是否记得当时的事件。直到今天，恢复记忆计划已经记录了上百件发生后因被压抑而不能想起，但在多年以后恢复记忆的案例。

恢复真实记忆与植入虚假记忆

从 20 世纪 90 年代开始，关于记忆真实性的讨论就从心理学界转向了媒体。洛夫特斯和其他研究者证实了虚假记忆可以被植入，而其他心理学家和治疗师则在试图恢复被压抑的创伤记忆的方向上努力。那些恢复了记忆的治疗师和病患都相信被恢复的记忆是真实的。而其他研究者则认为这些记忆是被不知情的治疗师、咨询师和社工植入的。很快，这场学术讨论就变成了一场激烈的"战争"。治疗师和心理学家互相指责对方冷酷无情和无视数据。像《治愈的勇气》(The Courage to Heal) 这类畅销书的作者会鼓励读者挖掘被压抑的童年被性侵的记忆，这些作者（错误地）认为，与这些记忆相关的情绪越强烈，这些记忆就越有可能是真的。那些被指责犯下了侵害行为的亲戚通常都对此感到意外和震惊，而当这些指控被放到媒体上或诉诸法律时，他们的生活就都被毁掉了。

这场学界的论战就这样开始了。一方面，恢复记忆疗法的支持者相信这些病患恢复的记忆都是真的，而这些记忆作为法律证据的效力应该被承认。在一个著名的案件中，商人乔治·富兰克林被指控在20多年前谋杀了他女儿的朋友，而案件的判决很大程度上是基于他女儿被恢复的关于谋杀和乱伦的记忆。他的女儿艾琳在案发时只有8岁，她在庭审时声称她看到了谋杀的过程，以及记起20多年来她一直被自己的父亲性侵，而这些记忆之前都因被压抑而遗忘了。她说当她自己的女儿长到和她当时相近的年纪时，她想起了她童年的朋友，于是她突然之间就记起了这些创伤记忆。富兰克林先生在狱中过了6年，直到他的案件被翻案。他后来被判无罪，但他一生的事业就这样走到了尽头。

这场论战的另一方则是虚假记忆综合征基金会，它由那些被自己儿女控告性侵的家庭成员组成。基金会强烈地反对恢复性记忆，认为这些记忆都是虚构的，且常常是被引导和植入的。与那些被恢复（植入）了虚构记忆的受试者一样，被指控的家庭成员同样感到痛苦和被羞辱。想象一下你从你的孩子那里收到下面这封信时的感受：

爸爸、妈妈：

你们好！我只是想给你们写封信问候一下。我最近实在是太忙了，都没有时间告诉你们我有多爱你们。你们为了我付出了这么多……你们一直都在支持我，爱我，帮助我渡过我生活中的挑战和难关……我只是想告诉你们，我非常感激。我很少告诉你们，你们对我有多重要……我对你们的爱无法用言语表达。

爱你的"C"

想象一下如果之后你又从同一个孩子那里收到了这封信：

亲爱的××：

我写这封信的原因是要说出真相。爸爸，你对我所做的一切，我都记得。至于你是否记得，已经无关紧要了，重要的是我记得。从我回家之后的第二天开始，我就遭受了这样的伤害，直到我长成了一个会说话的小孩。我又喊又叫，变得歇斯底里。我非常害怕你会回来，找到我，继续折磨我。对，没错，你性侵了我——这是最糟糕的事情！我本来需要的是你的保护、引导和理解，你却给了我仇恨、暴力、侮辱和侵害！我无法原谅你……你已经不再是我的父亲了！

"C"

写出上面这封信的女性显然正在承受极大的痛苦，无论她的记忆是真还是假。一对无辜的父母同样会被击垮。读者都很难不对涉及其中的人产生同情，但谁更值得同情呢？一位被父亲性侵的女孩子，还是一个被诬陷的父亲？研究证实，我们仅仅通过引导性的问题就能植入关于过去的虚假记忆。因此，在那些"恢复的记忆"当中，有一些事情很可能并没有发生过。而另一些研究则清楚地表明，记忆的确可以在被压抑后恢复。那恢复的记忆中有多大比例是假的呢？你可能会问。没有人知道答案。无论哪一方是"正确的"，这场战争中明显的输家是那些被卷入这场风暴的家庭，而这场风暴是由急功近利的治疗师、社工、流行心理学作家和律师引发的。负面的记忆会带来伤害，无论它们是真是假。

过去的真实性是否重要

我们的记忆是不可靠的。我们可能会忘记真正发生的事，也可能会记住并没有发生的事。尽管记忆并不可靠，过去客观发生的事件，依然在决定"我们今天是谁"上有重要的影响。有时候我们并不记得发生过什么，但那些事情也从根本上决定了我们的人生。然而，心理学家逐渐开始质疑这个假设，指出我们其实很难在过往的负面经历和当下的负面结果之间建立起真正的联系，同样，这种联系在正面的过往经历（比如积极的心理干预）和当下正面的结果中也很难找到。美国心理学会前会长马丁·塞利格曼这样说：

> 我认为童年事件的重要性被高估了，事实上，总体而言，我认为过往历史的重要性都被高估了。研究发现，童年经历的事件对于成年之后的人格发展——哪怕是非常小的影响，都很难找到证明，

而至于大的影响——我是说决定性的影响,至今一点儿证据都没有。

童年经历的严重创伤事件可能对成年后的人格有一定影响,但这种影响也只能被勉强测量到。而普通的负面事件并不能导致成年之后的问题。这些研究指出,你成年之后的抑郁、焦虑、婚姻破裂、滥用药物、混乱的性行为、失业、对孩子的伤害、酗酒或者愤怒,都不能归咎于童年遭受的经历。

那我们应该相信谁?我们的过去决定了我们的当下,还是我们高估了过去的重要性?

本书的两位作者相信过往的经历的确重要,但并没有弗洛伊德和行为主义心理学派所认为的那么重要。每个人都被客观的过去影响,但并不被过去决定。而且,过去发生的事并不是对我们的生活产生最大影响的。(你对于过去所发生的事件的态度,比事件本身重要得多。)过去和你当下对过去的解释之间的区别非常重要,因为它指明了改变的希望。(你并不能改变过去发生的事情,但你可以改变对待过去的态度。)有时候,改变图画的框架,也能改变你看待图画的方式。

对待过去的态度非常重要

表 3-1 对待过去的态度与心理、行为特征的关系

行为特征	消极怀旧的人会……	积极怀旧的人会……
侵略性	更具侵略性	更不具侵略性

（续表）

行为特征	消极怀旧的人会……	积极怀旧的人会……
焦虑	更焦虑	更少焦虑
责任心	更没有责任心	更有责任心
做事考虑后果	做事更少考虑后果	没有区别
创造力	没有区别	更不具有创造力
抑郁	更抑郁	更少抑郁
情绪稳定	情绪更不稳定	情绪更稳定
精力	精力不充沛	精力更充沛
锻炼	更少锻炼	没有区别
友善	更不友善	更友善
赌博	更喜欢赌博	没有区别
快乐	更不快乐	更快乐
冲动	更冲动	没有区别
自我管理	更少自我管理	没有区别
说谎	更常说谎	没有区别
追求新鲜感	更积极追求新鲜感	没有区别
依赖奖励	没有区别	更依赖奖励
自尊心	自尊心更低	自尊心更强
害羞	更害羞	更不害羞
偷窃	更常偷窃	没有区别
发脾气	更经常发脾气	没有区别

心理学家已经证明没有人能完全确定过去发生了什么，但我们的研究也表明，人们对过去的态度会影响他们今天的想法、感受和

行为。那些对过去持有积极态度的人（无论这种态度是否基于关于过去的准确记忆）比那些对过去持有消极态度的人更快乐、更健康，也更成功。当然，我们每个人在生活中都会遇到积极或者消极的事件。因此，我们中的大多数人都同时对过去持有积极和消极的态度。

表 3-1 表明了人们对待过去的态度是如何影响当下的生活。"消极怀旧"一栏比较了 ZTPI 中在关注过去的消极时间观这一项上得分较高和得分较低的那批人。我们发现，在这一项里得分高的人比得分低的人更具侵略性。对于部分行为特征来说，得分高与得分低并没有区别，但有些特征上的一些关键差别让得分高的人群承受更高的心理风险。本书的两位作者在消极怀旧这一项上的得分都是 1.9 分，因此我们对过去都没有太强烈的消极态度。

而"积极怀旧"一栏里比较的是在关注过去的积极时间观一项上得分比较高与得分比较低的人。在这一项上得分较高的人比得分较低的人相对来说更少焦虑。菲利普在这项上的得分是满分 5 分，约翰的得分是接近满分的 4.8 分，我们都对过去有着相对强烈的积极态度。

心理学家鲍勃·埃蒙斯和马克·麦卡洛发现，对待过去的态度是培养感恩之心的关键，而感恩可以让你学会欣赏当下的生活。这些研究表明，对待过去的积极态度与快乐和健康有关。在一项研究当中埃蒙斯和麦卡洛把一个班上的 200 名学生分成三组。第一组为"感激"组，他们被要求回想过去的一周，然后写下 5 件生活中值得感恩的事情。第二组为"麻烦"组，他们被要求列出 5 项过去一周中发生的麻烦事。第三组为"客观"组，他们被要求写下 5 项在过去一周中对自己的生活产生影响的事件。所有小组都被要求连续 9 周做一次这个任务。三组学生还要记录他们的情绪、身体健康程度（比如偶尔生一次小病）、对于社会支持的回应、花在锻炼上的时间，以及基本的精神健康状况。在 9 周结束之后，相比于"麻烦"组和"客观"组的学生，在"感激"组的自评结果中，他们对自己生活的评价更加积极，更少出现身体疾病，而且相对于"麻烦"组，他们花了更多的时间在身体锻炼上。他们总体上也有更正面的情绪。麦卡洛和埃蒙斯在遭受神经肌肉疾病的患者身上重复了这一项研究。同样地，"感激"组的受试者对生活更满意，对接下来的一周更乐观，与他人的关系也更好。除此之外，他们的睡眠时间也更长，睡醒之后精力也更好。

表 3-2 测量对待过去的态度

积极怀旧时间观	感恩态度调查	消极怀旧时间观
回想过去能让我感到快乐	我的生活中有太多值得感激的事情了	我有时候会回想起以前发生过的不好的事情
我常常怀念我的童年	如果我把所有我感激的事情列下来，那会是一张非常长的列表。	那些过去的痛苦经历总是在我的脑海里重复出现
那些美好时光的快乐记忆经常出现在我的脑海里	当我看到这个世界的时候，我看不到太多值得感激的东西*	我很难忘记儿时不愉快的记忆

① 以上条目摘自 ZTPI，带 * 号条目为反转条目。

(续表)

积极怀旧时间观	感恩态度调查	消极怀旧时间观
总的来讲，我的美好的回忆比不好的回忆要多很多	我对很多不同的人心怀感激	我经常会想，在那段人生中我应该这样做而不应该那样做
我喜欢听那些关于"过去的美好时代"的故事	随着年龄渐长，我发现我越来越能欣赏那些曾经的人、事和际遇。	我有时候会想起那些生活里错失的美好事物
熟悉的童年景象、声音和气味经常会勾起我很多美好的回忆	我有时候需要很长时间才能学会对某些事或某些人心怀感激*	我曾经在生活中犯下了令我后悔的错误
我喜欢定期重复的家庭传统或者仪式		我过去遭受过侮辱和拒绝
我总是会在家人讨论从前时发呆走神*		当我在享受当下的时候，我也会不自觉地把现在和过去类似的经历进行比较
过去有太多不愉快的回忆，我情愿不去回想*		事情很少会按我预想的那样发展
		我的决定很大程度上取决于我周围的人和事

对过去的积极重构

当我们见到伊迪·埃格尔的时候，她68岁，是一位容光焕发、热爱生活的老奶奶。她在斯坦福大学的心理课上给学生做了一次讲座，她让学生都觉得，变老也是一件乐事。然而，当她讲到她16岁（1944年）到达奥斯威辛集中营的事情时，她的声音低沉起来。当她和家人从匈牙利颠簸过来的运畜车上下来的时候，囚犯被分成两列。臭名昭著的"死亡天使"门格勒博士用手指了指左边的一列，于是伊迪跟着她的母亲走到了左边，门格勒却大叫着让伊迪和她的姐姐到右边的一列去。左边的一列是"消耗品"，即老弱病残。右边的一列将要做苦役，但可以多活几天。之后（在他们还站在队伍中的时候），伊迪问站在她旁边的一位妇女，她什么时候可以再见到她的母亲。那位妇女指着锅炉烟囱冒出的烟说："你可以在那里看到她。她将被烧掉。从现在开始，你谈论你母亲的时候最好开始用过去时态。"姐姐抱着她说："灵魂是不会死的。"从那以后，她们再也没有见过母亲。

很多人被这种骇人的事情压垮（没有人会因此责怪他们软弱），但伊迪没有。她也分享了另一个故事。当时她的姐姐快要饿死了，于是伊迪翻过一堵墙偷偷潜入守卫的后院去找食物。还没找到食物的时候，她就被一个守卫发现了。按照命令，守卫应该当场开枪打死任何离开营地的犯人，但伊迪安全地翻回了墙的另一边，毫发无损。第二天，那个看见了她却没有认出她的守卫让所有人排成一列，命令昨天试图偷食物的人站出来。伊迪知道如果站出来很有可能被打死，但她也知道如果她不站出来，别人可能会因为她所做的事情受连累。于是，伊迪勇敢地站了出来。那个守卫慢慢地走过来说："你一定是非常饿，才会做出这样的事情。这个，拿去。"他给了她一块面包，让她回到了队伍中。伊迪后来也没有受到任何惩罚。讲到最后，伊迪问班上的学生："你们会怎样解释这样的事呢？"

伊迪也提到了在集中营里保持幽默的重要性。有一次，集中营里的女囚举行了一次即兴的"最美胸部"比赛。伊迪最后也给这个故事赋予了意义——即便她当时只是个小女孩，但她还是为自己赢得比赛而感到自豪。

我们曾经参观过一些集中营，我们也见过囚房和毒气室，还有幸见过一些从集中营的经历中存活下来的人。这些过往让伊迪感到非常痛苦，以至于在后面的30年中她从未和其他人提过。但是，她依然尽可能地做一个乐观的人，并且鼓励其他人积极地接受过去。她的故事正体现了重新建构和重新解释过去的力量。作为一个心理治疗师，伊迪目前致力于激励处于各种逆境之中的人，帮助他们顽强地生存下去并努力成长。伊迪在心理学课上的最后一句话是这样说的："我的一切都在于生命与生活，而不是死亡和垂死挣扎，虽然死亡也是生命的一部分。"

改变你对过去的态度

你不能改变你的过去，但你可以改变你对过去的态度。在开始主动重构你的过去之前，请先完成这份"我曾经是谁"的测试。这份测试包括了同一个问题：我曾经是谁？但这个问题会被连续问20次。即使你不能回答所有的提问，也不用担心，但请务必花时间尝试这一练习。请列出20项最重要的可以描述你之前行事方式的答案。除了你自己，其他人不会看到你的答案，所以你也没有必要把自己描述得比真实情况更差或者更好。但请记得把答案留下来，因为在几周之后你需要重新回顾答案。

测试：我曾经是谁？
1.我曾经：_____

2. 我曾经：_____

3. 我曾经：_____

4. 我曾经：_____

5. 我曾经：_____

6. 我曾经：_____

7. 我曾经：_____

8. 我曾经：_____

9. 我曾经：_____

10. 我曾经：_____

11. 我曾经：_____

12. 我曾经：_____

13. 我曾经：_____

14. 我曾经：_____

15. 我曾经：_____

16. 我曾经：_____

17. 我曾经：_____

18. 我曾经：_____

19. 我曾经：_____

20. 我曾经：_____

在你完成"我曾经是谁"的测试之后，请接着完成下一页的"积极重构过去清单"。你可以选择任何你想要的三件事，但你应该选择那些依然能唤起你消极情绪的事件，比如内疚、羞耻、被侮辱、伤心或者恐惧。请记住,这些事情都已经过去了。它们并不能决定你的今天。而你有能力改变你的态度。请相信,重新建构你的过去,并不是对回忆中可能出现的其他人的不尊重。相反,这才是真正的尊重。重新建构你的过去,是让你控制过去,而不是让过去控制你。放下过去,努力向前,并不意味着遗忘过去,而是和过去和解。

> **积极重构过去清单**
>
> 请列出三件在你生活里发生的重要的负面事件:
>
> 事件1:＿＿＿＿＿＿＿＿＿＿＿＿＿＿＿＿＿＿＿＿＿
>
> 事件2:＿＿＿＿＿＿＿＿＿＿＿＿＿＿＿＿＿＿＿＿＿
>
> 事件3:＿＿＿＿＿＿＿＿＿＿＿＿＿＿＿＿＿＿＿＿＿
>
> 你从这三件事中,分别能得到什么正面的收获?
>
> (例如:因为你曾经熬过了艰难的时期,所以你知道如果再遇上困境你也能战胜它。)
>
> 事件1:＿＿＿＿＿＿＿＿＿＿＿＿＿＿＿＿＿＿＿＿＿
>
> 事件2:＿＿＿＿＿＿＿＿＿＿＿＿＿＿＿＿＿＿＿＿＿
>
> 事件3:＿＿＿＿＿＿＿＿＿＿＿＿＿＿＿＿＿＿＿＿＿
>
> 这些收获在未来如何帮助你?
>
> (例如:你也许学会了如何避免让类似的情形再出现,或者你学会了当事情再发生时如何更有效地处理这些问题。)
>
> 事件1:＿＿＿＿＿＿＿＿＿＿＿＿＿＿＿＿＿＿＿＿＿

事件2：_____

事件3：_____

在你完成了"积极重构过去清单"之后，请每天列一张感恩清单，连续2周进行记录。在每一天结束的时候，在一张纸上列出你今天为之感恩的事情，写多长都可以。你也许可以在床头柜上放上一个本子、一支笔，提醒你自己每天完成这个任务。

在你完成2周的感恩清单之后，请再做一次"我曾经是谁"的测试。在你完成之后，请再把之前的答案拿出来。在两张20道题的答案上，如果每道题的答案体现了对待过去的积极态度，请你在旁边写上"+"，如果答案体现的态度是中性的，请写上"0"，如果答案体现的态度是消极的，请标上"−"。请分别数出两张列表上"+"号和"−"号的数量。在每一次答案的计算中，用"+"出现的次数减去"−"出现的次数。在两周之内，你的分数应该出现上升，这表明你变得更加积极。如果没有，你也不用绝望。你的过去不是一夜之间发生的，所以改变通常也需要时间。当你结束一天的时候，请确信改变会发生，而且在你改变之后，你将会把自己的心态往积极的方向调整，进入更快乐的时间段。请记住，我们正在改变你生活中的大河的流向，而每一次微小的尝试假以时日都能带来显著的变化。无论你的得分如何，每天完成一份感恩清单都可能让你的心情变得更好，改善你的健康。

过去的美好

目前为止，我们关于时间的讨论，让我们觉得过去造成的麻烦似乎远多于它的价值：你很难确定你对于过去的记忆是否准确，而它又会给你和其他人带来痛苦，所以，过去有什么好的方面呢？首先，过去给我们提供了连续感和自我意识。没有了过去，我们的生活就会像不遵从物理定律而改变轨迹的台球一样，无法预测。对于对过去怀有积极态度的人来说，过去可以是快乐的来源。就像记住消极的事情可以引发负面情绪一样，记住积极的事情也可以引发正面情绪。公元1世纪的古罗马诗人马提亚尔曾经写道："能享受自己过去的人相当于活了两次。"因此，增加对待过去的积极态度也许和减少消极态度同样重要。

过去也是最好的未来预测家。它也许并不完美，却是我们唯一能依靠的。我们可以肯定的是，一些在过去发现的联系，在未来也同样成立。最大的挑战在于找出那些不变的联系。正如弗洛伊德所写："一个人对过去和当下的了解越少，他对未来的判断就越没有保障。"弗洛伊德并不是唯一做此断言的人，美国著名爱国主义者帕特里克·亨利也说过："只有一盏明灯指引我前行，它就是经验。除了通过过去，我不知道还有什么方法可以预测未来。"

活在过去有何不妥？

无论你对待过去的态度是积极的还是消极的，你的时间观都以过去为导向，而非未来导向。过去也许会给你带来安全感，尤其当你的回忆很美好时。然而，如果你沉迷过去，那么你抓住机遇、认识新朋友、尝试新食物、探索新的音乐和艺术的可能性就会变小。你会因为想要维持现状，而厌恶改变。

如果生活在一种强调用过去来评估当下的文化中，人们在经历创伤后，更有可能选择报复，哪怕造成这些创伤的罪行是数十年以前犯下的。他们不会原谅肇事者，并且会认为这些人一定要接受惩罚。这种报复的思维让和解的尝试变得不可能。他们也会鼓吹暴力和战争，要求新的一代背负起复仇的义务，或者要求对方的下一代为他们父辈甚至祖父辈犯下的错误负责。

那些对过去持有积极态度的人希望能维持文化和政治上的现状，他们不希望改变。相反，他们希望能在当下保留和重新恢复过去好的事物或者做法。这种观点可能会让他们看不到更新、更好的处事方法。在经济全球化的前提下，那些活在过去的国家会被发展的潮流抛下。

保持积极的心态

某一个周日，菲利普被堵在了意大利那不勒斯的市郊。菲利普对周日如此拥堵的交通状况感到惊讶，但他的司机一点儿也不意外。就像很多其他的欧洲国家一样，意大利人买花去墓园祭奠他们的至亲时都会双列停车。死去的亲人永远不会被忘记，至少有一个家庭成员会定期去祭拜他们。无论哪一天去，你都能看到墓园里大部分的墓碑前摆着鲜花。相反，在美国，你只有在法定假期才能在墓园看到大量的鲜花。随着时间的推移，周末去墓园祭拜的举动在欧洲变成了一种文化传统，就跟周日的家庭聚餐一样。

以色列的时间专家瑞秋·卡尔尼奥尔相信，虽然过去可以成为人类的敌人，但有大量证据证明，过去在很多方面也是人类的朋友。她写道：

> 过去与现在以及想象中的未来之间的关系是双向的，人们的目标和回忆之间存在联系，过去可以在不经意间进入人们的思绪，让当下染上它的色彩，推动人们做出行动：人们可以用过去来指导未来的目标和计划，帮助他们实现之前选定的目标；目标也能影响人们提取、重构和解释记忆。

你可以借用过去的力量创造一个安全的基础，在这个基础上展望未来，由此做出更健康、更安全、更有意义的决定。加利福尼亚大学伯克利分校的两位研究人员惊讶地发现，许多违禁药物使用者都自称整天"无所事事"，这意味着"没什么新鲜事""每天都没什么不同""没什么重要的事情"。用这种方式看待过去的违禁药物使用者，比那些每天至少还"做点什么"的违禁药物使用者面临更高的风险。前一组比后一组更经常共用针头，更少使用安全套。摆脱药物滥用最重要的一点就是要有一份固定的日常时间表，并严格遵守它。

研究员朱莉·戈德堡和克里斯蒂娜·马斯拉奇也发现，人们看待过去的方式，和他们想象未来的能力也有关系。为了验证这个观点，他们调查了将近300个本科生，让他们完成ZTPI和一个简单的测量人格5个基本维度的量表——大五人格量表（Big Five Questionnaire）。在简单描述他们出人意料的研究结论之前，我们需要强调时间观量表解释的是行为上的差异，而无关参与者的性格、性别和种族。

- 那些与自己的家人保持亲密联系的人最有可能持有高度的积极怀旧时间观。他们不需要什么特殊的理由也会定期回家探望家人。他们也更喜欢家庭传统，并打算在未来继续坚持这些传统。他们的家庭概念比持有别的时间观的人更重，比其他人向上追溯的代际更多。

- 和不再继续庆祝家庭传统活动的人相比，那些喜欢参与从前一直流传下来的家庭传统活动的人，同时具有更强的积极怀旧时间观和以未来为主导的时间观。

- 过去的经历会影响未来目标的设定。那些能提前一年或五年描述自己特定目标的学生，认为家庭传统引导他们在生活中做出有意义的决定。

- 最后，这项研究表明，在积极的过去时间观上得分更高的人，更有可能设定详细的一年计划、五年计划，甚至在写下周计划时也会更加详细。

参与家庭传统活动和定期与家人联系，对发展积极怀旧的时间观和制订更具可行性的未来计划都有帮助。

如果大屠杀的幸存者都能对生活保持积极的态度，能从过去中寻找有益的事情，你也可以。如果那些遭受着神经肌肉疾病的人都能够找到让他们心存感激的事情，并以此让他们更快乐，你也可以。通过改变看待过去的方式，你可以改变未来。你不需要压抑自己的记忆，也不需要回避那些你曾经历的负面的事情。事实上，你应该记住过去发生的负面的事情，以期在未来避免类似的事情再发生。你也可以努力改变你对待过去负面事情的态度，加强你已经有的正面的回忆和积极的态度。你可以将自己从过去中解放出来，放弃自己所坚持的消极态度，选择拥抱未来，培养对待未来的积极态度。一位东方僧人说："幸福并不是我们所拥有的一种恒定不变的状态，幸福是一个难以捉摸的需要不断追求的目标。"我们的过去也是如此，即使是快乐的过去也总是在不断地被重构。以积极的态度为基础重新建构你的过去，你可以自由地追求当下和未来的幸福。

第 4 章
全然真实的当下

请记住，人生所有，不过当下一瞬，

而这一瞬，短暂如青丝；

余下所有，不过是已逝之过往，未见之明日。

人生，不过当下一瞬，

而终其流连，不过世上一隅。

——马可·奥勒留，《沉思录》

人的一生——不过是永恒之间的短短一瞬。

——托马斯·卡莱尔

当我们还是婴儿的时候，生理需求主宰了我们的生活，对于我们来说，存在的只有此时此地。婴儿的大脑还没有发展出储存记忆和回忆的能力，所以他们对过去几乎没有概念。婴儿大脑的前额皮质也还没有完全发育，因此他们还不能为未来计划，或者想象可能出现的情景。一个小孩就是一个小小的活在当下的享乐主义者,他只想追逐快乐,躲避痛苦。

我们的生活始于对当下的自然关注,但有些人到了成年,仍会继续选择把注意力放在当下的生理需求上,只对当下的物理和社会环境中发生的事件做出反应。也有一些人,正如我们在上一章看到的一样,是基于他们的回忆做出决定和行动,而不是基于当下的经历。还有一些人是基于他们对未来的期待而做出决定,更多地考虑未来的不时之需,而非当下的现实。对于他们来说,两鸟在林胜过一鸟在手。和其他时间观一样,以当下为导向也会带来一些正面的影响。但是,极端的当下导向会严重影响生活的质量,而且往往得不偿失。这是一个时间的悖论:我们想享受生活,一定程度的当下导向是必要的。而太过极端的当下导向会让生活索然无味。

如何专注于当下

在一个政局和经济都动荡不安的社会里,你不可能通过当下的形势预测未来。你努力工作,把钱存到银行里,未雨绸缪,却没想到突然间通货膨胀加剧,存的钱都贬值了。生活的游戏规则似乎总会随意变动,所以,你还会为未来投资吗?你很有可能不会再这么做了。你会把精力放在当下。生活在动荡的经济体里的人不会选择投资,因为现在把资金花掉比等到明天让资本白白贬值要好。当人们不再存钱或者花钱购买保险的时候,相应的机构就没有足够的资金向人们提供住房贷款或者商业贷款,这也意味着市面上就没有足够的现金流向建筑业或者新的商业投资，也就意味着市场上的就业机会将变少。

政策和经济的不稳定也会引起家庭内部状况的不稳定，让人们变得只相信他们手中所拥有的东西。发展未来导向的时间观需要当下环境的稳定和一致，否则人们就无法对他们当下行动带来的结果做出合理的预测。预测不到的和看不见的承诺几乎没有什么价值。人们越不能相信政府、机关和家庭的承诺，就越回避未来，关注当下，给自己建构一个只有绝对对错、非黑即白、非此即彼的世界，而不是一个充满了可能性、突发事件和机遇的世界。当下导向的人不会使用基本的"如果—那么"的思维方法，例如，是什么引起这件事或这件事导致什么。这会让他们在讨价还价、谈判、冲突解决、学术或职业情景中处于不利地位。简而言之，他们无法在复杂的后现代世界里占到优势。

受教育层次低的人更有可能活在当下。通过学习历史，通过为决定成败的考试和分数而学习，通过延迟满足的需要，教育有助于培养对过去的认识。提供较少受教育机会的社会可能会有更多公民只关注当下。当一个社会连最基本的受教育机会都不向女性开放时，这种情况就尤为明显。女性的受教育程度提高之后，其子女和社会阶层也会得到提高。

社会阶层既是时间观的影响因素，又是时间观的结果。未来导向的时间观是成为中产阶级一员的先决条件。上进心和对成就的需求驱动了以专注工作、储蓄和通过个人的不懈努力来计划更好生活为特征的未来导向时间观。广泛的中产阶级能通过其自身的职业道德和对其后代未来的投资促进社会稳定并提高整个国家的国民生产总值。当下导向的人更少关注工作，更不相信当下的努力会在未来有回报的观念。他们对于社会、机构和家庭的信任感更低，所有这一切都阻碍着他们在社会阶层的梯子上向上移动。而且，活在当下的人更有可能活在相对较低的社会阶层里。

相比社会底层和中产阶级，富人或者上流社会的人可以随心所欲地选择任何被认可的时间观。有些人是过去几代家族资本的继承者，他们强调坚持传统和规划未来。新富阶层努力工作以积累财富，他们发明了新的技术或产品，或者早已持有雅虎、苹果或者微软公司的股票。以当下为导向的顶尖运动员或者摇滚明星也通过努力获得了财富，但他们中的很多人依然保持活在当下的时间观，这种偏差让他们陷入成瘾症。

不同的生活方式和社会期望是习得的处理资源选项的方式，而不是基于基因的遗传差异或者脑功能的不平等。你可以通过改变时间观让自己变得更平衡，从习得的认知偏差中解放出来，实现自己的全部潜能。然而很多持有未来导向时间观的人（普通大众、公共人物和专业人士都一样）对于社会底层人与生俱来的当下导向时间观持有偏见。经济学家爱德华·班菲尔德在他的著作《并非天堂的城市》(The unheavenly city)中认为，社会底层的人活在当下的心态已经到了一种病态的程度：

> "常态"一词……指的是并不包括社会底层的阶层文化。关于"社会底层文化是一种病态文化"的推论，是从两个方面推断出来的：一是社会底层中精神疾病的发病率比较高，二是人类本

性天然地对极端的当下导向感到反感。我们需要一些"社会底层"以外的词来作为社会文化连续体中的区分,但似乎又没有办法找到更好的词来代替它。

班菲尔德是一个未来导向的人,而且他相信所有人都应该以未来为导向。对他来说,活在当下的态度是穷人无可救药的癌症,所有不以未来为导向的人都不正常。然而,把活在当下当成问题,其实就否定了那些可能提高人们教育程度和技能水平的救助项目的价值。

并非只有班菲尔德认为以未来为导向的时间观才是"正常"的时间观,我们的同事罗伯特·莱文,在他精彩的《时间地理学》一书中提出了很多生动的例子,说明了地理位置是如何影响人生意义的。在意大利北部,近年来的一项运动(La Lega,以翁贝托·博西为首)正谋求把整个国家分成北方和南方两个部分。北部将包括繁荣的米兰、图灵和热那亚,并一直延伸到博洛尼亚和佛罗伦萨以南。其余部分——罗马、那不勒斯和西西里大区都将被分配到"另一个"意大利去。这种极端情况的出现是因为勤劳的意大利北方人对于要交税支援其"懒散""放荡"的南部邻居而感到不满。"我们干活,他们快活;他们享乐,我们掏钱。"这是政治活动带头人用来动员选民支持分裂的政治动员歌曲中的歌词。意大利南北方的冲突显然是由于时间观的不同。意大利北部创造了整个意大利绝大部分的财富,拥有大型的商业机构、众多的工作机会,以及被德国和奥地利看好的投资场所。

大财团并不愿意在南部大多数地区成立商业实体,因为在南部的黑手党依然在向大小生意收取保护费,并且控制着银行的运作。产业的缺失引起了居高不下的失业率,而重视工作变成了一种失传的美德。当失业率高达 50% 时,我们可以想象一下在西西里大区的一个小镇中失业意味着什么。

> 现在,他们只是一些没有人管的年轻人,没有接受过什么训练,也不期望找到像样的工作,所以他们自暴自弃,站在广场上无所事事,或者待在酒吧里玩牌。早晨,如果你坐公交车上班,就能看到他们在闲逛,为一杯咖啡赌博。收成季节结束之后,他们就会失去工作,所以只好满大街地溜达……无所事事,插科打诨,打发时间……当他回家后发现妻子也正在赌博,没有东西可以吃……那么他该怎么办?他什么也干不了,只有回到酒吧里。如果他还有点儿零钱,可能会接着赌博,如果没有,就只能看着别人赌博……我们都想改变这种生活,但应该从何开始呢?

这段记录是西西里的一位作家达尼洛·多尔奇在他的著作《西西里的人生》中的描写,至今依然适用于世界各地很多的贫困地区。工作把日常生活分成有序的、可预期的时间单位,就像在学校一样。失业或者失学把这些外在的框架打破了,所以个体需要内在的自我效能感才能过好每一天。但如果一个人的时间观是当下导向的话,这种能动性并不能完全地得到发展。而没有这种能动性的话,人们会怀疑他们是否真的能把生活变得更好。他们习惯于当下的情况,而不会努力去创造一个更好的未来。

折现未来的经济学

关注当下，折现未来，有时候也是有意义的，比如，当眼前的情况确定无疑而未来充满了不确定性的时候。想象一下，如果你可以选择在今天拿到 100 美元或者在一周之后拿到 100 美元，你会选择哪一种？大部分人都会选择在今天拿走 100 美元，因为他们今天就能把这笔钱花掉，而且他们也不能完全确信下一周是否能拿到这承诺中的 100 美元。在现在和下周之间，很多让交易无法兑现的事情可能会发生：那个答应给你钱的人可能会突然失业；他可能会被抢、生病、忘记他的承诺，或者决定把钱给别人。因为这些不确定性，你并不觉得今天你可以拿到的这笔钱和下周可能拿到的那笔钱是等价的。下周可能到手的 100 美元在你眼中已经被"打折"了，所以它其实价值更少。如果你只有八成的把握在下周拿到这 100 美元，那么在今天，这笔钱相当于 80 美元。但事实上，你怎么能对未来的不确定性有任何程度上的确信呢？

让我们来修改一下这个场景：你可以选择今天拿走 100 美元，或者在一周之后拿走 150 美元。现在这个决策过程就变得非常有趣了。是拿走眼前确定的现金就走人，还是等待一下增加自己的收益？有一些人还是会选择在今天拿钱。他们眼中的未来收益折现太大，所以在他们的眼中它并没有今天的 100 美元值钱。有一些人会选择下一周再拿钱。他们同样也折现了未来的 150 美元，但并没有折现很多。在他们眼中，下一周的 150 美元也许只相当于今天的 125 美元或者 110 美元，但仍然比 100 美元要多。

一个纯粹的以当下为导向的人会把未来的价值完全折现。哪怕承诺他在下一周可以拿走 1 000 美元,他依然会选择在今天取走 100 美元。在他的眼中,未来的 1 000 美元也许一文不值,或者至少今天的 100 美元要值钱得多。相反,一个未来导向的人会对未来进行非常小的折现,可能会选择未来哪怕只是相对小的增值而不是选择当下确定的收益。当然,大部分人都在这两个极端之间。你处于哪个位置呢?未来的收益要比今天大多少你才会愿意选择等待呢?有什么会让你选择一个更高的未来收益(它的风险也要比一个相对少的当下确定收益要高)?

活在当下的三种方式

活在当下的人可以被分成三种类型:关注当下的享乐主义者、关注当下的宿命主义者,还有关注当下的整体主义者。当我们提到享乐主义者、宿命主义者和整体主义者时,我们是指在这些维度上得分比较高的人群。

表 4–1 对待当下的态度与心理、行为特征的关系

行为特征	关注当下的享乐主义者会……	关注当下的宿命主义者会……
侵略性	更具侵略性	更具侵略性
抑郁	更抑郁	更抑郁
精力	精力更充沛	精力不充沛

（续表）

行为特征	关注当下的享乐主义者会……	关注当下的宿命主义者会……
戴手表	更少戴手表	没有区别
锻炼	更经常锻炼	没有区别
赌博	更喜欢赌博	没有区别
友善	没有区别	没有区别
责任心	更没有责任心	更没有责任心
情绪稳定	情绪更不稳定	情绪更不稳定
开放	没有区别	更不开放
做事考虑后果	做事更少考虑后果	做事更少考虑后果
自我管理	更少自我管理	更少自我管理
冲动	更冲动	更冲动
追求新鲜感	更积极追求新鲜感	更积极追求新鲜感
喜欢一致性	更不喜欢一致性	更不喜欢一致性
依赖奖励	没有区别	没有区别
自尊心	没有区别	自尊心更低
追求感官刺激	更加追求感官刺激	更加追求感官刺激
焦虑	没有区别	更焦虑
成绩	没有区别	成绩更差
每周学习小时数	每周学习小时数更少	没有区别
创造力	更具有创造力	更少具有创造力
快乐	更快乐	更不快乐
说谎	更常说谎	更常说谎
偷窃	更常偷窃	更常偷窃
害羞	更不害羞	更害羞
发脾气	没有区别	更经常发脾气

关注当下的享乐主义时间观

当我们谈到"活在当下"的时候,我们通常指的是关注当下的享乐主义。享乐主义者享受各种能带来快乐的东西,回避所有会引起痛苦的活动。除了被动享乐,他们还主动寻求快乐。他们生活中的选择都围绕着能带来快乐的活动或者关系展开,或刺激,或兴奋,或新奇。他们关注当下的满足感以及短期的回报。这样的人会回避那些微小冗长的、需要很多努力和精力去维护的、常规化的或者无趣的事。无论身处何种年纪,他们都玩心很重,冲动行事,寻找各种好玩的休闲活动,而且只要他们不感到无聊就会继续玩下去。

我们的研究也发现,享乐主义的大学生也喜欢寻求新鲜事物和感官刺激,而且精力充沛。他们经常尽可能地参与许多不同的竞技运动和体育活动,而且通常都不太能控制自己,他们更喜欢生活中的不稳定性,冲动管理更差,更缺乏责任感,情绪也更加不稳定。好的一方面是,他们能交到很多好朋友、恋人和派对玩家。他们视其他人为刺激的来源,只要其他人不感到无聊,他们都喜欢与之交往,但往往他们都会觉得老师和老板非常无聊。

菲利普在关注当下的享乐主义维度上的得分是 3.5 分,比他退休之前的得分要高得多。约翰的得分是 2.9 分。(约翰和菲利普都希望在未来能进一步放纵自己享乐主义的冲动。)

关注当下的宿命主义时间观

想象一下,如果你是一个没有受过什么教育的母亲或者父亲,正努力挣扎在贫困线上。你刚刚失去了工作,你的孩子在学校里的表现也不好。你的儿子最近开始吸毒，而且他一直都在某个社会团伙里混着。你刚到青春期的女儿最近意外怀孕了。你最近一次的房租还没有交上。你通常都是最后一个找到工作的人，而且裁员潮来临的时候，你总是第一个被解雇。那么，你能改变和提高自己生活水平的可能性有多大呢？现实的答案是微乎其微，或是没有。我们进一步假设，如果你是一个移民，在原来的国家找不到工作，那么你很有可能被迫接受一份不需要什么技能的低端工作，自尊心日复一日地被周围人的蔑视和冷漠侵蚀，因为我们通常就是这样对待我们身边的服务业从业人员。不久，你很可能就会慢慢开始相信，无论你做什么，都不会对你的未来有大的作用。在其他人因为他们的特权、名头和关系而获益的时候，你只能勉强度日。

"我的生活是由我所不能影响的力量控制的"，这种从内而发的声音，在关注当下的宿命主义者心中既响亮又清晰。这是一种习得性无助，他们的行为既不产生作用，也无力影响他们想要的结果，顺从和愤世嫉俗盖过了希望和乐观。他们等待一夜暴富，等待运气来临改变一切，等待还清债务，但一无所有。最终，庄家永远都会赢。菲利普在关注当下的宿命主义时间观上的得分是 1.1 分，约翰的得分是 1.7 分。

很多人从以宿命论为中心的宗教信仰中习得了宿命主义时间观。他们相信，如果每个人的人生已经预先被上帝安排好了，那么注定要发生的事情总会发生，而一个人的宿命并不以他的个人意志为转移。伊斯兰教的一些分支认为，真主安拉是最高的主宰，真主已经安排好让他们及其家人在下一辈子永远和真主生活在一起，或者对另一些人来说则是永远分离。这种信仰对他们的日常生活产生了具体的影响。比如，最近在去往圣城麦加朝圣的路上，上百名信徒在踩踏事件中丧生。类似的事情每年都会发生，但朝圣的信徒认为，这些人是命中注定要在事发当天去世的，无论是在朝圣的路上还是在其他地方。他们并不觉得地方当局应该负有责任，应该在上一次的踩踏事件之后做好计划，提前做好准备。他们也不觉得引导群众走过狭窄空间的保安人员本来可以阻止踩踏事件的发生。这种宿命主义的情绪，再加上一点儿实用主义的色彩，在一句著名的箴言里得到了很好的表达："相信真主安拉，但也要记得系好你的骆驼。"

一个心智健全、在加州顶尖大学读书的大学生，也有可能成为一个宿命主义者。我们还不清楚为什么年轻人如此早就接受了这种时间观，但我们非常清楚地看到，这对他们的健康和未来造成了严重的负面影响。这类学生的宿命主义越极端，就越具侵略性、越焦虑、越抑郁。宿命主义的学生也更少地考虑事情未来的后果，自我管理更差，无精打采，自尊心更低；他们也更没有责任心，情绪更不稳定，更不快乐。让人惊讶的是，这些年轻男女也热衷于寻找新鲜的体验。这种体验对他们来说可能是暂时逃离既定的消极生活道路的方法，也是一种发泄不快乐或报复社会的方式。

这样的关注当下的宿命主义导向也体现在 2007 年发生在弗吉尼亚理工大学布莱克斯堡校区的校园枪击案中。当时 23 岁、来自韩国的学生赵承熙，枪杀了三十多名学生和教师，另外打伤二十多人，随后吞枪自杀。之前他制作了一段视频，表达了他被同学和教师拒绝、忽视、羞辱和孤立之后的愤怒。其中有一段充满了宿命主义意味的宣言，是关于他对所感受到的冷漠和羞辱的愤怒，生动地描述了他内心的痛苦和他在与他人建立关系、体会他人感受方面的无力：

> 你知道别人往你脸上吐唾沫，把垃圾往你嘴里塞的感受吗？你知道自掘坟墓的滋味吗？……你知道被人羞辱，被钉在十字架上，然后流血致死，被人取笑的滋味吗？……我本来可以不这样做的……我本来可以一走了之。但是，我不会再逃跑了。当机会来的时候，我就做了。我没有别的选择。你们有无数的机会和方法来避免今天的事情，但你却选择了让我流血。你们把我逼到绝路，而我已经别无选择。是你们做出了这个决定。从此，你们手上所沾的鲜血，再也不可能被洗掉。

对于在城市贫民窟里长大的小孩，宿命主义无处不在，这也可以被理解。他们成长的社区里毒品和枪支的泛滥导致谋杀案频频发生。最近一份关于加州奥克兰地区青年谋杀案频率上升的报道，暴露了年轻人中泛滥的宿命主义："在那些高城市犯罪率的社区，那些投靠毒贩和犯罪团伙的年轻人群体中弥漫着宿命主义的气氛。"没有什么受教育背景，也没办法找到收入良好的工作，以前的犯罪记录也让他们很难找到新的工作。他们无处可去，只能沉沦。"他们毫无希望地活着。那些吸毒的年轻人，没有一个人觉得自己能活过35岁。"一个年轻人如此说道，眼睁睁看着他们以贩毒为生，迅速地老去。

关注当下的整体主义时间观

第三种对待当下的态度和之前的享乐主义和宿命主义都不同，整体主义是绝对的当下导向，是佛教和冥想的核心概念，它和西方线性的时间观非常不同。绝对的当下同时包括了过去和未来。当下并不是过去的奴隶，也不是通往未来的道路。每日的冥想练习可以让练习者获得真正活在当下的体验，这一刻不必受过去和未来的限制。

通过全身心地关注当下，你放下了对未来种种可能的渴求与欲望，也放下了过去的悔恨与责任。这种形式的专注，或者叫作正念，可以灌注你所有的感观，用一种全然合一的感觉代替你原来对过去和未来的感受。这也是为什么我们把它称为整体主义的当下时间观。通过这种时间观，过去、现在、未来，生命中的物质、精神和灵性都不再被区分开，而是会与你紧紧地联结在一起。关注当下的整体主义反映的不是关注当下的享乐主义所在意的追逐快感，也不是关注当下的宿命主义所表现的愤世嫉俗和顺从。

梵语是印度的传统语言，在一段古老的谚语中描述了这种对待时间的独特态度：

> 昨日已成为梦境，
> 明天只是愿景。
> 但过好今天能让每一个昨日都成美梦，
> 让每一个明天的愿景都充满希望。

虽然关注当下的整体主义在西方的思维中并不常见，但很多西方的哲学家和神学家都曾有过相关的讨论,并把它当作一种理想化的存在。当然,伟大的诗人莎士比亚、邓恩和罗伯特·赫里克都曾经写过在对待死亡、责任和享乐时需要保持正念。14 世纪在苏格兰的考德城堡(麦克白的领地)的入口处刻着一行字:请留心(BE MINDFUL)。这个世界上所有真实可及的东西,都无可辩驳地只存在于当下。在众多著名的心理学家和哲学家中,威廉·詹姆斯、库尔特·勒温还有卡尔·海德格尔都曾强调当下和自由意志在人类行为中的重要角色。自由意志归根到底就是当下能反映某种信念或思想的有意识的行为。当下也包括了对已逝时间的重构和对尚未来临又即将来临的时间的建构。过去和未来都是抽象的、心理上的建构,因此会被扭曲,或者受到诸如抑郁、焦虑和担忧等心理状况的影响。关注当下的整体主义时间观是一种健康的时间观。

一次特殊的经历

宗教信念和实践、社会经济阶层的限制、地域、文化和社会动荡都可能促使你采用之前提到的三种关注当下的时间观中的一种。但也有另外一种快速且容易的方式让你变得只关注当下:使用药物。精神类药物能改变我们的意识,让我们放下精神上的限制,全然沉浸于当下的体验。对过去和未来的考虑以及理性思维都被暂停了,我们的心灵全然专注于无限的当下体验。让我们来看看约翰的一次关于药物和时间的不寻常的经历。

当菲利普为斯坦福大学的一门心理学入门课程做准备的时候,他收到了一封来自秘鲁大学校长的来信。校长在信中表示他愿意做一次讲座，讨论他最擅长的领域——萨满教心理学，同时也会在讲座之后表演一次传统的秘鲁茶道。菲利普接受了校长的提议，却不知道在茶道表演中提供的茶有致幻作用。约翰当时是那门课的助教，同意参加茶道表演并负责安排主要的活动。接下来是约翰对之后发生的故事的亲身描述：

  茶道表演于当晚9点钟在心理学系的休息室举行。我负责把休息室里所有的家具搬走，关上灯，把休息室装饰成一个现代都市版的秘鲁雨林。在茶道表演开始的时候，校长的面前只点着一根蜡烛，它照亮了整个休息室。休息室大约有30位学生，他们每个人被分配了一位个人助理，大家一起围坐成一个松散的圆形。

  那天早一些的时候，我曾经告诉朋友我不打算喝那杯茶。和菲利普一样，晚些时候我还有太多的事情需要处理。然而，在每个人面前都被奉上一杯茶之后，我决定，既然我参加了这个仪式，最好还是试着享受这个过程。后来想起来，那真是我做过的最以当下为导向的决定之一。

  当一位助理递给我一个装着一份茶的石杯时，他说："博士说，这是给你和津巴多教授的。"我至今依然没有完全明白这句话的意思，但我怀疑我拿到的是一份分量加倍的茶，是原计划给我和津巴多教授一起喝的。那杯茶尝起来有种草根和泥巴混合的味道，我用黄糖调了一下味，不好喝，也不难喝。

  接下来的30分钟到45分钟，休息室里全都是大家往自己面前的桶里呕吐的声音。没有一个人起来去洗手间,没有人站起来,甚至好像大家也没有怎么在意呕吐的事情。我并没有想吐,但我的确感到了一阵突然的焦虑,因为我在想在斯坦福校园里举行这次不寻常的茶道仪式可能会在未来带来怎样的后果。我以为我会被开除,然后被送进监狱里关一阵儿。我可能要做好久的社区服务,才能弥补我在这种神秘的茶道面前放弃抵抗带来的后果。我的焦虑一直没有消退,直到我看着我的左手和我的左腿融为了一体。在那之后不久,校长(萨满)的那些身穿白袍的助手开始绕着房间跳舞、打鼓、诵经。他们小心翼翼地照顾着那些明显对这种强力的迷幻药物反应过强的人。

这时,我看见野生的但并不吓人的草原动物走进了我的视野。我身体的有些部位开始变形、延伸、缩小甚至消失。一种温暖的满足感充满我的全身,我感觉到我的嘴唇咧成一个我能想象的最大的微笑。6个小时之后(我以为只过了几分钟),萨满校长站了起来,而助手停止了诵经。突然,在休息室里的所有人一下子都站了起来。没有一个人睡着。蜡烛被吹灭,房间里的灯又亮了。除了一位学生,所有人都说自己经历了一次异常美好的旅程。那位学生的幻觉太真实,让他感到非常难受,并受到了惊吓。

约翰的时间观完全地从专注于未来的待办事项变成了专注于魔幻般的当下。死藤(Ayahuasca)茶道表演反映了时间观的几个重要方面。首先,它反映了以未来为导向可以让一个聪明、用心良苦的人看不见眼前发生的事情的后果。我们都把目光放在这个小小的仪式之外，放在那些我们需要做的日常的工作上，但我们又想让客座教授开心，在这位著名的外国友人面前表现东道主友好的一面，为学生提供一次特殊的活动。未来的事情占据了我们的头脑，我们无法对当下将要发生的事情有一个全面的评估。回过头来看，如果我们真的花了时间去询问仪式中可能用到的茶的成分，那么我们当中的任何一个人都不太可能会让原计划的茶道仪式照常举行。我们以为它会是跟日本茶道差不多的东西，放点儿音乐、跳跳舞。但我们大错特错了！

其次，约翰参加茶道仪式的这个以当下为重的决定与他平日典型的未来导向并不相符，但却让他度过了神奇的一晚，他的未来导向完全地融入了当下的体验。虽然津巴多差点儿就因为那位体验不佳的学生的投诉而面临麻烦，但约翰好几天都不能把夸张的微笑从这位学生脸上抹去的事实，变成了那剂迷幻药持久功效的证据。最后，这也再一次证实了，和很多其他萨满仪式或迷幻药经历一样，具有精神致幻性的物质对我们对时间的感知有深远的影响。

通过使用像致幻剂、乌羽玉或者二甲基色胺（DMT，死藤茶中的精神致幻成分）这些物质来改变你对时间的感观可能会带来许多问题，包括失去自我控制的意愿，不能确定效果的时长等。一种更好的替代方法是通过催眠来达到同样的效果，而且这种方法更便宜、更快捷，时长也可控。最重要的一点是，催眠是合法的。

催眠是一种通过言语暗示来引导从而使意识被人为改变的状态，它可以提高精神集中力，减少分心的念头和感受。每个人对于催眠的感受程度都不一样，催眠感受性低的人哪怕是接受最好的舞台催眠师的服务也无法被催眠，而那些催眠感受性高的人能在任何一个他们相信的人（也包括他们自己）的暗示下，平稳地进入被催眠的状态。催眠对心智功能的改变力度完全取决于被催眠的人，而非催眠师。

津巴多的经历

> 我逃离了享乐主义和宿命主义的文化及生活方式根深蒂固的西西里家庭，也逃离了出生并长大的纽约布朗克斯区南部的贫民区。当时生活在我身边的大多数人都只为眼前的事情而活，冲动行事，为了即时的满足和无尽的玩乐而牺牲原则和既定的安排。我父亲有工作的时候，他可能会把一周工作赚来的微薄薪水都花在职业拳击比赛的赌博上，或者在当地的酒吧里请客喝酒。我母亲的想法也因此变得更倾向于宿命主义。无论一个人做了些什么，生活都要继续。只要还能勉强有饭吃，母亲就会微笑着继续忍受下去，她不会试图去改变谁。我的邻居中只有很少几个人上了大学，大部分的人读完了高中就会马上开始做一些低收入的服务类工作。这些工作大都比较无聊，所以他们会在周末聚会玩乐，沉沦放纵，做出格的事，过得好像周一永远都不会到来一样。
>
> 因为学校的环境干净、有序，充满了可预期的日常事务，还有那些只要你用心做作业就能发现的挑战，所以我很喜欢当学

生。那些敬业的老师，现在在我看来就跟传道士一样，一直用小星星和对好学生的特殊关爱鼓励我努力和坚持。成功带来了更多的成功，同时也让我从关注当下的时间观顺利转型成以未来为导向的时间观。当然，这也让我变成一个老是待在家里的异类：我的父亲甚至还要求我少花点儿时间在学习上，以免把眼睛用坏。我的朋友之所以还能容忍我对工作的热情，是因为我在社区的运动队里表现得还算出色。

但随着时间流逝，我的生活被工作塞满，没有任何放松的时间。每天的待办事项也变得越来越多，每一项完成的任务又会引出新的挑战，带来更多的任务、更多的责任。我的口头禅是："好的，那个我也能做！"作为一个如此以未来为导向的人的好处是，我是一个非常成功的学生，而且在那之后，我成了一个更加成功的大学教授。我的努力终于有了回报，而我也从纽约大学里的一个助理教授被提拔为斯坦福大学心理学系的终身教授——这是一个很大的飞跃。而成为未来导向时间观的奴隶的坏处是，我的工作主导了我生活中的所有事情。我很少有时间留给我的家人、朋友，去听我喜欢的音乐，看电视或者电影，培养爱好，参加运动，享受大自然，或者只是简简单单地玩乐一下。可以说，我以未来为导向的时间观把天堂般的斯坦福大学变成了一个荒凉的如布朗克斯区地下室般的实验室，在那里，我既是教授，也是被时间束缚的怪兽。

来到斯坦福几年之后，我意识到我必须做出改变。我非常容易被催眠，为了进一步开展对改变情绪和认知状态的研究，我自已接受了训练，成为一名注册催眠师。我成为自己的研究对象，尝试减轻未来导向的时间观对我生活的影响，并引入一些当下导向的时间观中好的方面。我觉得我极端的未来导向的时间观限制了我的创造力和想象力，所以我让同事为我催眠，并在我进入深度的催眠状态之后，向我暗示：

- 过去和未来在渐渐变得遥远、暗淡，在你脑海里变得不再重要。
- 当下在延伸。
- 当下完完全全地延伸开来，充满了你的脑海和身体。
- 你会一直沉浸在这种体验中，直到你听到我说："现在就够了。"然后你通常的时间观就会恢复。

我短暂地怀疑过，当我听到这些暗示的时候，它们是否真的能穿透我的头脑，改变我那顽固的心理时钟，就好像萨尔瓦多·达利画的那幅关于时间与扭曲记忆的画作那样。当我耐心地等待改变发生时，我首先感受到了突然而来的轻盈感。我沉重的身体好像是从椅子上升起来一样，不再被重力束缚。我看着墙上的那幅画，它的颜色变得绚烂夺目，鲜明异常。我的嘴唇变得湿润，香蕉船、麦芽糖和比萨饼的形象在我的头脑里跳舞。我觉得这一切非常好笑，于是大声地笑了出来。这释怀的笑声在我的内心引起了相反的情绪。我突然想起了一位去世的朋友，又哭了起来。这些情绪来得非常之快，很快我就想站起来奔跑。我只想做一些疯狂的事情，只是为了好玩。我的心跳得非常快，好像觉得好事就快要发生了一样。就在那个时候，我深深地吸了一口气,花香和刚被修剪过的青草的味道充满了我的鼻孔,我感到非常非常放松。

在同事发出最后的信号之后,津巴多回到了之前的思绪中,他发现,原来花香和青草的味道并不是来自他的想象,香味是通过开着的窗户从花园里飘过来的。只是在他处于以未来为导向的思维当中时,他并没有留意到而已。同样,他之前也没有留意到那幅画的鲜艳颜色。这些感官的体验只有在当下的时间观被展开之后才能被体会到。津巴多也进一步发现,学术界一直都在压抑情绪的公开表达,鼓励冷静的理性主义。能笑能哭的感觉太好了!最终,他变得像一个有感官的生命了,他的感官向所有刺激打开,他的肌肉变得能感受和处理身体的反应。他渴望奔跑、玩乐、大胆而为以及表达强烈的情绪,这让他觉得自己变回了布朗克斯区里的一个小孩儿:玩乐就是生活的主导。事实上,无论是作为成年人还是小孩儿,津巴多从来都没有做过冒险的事,所以他对这种冲动也感到十分惊讶。

事实证明,实验非常有效,催眠暗示能让津巴多改变自己过分的未来导向。在这次实验当中,津巴多的想法和感受被改变了。他恢复了之前熟悉的以当下为导向的时间观,并发誓继续努力把更多的美好的感受带入他如今过于发达的以未来为导向的时间观中。然而,作为一个实验心理学家,津巴多怀疑,他自己体验到的改变会不会只是一个特例?是不是过去一些只发生在他身上的事情让他变得和其他人不一样?这样的改变能不能也发生在其他同样容易被催眠的人身上？这个想法促使我们又设计了一个实验，试图了解这种时间观的改变是否具有可重复性，以及是否能被量化。

解放被时间观控制的行为

一群容易被催眠的斯坦福学生参与了这个研究。每个参与者都被要求完成三个任务，旨在测量参与者在语言使用、想法、情绪和感官参与度上的变化。一开始，他们都在标准TAT（thematic apperception test，主题统觉测验，一种常见的心理学测试）卡上完成了对模糊图案的解释。然后，他们会接受四种心理实验操控中的一种。一组学生会接受快速、深层的催眠暗示，他们的指导语是："允许当下开始延伸，让过去和未来变得遥远，变得不再重要。"他们是这次实验的主要对象。第一个对照组接受同样的指导语，但并不是在他们被催眠的时候，而只是让他们想象那些被催眠的受试者对此会有什么反应。第二个对照组也接受同样的指导语，但没有人向他们提起任何与催眠相关的事情。第三个对照组则仅仅被告知让他们思考自己对于时间的概念。

在心理操控之后，受试者需要就另一张不同但相似的模糊图案再完成一个新的故事。实验员会对这些故事进行分析，记录其中动词的使用情况，和提及过去、当下和未来事项的频率。当听到一段幽默但出其不意的电影广告时，他们是微笑还是大笑也将被记录。最后，受试者会拿到一块陶土，被要求做出一些东西。在一段给定的时间之后，受试者完成作品，回到自己的隔间里。

通过催眠来延伸当下，那些接受催眠暗示的受试者的确从其固有的时间限制中解放出来。他们更专注于当下了。他们改变了语言的使用方式,从而也改变了自身的想法(因为语言反映了思考的方式)。他们明显更多地使用了现在时的动词,更多地提到了当下发生的事件,更少地提到他们的过去。他们比对照组的受试者笑得更多,对照组的成员在听到广告的时候几乎只是勉强微笑了一下。而且,因为对照组的成员都选择了用陶土完成一样特定的东西,在被要求停下来的时候,他们能更准时且更加自豪地展示手中的成品。相比之下,延伸了当下的实验组的成员都没有完成这个任务,因为他们一直在玩,根本没有想认真地做出一个东西。在实验员离开实验组的房间之后,让受试者停下手中的事并且回到座位上的要求立马被忽视了,因为玩陶土的乐趣主导了受试者的决策能力。

除了记录这些特定的行为和反应,实验员还发现许多在延伸了当下的实验组中的受试者在写TAT卡片故事时,写字的方式也发生了变化。他们的字体变得更大、更随意。有些人写的字都不在一行上,顺序也没有像正常那样从左到右,拼写也时时出错。同样地,当他们写下对于那些粗俗幽默的短片的反应时,很多人的描述也沿用了粗俗的用词。比如,一个受试者写道:"一开始我听到这些无聊的笑话时,我真的被恶心到了,但当他们搞砸的时候,我真是笑得鼻子都歪了。"而对照组的受试者中没有一个人的回答让实验员觉得粗俗不适,而且事实上,这些实验员都是这些学生的老师。当完成陶土实验的时候,所有对照组的受试者都等着那些在延伸了当下的实验组里的成员用纸擦干净自己的手。但事实上,没有一个成员用纸擦手,只有几个人在自己的裤子或者衣服上擦了几下。这些都证实,催眠有效地让这组学生进入了专注玩陶土的状态,让他们无法专心于任何关于未来的思考,无暇关心当下的行动可能会对未来产生怎样的影响。其中一个学生说:"这些陶土非常软、非常湿,当我的手指陷进去时,那种感觉真是好极了。当我把玩它时,形状很自然地就出来了。我几乎不需要特意去专注,就好像这些作品是自然而然变出来的一样。"

这个实验表明,我们的时间观并不是先天决定的,也不是被某些神秘的宇宙力量决定的,而是通过我们在物理、生物、社会和文化环境中的互动习得的。这种观点表明了,用不同的策略来改变我们的时间观是可行的。正如这实验证明的那样,催眠可以带来改变,让我们重新回到像孩子一样的完全专注于当下的状态。

> 时间是最难定义又充满悖论的东西。过去已经流逝,未来还没有到来,而当下,当我们试图去定义它时,它已经变成过去的一部分,就像闪电的光芒,在那短短一刹那存在、消逝。
>
> ——库格尔马斯,1967 年

活在当下的优缺点

当然,专注当下的时间观也有利有弊。通常来说,享乐主义者活得更加积极主动,生活充满激情与活力,刺激满满,向往新鲜事物,随心所欲。他们会参与各种不同的活动,尝试各种运动和爱好。他们交朋友及谈恋爱会更容易、更频繁，也会在生活中寻找那些能带来更多刺激、富有的人。如果他们自己就有足够多的钱，他们会活得非常开心，能欣赏大自然、动物，以及身边的人和事。人们喜欢和这样的人在一起，因为他们就像小孩子一样，睁大眼睛随时准备探索这个世界，带着全然活在当下的强烈专注力。待办事项的压力从来都不会分散他们对于当下时刻的留恋。事实上，他们做事通常都不会列待办事项，就算列了也常常忘记去看。

他们心理结构中的一个核心部分是感官。他们喜欢各种感官上的刺激，花时间去闻新鲜玫瑰的香味，用手去感受花瓣的触感。感官上的需求也包括性需求，他们也享受性方面的乐趣。那些以当下为导向的高中生比以未来为导向的高中生，更喜欢评级在 R 级和 X 级以上的电影，也更喜欢看成人电影。他们也认为未来伴侣的一项重要特质是"让人兴奋"。

因此，毫无意外地，这些活在当下的人更喜欢随性生活，而不是有计划的活动或者回忆往事。帕特里夏·莱恩·麦德森，一位主张在日常生活中应该加入即兴元素的著名作家，这样写道：

> 远在计划出现之前，即兴生活就已经出现了。上千年来，人类只专注于思考眼前的事情，一个一个地解决各种临时出现的问题，也自然而然地生存了下来……的确，在某种程度上，生存依赖于计划：那些手上有果子就马上狼吞虎咽吃掉，只在鳟鱼游过的时候抓鱼的洞穴人，基本上都活不过漫长寒冷的冬天。为了活下来，早期的人类需要培养未雨绸缪的能力，为饥荒的时候存够食物。人

类的这一发展也标志着我们以随机应变作为生存之计的阶段结束了。我们进入了有计划的时代。我们学会了为未来担忧……但几千年后的现代，我们几乎已经被这种计划的本能缠绕得无法脱身。

即兴表演者需要具备良好的时间感和随时随地想出新点子的能力。当然，这些表演者在进入新的表演时，往往知道其他人在之前已经有过怎样的表演，因为他们需要避免重复别人的话，也要知道有哪些可以借鉴、引申、提高的地方。能够利用过去而不是现成的剧本作为基础可以表明，一个有创造力的即兴表演者有能力通过创造超越过去，进入新的境界。对于喜剧演员来说，这意味着他们能够把自己完完全全地打开，体验观众的情绪和反应；对于爵士乐手来说，这意味着他们能在全然感受自己情绪的同时保持理性的思考。

追逐心流

以当下为导向的时间观可以让你在工作和活动时完全沉浸于内在和外部的体验，但这还不够。我们知道以未来为导向的人也可以完全地沉浸于他们的工作。比如，在愉快的讲座过程中，未来导向的人也可以进入一种如"心流"般的体验中。心理学家米哈里·契克森米哈赖把"心流"定义为在一定的时间里对某种特定活动全神贯注的特别心理状态。心流的主要特征有：

1. 清晰的目标（期待和规则可以被清楚地区分，目标是可实现的，并且与个人的能力相适应）。

2. 专注，在一个有限的范围内注意力高度集中（一个参与这种活动的人可以专注并全面沉浸在其中）。

3. 失去自我意识，行动与意识融为一体。

4. 时间感的扭曲——个人对于时间的主观体验被改变。有直接而及时的反馈（在活动的过程中很容易看出是成功了还是失败了，因此下一次的行为可以通过反馈而及时进行调节）。

5. 能力水平与挑战难度相匹配（活动的难度适中）。

6. 个人对于情景和活动具有控制感。

7. 活动是有趣的，也能带来满足感，因此不需要费力。

心流是你对所做活动过程的全然专注。当你处于心流之中，你的关注点并不在活动过程所带来的"结果"上。当我们考虑到结果的时候，我们会担心被别人评价、批评、接受或者拒绝。我们的自尊受到了考验。因此担忧会带来困扰，妨碍我们创造新的想法、新的视野和新的产品。我们在实验室中证明，专注于当下的享乐主义者更有可能进入心流的状态。当他们被鼓励关注活动的过程时最富有创造力，当他们关注活动的结果时，创造力最差。那么，你觉得以未来为导向的人，在关注过程和关注结果这两种情况下，哪一种表现得更好呢？

在一项研究中，我们分别招募了在关注当下的享乐主义和未来导向这两个维度得分高的大学生（男女不限）。他们被要求画出一幅彩色花篮的画。有一半的学生被告知，在他们画完之后会有美术专业的相关人员评估他们的作品；另一半的学生被告知只要专注于他们的艺术创造就可以了。在他们完成了作品之后，几位艺术专业的毕业生根据两个主要的方面评估了参与者的作品：技术（颜色运用、空间、构图等）以及创造力（原创性、新颖的颜色和设计的运用等）。负责评估的人员并不知道参与者所听到的实验要求，也不知道他们在时间观量表上的得分。

结果，关注当下的享乐主义者（专注于创作本身的学生）表现出了更高的创造性。未来导向的学生（关注结果的学生）表现出了更高的艺术技巧水平。以当下为导向的学生在被告知要专注于他们的作品而非过程时，他们在创造力和艺术技巧上的表现都是最差的。这项研究表明，当人们被鼓励去专注于创造的过程时，他们的创造力能得到显著的提高（特别是那些以当下为导向的人），而当那些本来已经专注于未来计划的人被提醒他们的作品会接受他人的评估时，他们表现出了最高的技巧水平。下面是一些学生的作品，你可以自行判断。

图 4–1　以未来为导向的学生的作品

图 4-2 以当下为导向的学生的作品

图 4-3 以当下为导向的学生在被提醒其作品会被评估之后完成的作品

专注当下的坏处

"活得快,死得早,留下一具英俊的尸体。"——这是小说《敲遍万家门》(Knock on Any Door)中硬汉主角的墓志铭,它也可以成为年轻享乐主义者的座右铭。如果一个人冲动、随性、激进、敢于冒险,不考虑后果就直接行动,不能从过去的失败中吸取教训,在做决定之前不会权衡利弊,不能控制自己,不能学会延迟满足——这样一个人,能出的意外简直太多太多了!

享乐主义者不会定期去体检和检查牙齿,也不会接受乳腺癌检查,甚至不会定时刷牙,他们的健康保障也会大打折扣。如果他们不喜欢健康食品的味道,他们就不太可能吃健康食品。充沛的精力让他们像劲量电池广告里的兔子一样,但他们通常都缺少睡眠。活在当下的人更有可能抽烟、喝酒甚至酗酒,在开车、骑自行车和滑雪时更有可能做出危险动作。更糟糕的是,以当下为导向和非法飙车、醉驾、开车不系安全带有着显著的相关性。来自斯坦福大学和康奈尔大学的1 200多名大学生的大样本调查重复了之前以高中生为样本的研究,并得出了相同的研究结果:以当下为导向与危险驾驶和使用酒精高度相关。这在美国东西两岸著名大学里的学生中也同样成立,而且,在这两所学校里,享乐主义的女学生在酗酒和危险驾驶上的表现和男学生并没有区别。而这些行为和未来导向的相关性要么为负,要么不存在相关性。

有成瘾症的高风险人群

成瘾症的共同点(毒品、酒精、赌博、性和食物)是它们会给人带来即时快感。它们通常伴随着生理上和社交上的唤醒。成瘾症的负面结果通常都会延迟发生,而且大部分时候都是很长一段时间之后才出现,那些成瘾者通常在"理性上"都知道这些暂时性快感背后隐藏着更大的代价和痛苦。你也许会觉得理性认知可以导致行为的改变。事实上,这些抽象的对未来后果的认知并不能影响一个人当下的决定及其具体的行动。他们通常都会将风险大打折扣,把后果的严重性贬低成一个模糊的概率,甚至否定它们和自己的关系。这些被当下蒙蔽的人不会以偶然性或者概率的理性来思考,也不会进行长期的利弊分析,他们更有可能认同那些与自己行事风格一样的人。"去做就好"是他们的口头禅。

最近的一项研究比较了34个毒品成瘾者和59个没有使用过毒品的人员,发现毒品成瘾者在当下享乐主义和宿命主义量表上的得分比对照组的成员要高,而未来导向则低。那么,时间观如何让人们变得更容易陷入毒品的深渊呢?难道他们看不到毒品的负面影响吗?他们当然也看得到,但他们认为总会有应对的办法,而使用毒品的快感就近在咫尺。这个研究进一步证实了相对于对照组,毒品成瘾者对其行为可能在未来导致的结果并不敏感——他们更少地主动去预测事情发展到未来可能有的结果,也更少地去把事件系统地联合起来一起考虑。比如,在一项纸牌游戏中,成瘾者更愿意从一堆能给他们带来即时大额回报的纸牌中抽牌,即使这也会带来大额的损失,使长远的收益变为负数。这就像把望远镜倒过来用一样,让远处的未来看起来更远、更小,从而不让未来影响到他们当下做出的行动和决定。

另一项研究则招募了 400 多名小学生，平均年龄为 12 岁。研究比较了他们早期的成瘾品使用情况、时间观以及应对日常生活问题的方式。同样地，以当下为导向的时间观和成瘾品的使用呈正相关，而未来导向与成瘾品的使用呈负相关。这些相关性在不同的性别、种族中都同样成立。研究人员总结道："未来导向一般而言都与高社会适应能力相关，比如控制感、身心积极程度，以及各个方面的良好适应能力，尤其是行为应对能力。相反，以当下为导向的时间观则与最近的负面事件相关，比如控制感的丧失和不良的应对方式等，包括愤怒、退缩和无助感。"

成瘾行为给世界各地的成瘾者、患者家人以及国家都带来了巨大的损失，因而，社会各界开始大量宣传反成瘾广告，许许多多的学校也组织各种项目来防止青少年吸烟、吸毒和未成年人尝试性行为。在美国，两项最有名的、由联邦政府财政支持（每年的投入达到了数百万美元）的项目，却在最近因被发现没有达到其设想的效果而引起轩然大波。著名的DARE（毒品酒精防范教育项目）的口号是"向毒品说不"，由警察把一系列角色扮演的游戏带到各州的课堂里。这个项目得到了来自家长、校长、老师、学生和警方的广泛赞扬，也是得到经费最多的美国官方项目，受众覆盖了 54 个不同国家的 2 600 多万名孩子。然而，当我们对参与项目的孩子在吸烟和使用毒品的情况进行可量化测量，而不仅是了解参与者的感觉是否良好时，我们却发现该项目并没有带来显著的效果。7 项独立的研究以及对这些研究的一次综合分析表明，DARE项目对于这些行为的改变一点儿作用都没有。类似的结果也在另一项大受吹捧的拒绝未成年人性行为、鼓吹守贞的学校项目中被发现。一项全面细致的研究发现，许多类似的项目都找不到证据支持其能有效延迟初次性行为的年龄。一个主要的结论是："没有项目能够被证明对推迟性行为有长期、正面的影响。"而且，在这些拒绝性行为的教育项目中，由于缺乏对于避孕措施的教育，相比于其他的性教育项目，更有可能使参与的女生意外怀孕。

这些项目和宣传策略到底出了什么问题？他们都强调了未来可能发生的负面后果，但这通常只对以未来为导向的人有用，对以当下为导向的人来说并没有任何效果，而这些人恰恰才是他们宣传教育的目标人群。他们也把重心放在了强调个人意志、决心和品格上，而没有发现在当下的行为背景中，社交情景对于享乐主义者和宿命主义者的影响相比于其他人群要大得多。当学生们身处派对或者摇滚音乐会中，在汽车的后座上，或者仅仅是在一起玩的时候，在课堂里扮演的角色和承诺都变成了苍白无力的教条约束。我们甚至可以打赌，如果对这些评估研究所得的数据重新进行分析的话，我们将会发现这些干预项目只对以未来或者过去为导向的学生有影响，而对于以当下为导向的学生没有或只有很小的影响。是时候把正视时间观作为"拒绝诱惑"的关键要素了。

"去年因工作而损失的万亿小时的休闲时间"

"大部分美国成年人发现，工作正在入侵他们的日常生活，而且是在他们休息最高效的那几个小时里。"这篇来自著名的讽刺周刊《洋葱新闻》（2007年1月12日）的搞笑报道说出了无数以当下为导向的人士的心声。工作是玩乐的对立面，而大部分工作都需要一个人具备自制力、毅力、长时间的投入和延时满足。简而言之，这些都不是当下导向人士的特质。明天对于他们来说很快就会来。他们最喜欢做的事就是拖延。

对学生来说，这些对当下时间的错觉最有可能表现为不及时注册必修课，不及时开始和完成作业，经常爽约。这些行为又会带来更多的作业延期需求，更多的课无法顺利完成，从而进一步对他们的学业产生不良的影响。斯坦福大学心理学入门课的成绩完全是由客观的单选题考试决定的，而时间观对于学生的成绩有直接的影响。那些宿命主义者的成绩最低，享乐主义者的成绩次低，而以未来为导向的学生则通常名列前茅。一般而言，享乐主义者在他们喜欢的课程上的成绩比他们不喜欢的课程要好，而对于未来导向的学生而言，是否喜欢这门课与要不要认真学这门课无关，因为他们发现GPA（平均学分绩点）是由所有的课程决定的。

如果这一研究结论对于那些足够聪明、能进入斯坦福大学的学生都成立的话，类似的情况在中学生中将更为常见。那些高度关注当下的学生会经历更多的失败，更难完成课堂任务，更频繁地逃学，更有可能中途辍学。因为社会经济地位和时间观也是相关的，处于社会底层的人更倾向于当下导向而非未来导向，因此，少数学生的高辍学率有可能与不合适的时间观有关，而非能力的不足。

性、毒品和摇滚：20世纪60年代的时间革命

日本本地报纸的头条声称："日本青少年选择了夜生活，而不是课堂。"我们对此感到震惊。报道的副标题继续写道："新一代为了无休止的玩乐，牺牲了未来。"报道还介绍，一股新的潮流正在一个以未来为导向、尊重传统的国家里流行开来。在此之前，当下的享乐主义在日本非常罕见。日本人比其他工业化国家的国民放的假都少。传统上他们的父母非常在意自己的小孩能否进最好的学校，父母也愿意为课后和周末的补习班和"填鸭班"付高额的学费。而在目前这股异乎寻常的潮流中，学生开始从高中半途辍学，或者毕业之后根本就不考虑读大学，而是把时间都花在购物、和朋友出去玩、睡懒觉或者去夜总会上。

从全球的范围来看，年轻人通常都会反抗上一代向他们强加的传统时间观。这并不是一个新的现象，早在20世纪60年代的美国就有类似的潮流——性、毒品和摇滚嬉皮士一代的社会时间观革命。哈佛大学前心理系教授、后来成为迷幻药大师的蒂莫西·利里曾经向年轻人鼓吹过三条道路："激发自我、探寻内心、脱离体制。"他建议大家使用影响精神状态的药物以激发感官和意识的改变；探寻内心那个热衷玩乐的小孩子，探寻内心对世界上无意义的、无聊的工作内容的拒绝；从被暴力和商业机构控制的看似合理的中产阶级、未来导向的消费主义社会中逃离。这个宣言企图把社会变成一个同时满足享乐主义和当下状态的天堂。

然而，性传染疾病终结了那个性爱自由的年代，法律也取缔了各种致幻剂的实验。玩乐无法让年轻人赚到买面包和付房租的钱，饥饿也带走了快乐。尽管如此，在生活中追求更多的快乐，从日复一日的生存压力中抽时间与朋友相处，在大自然中寻找自己的理想依然值得我们去追求。

转向当下

测试：我现在是谁？

请回答以下的所有问题，保证每个问题的回答都不重复。

1. 我现在是：_____
2. 我现在是：_____
3. 我现在是：_____
4. 我现在是：_____
5. 我现在是：_____
6. 现在是什么时候：_____
7. 现在是什么时候：_____
8. 现在是什么时候：_____
9. 现在是什么时候：_____
10. 现在是什么时候：_____
11. 我现在在哪里：_____
12. 我现在在哪里：_____
13. 我现在在哪里：_____
14. 我现在在哪里：_____
15. 我现在在哪里：_____
16. 我现在感觉如何：_____
17. 我现在感觉如何：_____
18. 我现在感觉如何：_____
19. 我现在感觉如何：_____
20. 我现在感觉如何：_____

有很多方法可以帮助我们提高对当下的专注。其中，冥想、瑜伽和自我催眠等方法，已经被使用了上百年。如果你目前正在练习以上方法，非常不错！如果没有，我们鼓励你尝试一下。虽然本书的作者比不上教授这些方法的专家，但我们也想向你提供一种简单的方法，帮助你更专注于当下。它是从之前一章中提到的"我曾经是谁"测试修改而来的新版本。

在原来的版本中，"我曾经是谁"测试要求参与者回答同一个问题——我曾经是谁？——一连20次。测试的发明者声称对于这个问题的连续回答可以揭示我们心理结构中更深的层次。现在，我们不会要求你回答这个问题20次，但会要求你回答不同的问题。

先从最初的问题开始，向自己提问："我现在是谁？"尽可能多地做出不同的回答。像测试栏里那样把它们都一项项列出来。请记住，将关注点放在今天的你上，而不是以前的你或者你希望在未来达到的样子。同时，也请记住这不是一个速度测试，多花点儿时间，让你的想法和感受按节奏慢慢浮现出来。

当你已经穷尽了自己能想到的所有答案时，可以问自己另一个问题：现在是什么时候？明显的答案会包括日期、具体的时刻还有今天是星期几，但请尽量发挥你的创造力。比如你现在正处于事业、关系和生活中的哪个阶段？当你再也想不出新的答案时，请接着问自己下一个问题："我现在在哪里？"同样，这个问题也有显而易见的答案，但你不应局限于这样的回答。请留意自己生活中的新事和旧事，留意自己所看到的东西、听到的声音、闻到的气味，有什么东西让你感到意外吗？有什么东西让你觉得很熟悉？在周围的环境中，你喜欢什么？不喜欢什么？

当你再也想不出新的回答或者已经对"我现在在哪里"这个问题感到厌烦时，请继续回答最后一个也是最有挑战性的问题："我现在感觉如何"。请绕开那些马上就能想到的陈腐答案，尝试打开自己，感受自己真正的感受。如果你真的这么做了，那么你现在感觉如何？你感到有压力吗？伤心、快乐、饥渴、饥饿、自信、不安全、满足、骄傲，还是以上都有？给自己一些时间让答案自然浮现。通常人们什么都感受不到，而当他们感受到什么的时候，他们也不能马上给感受命名，因为感受也需要时间。

这个简单的练习当然不能代替日常冥想、瑜伽，或者自我催眠，但你可以在任何时间、任何地点重复这项练习。你甚至连一张纸都不需要，你只需要问自己："我现在是谁？现在是什么时候？我现在在哪？我现在感觉如何？"

守时是一种美德

当一个社会中大部分的人都生活在以当下为导向的时间观里时，会出现什么情况呢？他们会经常迟到，他们很少准时；他们会忘记约定，或者低估交通所需要的时间；他们会选择做更有意思的事情，并且不觉得守时是一项美德，反而觉得它是一种限制。然而，严格守时的现象在很多的国家和文化中都很常见。津巴多是这么说的：

那时候我正准备在墨西哥伊斯塔帕市的某个会议上给精神科

医生和临床心理学家做讲座。原定的会议开始时间到了，但只有两个人出现，而且都是美国人。讲座被迫推迟了半个小时，直到有更多参与者在从容地吃完午饭之后姗姗来迟才开始。一个小时之后，还有其他人陆续到场，有些人在下午4点会议快结束的时候才出现，而且他们并没有偷偷地溜进会场，也没有因自己迟到而感到尴尬，而是大大方方地走进来，还跟正在做讲座的我打招呼："嗨，津巴多！"他们仍在按墨西哥时间行事，而我则在执行美国时间。

这种忽略时钟时的做法被秘鲁人称为"秘鲁时间"。我们的同事、《时间地理学》的作者罗伯特·莱文认为，大部分的拉丁美洲国家都在被一种不同的计时方法主导。人们倾向于按事件时间生活，而不是时钟时。社交和个人事件的重要性总会比按时钟时安排的事件要重要。人们聚会时从来不会在原定的时间开始，相反他们会在大部分人到的时候才正式开始。

这种不守时不仅会给因为守时而被迫等待的人带来不便，也会对一个国家的经济造成负面的影响。一项在秘鲁进行的调查表明，每年因为这种长期的拖延而带来的经济损失达到了50多亿美元。平均来说，每个秘鲁人每年都会在工作、学校和其他约会上迟到107个小时。超过80%的秘鲁人觉得他们的国人从来都不守时，或者只会偶尔守时。

2007年，秘鲁总统阿兰·加西亚开展了一项全国性运动，试图改变这种人为的经济负面因素。这项运动的主题叫"不拖延的时间"。

在全国性的电视节目上,他邀请国民和他一起调准手表。心理学家马克斯·埃尔南德斯被邀请主导这一次大型的致力于改变行为习惯的运动。尽管媒体已经制造了很多新闻和舆论来宣传守时的美德,但秘鲁人依然经常迟到。有时他们会说"只要一分钟",但事实上是一个小时。秘鲁天主教大学的一位教授怀疑这种当地风俗是否真的可以被改变,因为这种风气在秘鲁的所有社会阶层中都大量存在。精英阶层会表现出他们对跟从社会媒体行为的蔑视,而这种上层阶级的骄傲也会延伸到大众当中去。甚至连大学教授也会经常性地在课程开始后一小时才出现在教室里。

在美国,类似的现象被称为"人的时间"或者"大众时间"。时钟时被延伸以满足人的需要,但这种延伸有时候也会在遇到一个以未来为导向的老师、老板、面试官或者父母的时候不灵光。对他们来说,只迟到几分钟也是迟到,这种行为是不负责任、不成熟、安排不够仔细甚至是不可接受的。这种情况下,时间观之间的冲突就被错误地放大成了个人性格的固有缺陷。

在下一章中,我们会从以未来为导向的人的眼中来审视世界。正如我们之前讲到的以未来为导向的意大利北部人想要改变其国家中那些效率低下、以当下为导向的南方人的例子,时间观不仅会影响个人的生存状态,也会影响到国家的命运。

第 5 章
从今天看未来

我从来不考虑未来的事情,因为未来来得太快了。

——爱因斯坦

未来已经不是原来的样子了。

——约吉·贝拉

改变是人生的铁律。那些只考虑过去和现在的人注定要错过未来。

——约翰·肯尼迪

加纳共和国位于非洲的西海岸、赤道附近,属于热带雨林气候。尽管气候不错,但每三个加纳人中就有一人生活在贫困线下。一位典型的种植可可(当地最主要的农作物)的农夫每年的收入大概是300美元。英式足球是他们最热爱的活动。这个跟俄勒冈州差不多大小的国家对于足球是如此狂热,他们会在关键比赛进行期间要求工厂停工,好让电视台有足够的电力直播比赛。在加纳,每当他们的国家队有比赛的时候,这场比赛都会变成一场全国性的大派对。在足球场上,加纳人踢得既激烈又优雅,完美地体现了他们在运动能力方面的创造力,也体现了一种对被统治、墨守成规和守时的公开不屑。从某种角度来说,他们体现了活在一种懒散的和以当下为导向的享乐主义时间观中的乐趣。正如在之前章节中所提到的那样,地理环境经常会和不同的时间观联系在一起。2006年,一位报道世界杯的记者这样写道:"在足球界有着这么一个刻板印象——一个国家离赤道越近,其足球风格就越狂野、越随便、越缺乏纪律性而且也更具创造性。"这说的就是加纳的风格。

2004年,加纳国家队请了一位塞尔维亚教练——拉托米尔·杜伊科维奇,这也是他们在两年之内请的第五位教练。除了有让人印象深刻的国际足坛执教经历,杜伊科维奇也给以当下为导向的加纳国家队带来了高度强调以未来为导向的时间观,他强调努力、守时的欧式风格。杜伊科维奇很快就让队员知道他是玩真的——有一位明星球员缺席了一次集训,杜伊科维奇直接开除了他。在杜伊科维奇的指导下,加纳历史性地第一次进入了世界杯决赛,这本身就是一个非凡的成就。杜伊科维奇说:"一开始队员表现得非常不情愿,他们经常迟到,无论是训练、吃饭还是开会,甚至在比赛时也一样。但在我的坚持之下,他们的习惯发生了改变,我们也因此享受到了随之而来的成功。"

在杜伊科维奇为重组的加纳国家队注入的特质(纪律性、坚毅、目标导向和守时）中，最重要的是队员对于成功的强烈期待。杜伊科维奇的管教激励了整个国家队，让他们相信自己有能力打败世界上最好的球队，而且他们的确做到了！当他们把当下导向的创造力和新习得的对于胜利的渴望结合起来的时候，这支下游球队以令人震惊的2：0的成绩赢了强大的捷克国家队。下一场胜利（对于美国人来说是失利）是对阵美国国家队，比分2：1。加纳是唯一一支进入16强的非洲球队，并在16强比赛时被世界级的巴西国家队击败。虽然有些人会说如果不是因为裁判表现得太过分的话，加纳队本可以赢下这一场比赛。对于加纳国家队的成功，杜伊科维奇说："我一点也不意外，你应该记得，2006年世界杯决赛之前，我说过我们的目标是进入半决赛。"回过头来看，杜伊科维奇也许会希望当时他说的目标是进入决赛。也许如果他把对未来的渴望灌输到队员的脑海里，他们会一路赢到最后。

　　未来和过去从来都不可能被直接体验到，它们都是一种由心理建构出来的精神状态。未来由我们的希望、恐惧、期待和愿景塑造，而我们对未来的想象又是我们在学校、商业、艺术和体育领域成功的最核心的支持力量。天赋、智力和能力都是成功的必要条件，但只有它们还不够，自制、坚毅和自我效能感也非常必要。例如，神童很少在成年之后继续他们之前的成功，除非他们有足够的自制力，并能在提高技艺上花费无数时间。成为一个以未来为导向的人，意味着要远离当下的舒适和即时的满足，还有整日游手好闲的诱惑。它也让我们从此时此刻、非黑即白、非此即彼的确定性中，转向一个由想象中的选项、概率和假设构成的世界。以未来为导向的人将过去看作是一个经验的宝库,从错误中我们学得改正的方法,从成功中我们学会应该重复和延伸的要素,很少会顺着当下的冲动做出行动。

一个以未来为导向的人的口头禅是:"要赶上明天的最后期限,就要在今天开始玩乐之前完成所有的任务。"以当下为导向的人回避工作,而且容易被性、毒品、摇滚吸引,而以未来为导向的人把工作当作一种特别的乐趣来源。对他们来说,对未来得失的预期让他们当下的决定和行动充满动力。对以未来为导向的人来说,为了更大的收益而延迟满足永远都是更好的选择,他们会愿意为了未来的一群鸟而放弃手中的一只鸟。和以当下为导向的享乐主义者不同的是,当下的享乐主义者为他们的身体而活,而未来导向的人为他们的想法而活,他们总是在展望着未来更好的自己、更好的情景、更多的收获和更大的成功。在过去的几个世纪,中西方文明的成功也可以被归功于在大量人口中流行的未来导向的时间观。

通过影响人们的想法、感受和行为,对未来的信念和期待也部分地决定了当下所发生的事情。一旦加纳国家队相信他们可以打败比他们排名更高的对手,他们就开始把这个想法变成现实。国家队队员对于自己实力和高水平表现的自信很可能让他们更加期待成功,因而也更加努力,努力得更久。简而言之,他们开始相信自己可以通过当下的努力而影响自己的未来。当你想要成就某一件事而你也相信自己可以做得到的时候,你就会变得更加努力。

我们对于自己的信念可以影响自己的行为,但事实上,你对于他人的信念也可以影响他人的行为。在一项研究当中,心理学家发现了所谓的"皮格马利翁效应"。心理学家罗伯特·罗森塔尔告诉一些老师，他认为一小部分学生的智力水平会在下一个学年中产生很大的提升。事实上，罗森塔尔只不过是随机选取了几个学生，而他们也并不比班上的其他学生更有可能在智力上有突然的成长。罗森塔尔和他的研究组在接下来的一年中观察了这些学生和老师在课堂上的表现，并记录下了年末所有学生在标准化测试中的成绩。他们发现，那些被随机选出来的学生的成绩比其他学生高出很多，因为老师的期望影响了他们和这些学生互动的方式，并最终影响了学生本身的行为。

在另一项关于期待的作用的研究当中，一些男女大学生被分别告知，他们正在参加一个关于言语交流的研究。为了最小化他们以非言语的方式交换信息的效果，这些学生从头到尾都没有见过对方，交流是通过电话进行的。每一个男生都会拿到一套帮助他了解那个准备要和他进行交流的女生的信息。这些材料中包括一段对于女生性格的描述、她喜欢和不喜欢的东西，还有她在读的学校名字。有一半的男学生会拿到一张"漂亮"女生的照片，而另一半的男学生拿到的是一张"不漂亮"女生的照片。事实上，他们拿到的照片和将要与他们进行对话的女生一点儿关系都没有。而电话另一头的女生也在实验开始之前由不同的人进行评定并被分成了"漂亮组"和"不漂亮组"。因为实验操作的关系，有一半的男生以为他们会和一位漂亮的女生打电话，而另一半则以为他们要和一位不漂亮的女生打电话。女生没有拿到任何关于男生的信息，她们也不知道对方是否认为她们漂亮。

马克·斯奈德及其研究团队对这两个变量非常感兴趣。首先，他们想知道那些以为自己要和漂亮女生打电话的男生会不会和那些以为自己要和不漂亮的女生交流的男生有不一样的表现；其次，他们也想知道，如果那些男生真的有不同的表现的话，他们的表现会不会对女生产生影响。

男生和女生之间的电话交流被录音，然后交给不知情的评分者进行评分。在大约 30 秒内，评分者就可以知道哪些受试者是在"漂亮组"而哪些是在"不漂亮组"。研究表明，自认为与漂亮女生对话的男生，说话更友善、更外向、更有趣，也更有活力。男生对于他们交流对象外貌的期待的确影响了他们的行为。令人意外的是，男生的期待还影响了女生的行为。那些被认为是漂亮女生的学生也比那些被认为是不漂亮女生的学生表现得更加友善、外向和有趣。

我们对自己的期待会影响我们的行为，而其他人对我们的期待也可以影响我们的行为。而期待本身，自然是存在于未来之中。为了让期待对我们的行为产生影响，它们需要变成当下的一部分。如果你在以未来为导向一项上的得分比你想象中低的话，不用担心，我们可以帮助你变得更加以未来为导向。如果你是极端的未来导向，你也不需要担心，我们也会帮助你在生活中保持更好的平衡。诗人弥尔顿在他的作品《失乐园》中通过魔鬼之口提醒我们："我们的内心就是它所身处的世界，它可以把地狱变成天堂，把天堂变成地狱。"艺术家和雕塑家安塞尔姆·基弗说过："我们无法承受不让天堂存在于我们脑海中所带来的代价。"我们不会鼓励你"去做就好了"，而是会鼓励你"去想就好了"。

🕐 如何以未来为导向

没有人生来就是以未来为导向的。没有基因可以让我们变得以未来为导向。你成为一个以未来为导向的人，是因为你生在了正确的时间、正确的地方，各种的环境因素帮助你从一个以当下为导向的小婴儿变成一个自制的、成功的、以未来为导向的成年人。这些因素包括：

- 生活在温带气候区
- 生活在一个稳定的家庭、社会和国家中
- 是一个新教徒（或犹太教徒）
- 接受过教育
- 处于青年或中年时期
- 有一份工作
- 经常使用科技产品
- 获得过成功
- 把一些以未来为导向的人当作榜样
- 从童年的伤痛中恢复

生活在温带气候区

为季节变化而准备需要我们提前做好计划，改变行为以适应天气的变化。因此，人们要逐渐学会预见天气在冬天和夏天会变差。相反，生活在亚热带气候区就像生活在天堂一样，这里永远只有一个季节，只是雨量有变化。

生活在一个稳定的家庭、社会和国家中

当你专注于未来的时候，你会根据自己对未来的预测做出决定。在预测一个特定的行为会带来的好处和坏处时，你需要假定有足够的确定性支持你的判断。一个稳定的家庭和政府能让你预测何种行为会带来你想要的回报，甚至它们也决定了你现在所做的事情是否能得到当初承诺的回报。总而言之，稳定、可靠的环境是最有可能培养出以未来为导向的人群的土壤。

是一个新教徒（或犹太教徒）

基督教中原罪的概念，是基于夏娃在被蛇引诱吃了善恶知识树的果子时，她顺从了自己以当下为导向的欲望所带来的结果。从那以后，所有的基督徒都在为夏娃那一刻的"软弱"付出代价，而且还被经常提醒"游手好闲是罪恶之源"。新教改革之后，尤其是加尔文主义者开始相信决定论，也就是神从一开始就决定了有一些人会被拯救，而另一些人则注定要下地狱，这种命运表现在现世当中就是一个人在世俗观念中的成功与否和财富积累多寡。新教徒的工作伦理催生了一个新的努力工作的企业家阶层。一般而言，就算是在今天，以新教徒为主的国家的国民生产总值依然比以天主教徒为主的国家要高。

接受过教育

教育能使一个人变得以未来为导向。学校教会了学生延迟满足、设定目标、分析利弊和抽象思维。愤世嫉俗的人会说,一个教你如何成功的项目其实只不过是教你如何服从权威而已——在自己的座位上坐好,知道自己在智力等级上排在什么位置,学会忍受无聊的讲课,努力做到这一切,就是为了能得到一份有保障的无聊的工作。尽管如此,教育依然是把当下导向训练成未来导向的重要训练营。

处于青年或中年时期

接受、练习和增强以未来为导向的时间观大约从一个人的青春期结束开始,一直到50多岁。在你的青少年时期,以当下享乐主义为导向的童年玩乐和放纵(如果你有幸生活在一个富足的社会)会慢慢被成年人证明自我的成就需求取代。这也是一个人面对来自教育和工作机会上的挑战的时期,婚姻、家庭以及逐步稳定变得对你非常有吸引力,你也开始计划安排自己的遗产。这个黄金时期过去之后,有些人会变得更加以过去为导向,从而发展出一种新的以当下为导向的时间观,而这种时间观会被一些特定的社交生活主导。

有一份工作

一份有意义的工作可以带来自我效能感,在成就中收获自豪感,同时也能帮助你建立除邻居以外的社会接触。最重要的是,拥有一份工作让你在工作日期间有了一张时间表,可以帮助你培养自制力。理想情况下,工作也可以让一个人得到个人发展,实现抱负,拥有财务保障和保持独立。所有的这些经历都能帮助你建立起以未来为导向的时间观。

经常使用科技产品

科技产品可以帮助我们节约时间，提高效率。和没有使用科技产品的时代相比，我们在更少的时间里完成了更多的事情，因为科技可以帮助我们同时处理不止一件事情。更重要的是，互联网创造了一个没有物理边界的社交和信息世界。我们可以随时"置身"其中。在这个时代，如果你不掌握一些相关的科学技术，你就不可能拥有一个成功的未来。科技也创造了很多逼真的虚拟现实游戏，可以改变我们所看到的现实世界。这些游戏吸引了很多年轻的当下享乐主义者活在其中。

获得过成功

早期的成功让你的努力、练习和自制得到了回报，同时也加强了你的信念：行动可以得到让你满意的回报。未来导向的时间观需要通过长时间的、小的成功和道德上的优越感来培养，也需要通过更大的收获来巩固。对于以未来为导向的人来说，怎样获得成功并不重要，重要的是是否获得过成功。

把一些以未来为导向的人当作榜样

影响来自你身边的人，还有那些你模仿的媒体名人。家长、老师和朋友都可以通过他们的建议、指导和他们的时间观来发挥带头作用，把你推向以未来为导向的时间观。一个以未来为导向的人通常会很幸运地遇到一个或多个影响其生活的人。当我们知道一个英雄人物通过刻苦努力、练习和克制去追求自己的梦想并取得成功时，你就会被这些事迹感动从而想要去模仿。

从童年的伤痛中恢复

虽然没有证据支持，但一个人从童年到青年期间的长期疾病或者伤痛会让青少年变得更加内向。行动上的障碍会让他们转向想象的世界，从而得到其在现实世界中无法拥有的自如活动的能力，而这些精神活动也成了建立以未来为导向的时间观的重要基础。例如，自行车手兰斯·阿姆斯特朗战胜了癌症，并7次赢得环法自行车赛冠军，他就是在人生困境中把时间观调整成未来导向的极佳案例。

表 5–1 对待未来的态度与心理、行为特征的关系

行为特征	以未来为导向的人会……
侵略性	更不具侵略性
抑郁	更少抑郁
精力	精力更充沛
戴手表	更经常戴手表
收支平衡	更注重收支平衡
使用日程表	更经常使用日程表
刷牙	更经常刷牙
使用药物	更少使用药物
喝酒	更少喝酒

（续表）

行为特征	以未来为导向的人会……
友善	没有区别
责任心	更有责任心
情绪稳定	没有区别
开放	更开放
做事考虑后果	做事更经常考虑后果
自我管理	自我管理更好
冲动	更冲动
追求新鲜感	更积极追求新鲜感
喜欢一致性	更喜欢一致性
依赖奖励	更依赖奖励
自尊心	自尊心更强
追求感官刺激	更少追求感官刺激
焦虑	更少焦虑
成绩	成绩更好
每周学习小时数	每周学习小时数更多
创造力	更具有创造力
快乐	没有区别
说谎	更少说谎
偷窃	没有区别
害羞	没有区别
发脾气	没有区别

当然，以上这10项当中没有一项是让你拥有未来导向时间观的必要条件，但每一项都让你更有可能发展成未来导向的时间观。有很多因素都会影响时间观的塑造和保持，包括一些大的因素像地理环境、文化、经济和其他社会因素，还有一些心理性的因素。在此之外，还有人际关系和个人经历方面的影响。很少有人能清楚地意识到自己是通过不同时间观的视角来看待环境的，原因之一就是我们的时间观都是缓慢地被不同的因素塑造而成的。

以未来为导向的人一般不会主动追求新鲜事物，他们很少会感到压抑。他们也不喜欢撒谎，不像享乐主义者、宿命主义者和消极怀旧的人那样，经常在情景的引导下撒谎。另一方面，以未来为导向的人不喜欢冒险，他们的生活原则是"有备自然无患"。从积极的一面看，他们的情绪更稳定、行为更具可预测性。

以未来为导向的优缺点

首先，让我们来看看以未来为导向的时间观可以带来什么好处。津巴多和约翰打赌谁能发现更多未来导向时间观的好处，因为他们俩的得分都很高：一个4分，一个5分。

健康

以未来为导向的人会定期做体验和检查牙齿，以未来为导向的女性会安排乳腺癌和子宫癌的排查。一项在意大利进行的研究表明，相较于很多当下享乐主义者和女性对照样本，以未来为导向的女性更常去做免费的乳腺癌筛查。以未来为导向的人更加愿意食用健康有营养的食物，而不是那些味道好但不健康的垃圾食品。他们更加愿意花更多的钱购买有机食品。他们也更有可能关注自己的体重，因此在成年以后很少体重超标或者得糖尿病。他们也更少抽烟、酗酒、暴饮暴食或者吸毒。他们会计划生更少的孩子，而且在结婚之后也会存更多的钱。以未来为导向的人会为自己的健康和退休做计划，但他们会花更少的时间娱乐和度假。这一切表明，他们会坚持健康、长寿、成功的目标——如果他们没有因为过度的压力而早亡的话。

以未来为导向的人可能会比其他人更少得抑郁症，因为他们不会把时间花在反反复复思考过去不好的经历上，他们的目光总是放在未来，而不是过去。通常来讲，女性得抑郁症的概率比男性高的原因可能部分是来自女性对于过去不愉快创伤经历的反复思考。苏珊·诺伦·霍西玛教授和她的同事所做的研究表明，女性更有可能会选择与别的女性分享自己的情绪，而这也可能会让不好的回忆一直被提起而不是慢慢被遗忘。但是，那些以未来为导向的女性既不会反复思考过去，也不会和其他人分享自己的情绪。新的研究应该可以发现在以未来为导向的女性当中，抑郁症的发病率会比较低（当然，积极怀旧的女性也是如此）。

以未来为导向的人也会体验到不同程度的日常压力，有时候也会面临生活中的重大压力。但以未来为导向的人认为，在面临压力的时候，自己会得到很多支持，尤其是来自重要亲人的支持。当我们把这些研究结论放在时间观的框架下时，我们需要考虑以当下为导向的享乐主义者的支持来源于朋友和身边的人，而积极怀旧的人的支持则来自他们的家庭。消极怀旧的人从各方面得到的支持都最少，而且通常他们的家庭关系充满了冲突。在没有积极支持的情况下，压力很容易恶化，所以以未来为导向的人、当下的享乐主义者，还有积极怀旧的人在压力之下都活得比较健康，而相比之下，以未来为导向的人是三者之中最为健康的群体。

在对上百名高中学生的研究调查结果中，我们发现了以未来为导向的人相对于当下的享乐主义者活得更好的其他原因，其中一个就是享乐主义者在日常生活中更容易处于危险之中，而很多危险都是由他们自己造成的。以未来为导向的高中生在骑车、玩滑板和开车时都更少冒险，他们更少开跑车、更少醉驾、更少喝酒，也更少在没有安全措施的情况下发生性行为或者卷入打斗当中。以未来为导向的人长寿的一个关键原因是他们总是三思而后行。而且，因为觉得质量要比款式重要得多，以未来为导向的人会花时间定期检查和保养他们的车，而不是花钱在洗车、打蜡、保持光鲜上。因此，他们更少因为老化的车胎、出问题的变速箱或者磨损的刹车而出事故。不以未来为导向的人容易染上很多不良的成瘾行为，而以未来为导向的人基本上都不会受此影响，因此他们也更少因为吸烟而得肺癌。以未来为导向的人更有可能平安度过危险的青少年阶段，成年之后也更有可能活得久。

以未来为导向的人总能按时完成任务

正如我们在上一章里讲到的那样，在斯坦福大学心理学入门课程中，能得到最高分的学生都是那些极端的以未来为导向的人，当下享乐主义者和当下的宿命主义者的排名则相对靠后。这有可能是因为以未来为导向的学生本来就比较聪明,但我们并不相信这个说法。成为一个以未来为导向的人同时也意味着能够做好合理的规划,理智地安排好自己的时间,以及为走向成功路上可能出现的意外和陷阱做好准备。以未来为导向的人几乎不会中途放弃所修课程,或者要求延期以完成作业,这也意味着他们不需要为了同时完成旧的和新的作业而使工作量加倍。

想象一下,下周一你有一个重要的报告或者考试要参加,那么你会在什么时候开始准备呢?以当下为导向的人会在周日的晚上开始准备,因为离下周一时间近,准备的材料记得比较清楚。以未来为导向的人,则会在周五就开始准备,因为这样他们就有足够的时间把所有的材料都准备一遍,理清所有思路。

在很多心理学的课堂上,学生都会被要求以受试者的身份参加一些心理学实验。通过参加心理学实验,学生可以得到第一手的心理学研究体验。研究中,我们记录了学生从什么时候开始第一次登记参加这必修的6个小时的实验,他们分别在什么时候参加这些实验,以及他们在什么时候完成了这6个小时的任务。结果表明,以未来为导向的学生比那些以当下为导向的学生平均早了整整一个星期开始参加实验。他们定期报名参加实验,直到他们完成6个小时的任务为止,而且他们比以当下为导向的学生平均早了一个星期完成任务。以当下为导向的学生经常需要参加额外的实验,一直参加到学期的最后一周,而这些时间本来应该花在完成论文和准备期末考试上。按时完成任务也意味着不需要说谎和找借口,因此,以未来为导向的学生也在学业和工作中积累了良好的信用。

以未来为导向的人更懂得珍惜

在英国18世纪建造的霍华德城堡里,有一个日晷上刻了这样一句诗:"白驹过隙光阴逝,良辰将尽日如梭。死之荫,附于人之眉目。"早期的时钟和手表通常都刻有头骨和交叉的人骨,向佩戴者提醒人总有一死。因为意识到死亡总会无可避免地在无法预计的某一天来临,所以未来为导向的人会不断做出明智的选择,来推迟这一天的到来——他们在年轻的时候就为退休做好准备,建立信托基金,写好遗嘱,把辛苦赚来的钱花在买人身保险上。

图 5-1　英国霍华德城堡里的一个日晷

以未来为导向的人更有行动力

当需要尽快走出这个迷宫时,以未来为导向和以当下为导向的人表现得非常不一样。以当下为导向的人马上就开始用铅笔在纸上尝试各种路径,希望能找出一条路来。让人意外的是,以未来为导向的人在一开始根本就不动,只是观察、寻找目标,然后从目标开始往后倒回到起点。猜猜谁先走出迷宫?

以未来为导向的人使用的是被称为回溯算法和未来检验的方法,在解决问题的过程中通过尝试预测和评估不同的达到目标的方法,从而把解决问题的过程分成一个个的小过程。没有人教他们这些"高端"的解决方法,他们是在与周围世界打交道的过程中不断试错,最终自然习得这些方法的。

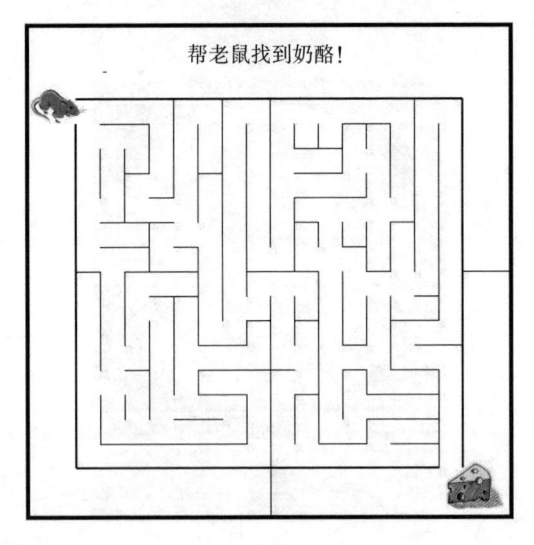

图 5-2

结果是未来导向的人更快——超过 80% 的以未来为导向的人走出了迷宫，而只有不到 60% 的以当下为导向的人走出了迷宫。许多以当下为导向的人没能找到正确的路径，最后直接在迷宫上画了一条直达出口的直线，完全不管迷宫中的限制。

你很有可能会想，这种明显的表现差异的背后一定有某种原因。也许是以未来为导向的学生更经常玩拼图、迷宫，以及其他类似的游戏，而以当下为导向的人则很少玩这些游戏。如果这是真的，以未来为导向的学生能解决更多的问题是因为他们练习得比别人多，而不是因为他们未来导向的时间观。我们要如何测试这些假设呢？这个时候催眠就能派上用场了。

他们设计了一个后续实验，用了一模一样的实验过程，但有一处不同。所有的学生在一开始都是以未来为导向的，但其中一半的学生被催眠后，使用的指导语（在上一章提到的）可以让他们延伸对当下的感官。这一半的学生在实验中的表现和之前的以当下为导向的学生相似。他们当中的 30% 并没能走出迷宫，而以未来为导向的学生继续保持他们优异的表现。以未来为导向的时间观，比以当下为导向的时间观，更能帮助我们有效地解决生活中出现的各种问题。

以未来为导向的人更富有

以未来为导向的人最终会比拥有其他时间观的人赚到更多的钱——因为他们接受更多的教育，能得到更好的工作机会，能存更多的钱，并且花更少的钱在乱七八糟的派对上。他们会从投资中收取复利,他们的信用记录也更好,因为他们总是按时还信用卡,从来不让自己债台高筑。更重要的是,他们工作得更久、更努力,更少休假,并更早意识到,他们是拿自己在工作上的投入换取更多的金钱。

一项最近的研究展示了以未来为导向的人对储蓄的重视。这项研究比较了荷兰家庭中16~21岁的成员和他们的父母对待经济行为的态度。结果显示,那些和孩子讨论经济问题的父母,影响了孩子的经济行为,也成功地教会了孩子储蓄的重要性。这种早期的社会化过程也延伸到了成年时期,而孩子在经济上的成功主要受父亲的责任心和父母以未来导向的时间观的影响。孩子能观察父母各种以未来为导向的行为,因此他们有大量模仿和学习的机会。我们也相信以未来为导向的父母会用尽各种机会把行事谨慎、凡事三思而行的心态灌输给孩子。比如,一直向他们强调不刷牙、不为考试准备、太快把零花钱花完,或者把作业留到最后一刻再做等事情的后果。

父母也经常用寓言或者谚语的方式鼓励小孩子学会未雨绸缪。一个西西里岛的学生给我们上了一堂关于三思而后行的重要性的课。她记得她的奶奶曾经给她讲过灰姑娘的故事,但并未讲故事原本大团圆的结局,而是另一种结局。奶奶摇着头,伤心地说:"对于我们来说,什么改变都不会发生,我们只能继续做穷苦的仆人。"奶奶以当下为导向的宿命主义态度向孙女传达了一个信息:我们要认清现实,去掉那些不切实际的幻想。这个学生明白,如果想避免和她奶奶一样的命运,就要有一个更好的人生规划。

以未来为导向的人更坚毅

以未来为导向的人也有可能在追求更好生活的过程中遭遇失败。那些曾经生活稳定的中产阶级，也有可能因为婚姻失败、疾病，或者失业而变成街头的流浪汉。尽管如此，在旧金山，流浪人员收容所里的以未来为导向的人还是过得比那些以当下为导向的人要好。我们通过对接近50位流浪人员的研究和访问发现，越是以当下为导向的流浪汉，越会花更多的时间看电视、吃东西或者无所事事，他们很少出去工作。而那些生活在同一个收容所里的以未来为导向的人则恰恰相反：他们更少浪费时间，更少会抑郁，并且会花更多的时间在工作上。当然，这些以未来为导向的人留在收容所里的时间也更短。

同样，以未来为导向的人在困难面前会表现得更加坚毅。"教育为先"是英国的一个新的教育项目，在这个项目中，来自哥伦比亚大学的精英毕业生会在充满挑战的贫困学校中教课两年。这项工作充满了压力：可用的资源非常匮乏，学生对学习提不起兴趣，种族和语言方面的差异很大。很多年轻的老师因此放弃了这项教学工作。那些在压力面前坚持完成了自己工作的新老师大部分都是以未来为导向的人。研究发现，那些申请参加项目并坚持到底的老师主要有两种动机："'教育为先'项目中的大多数老师的动机都与未来有关。他们大多是为了在简历中增加有价值的经历，积累一些人脉、经验和技能，以便能在今后的职场中爬得更高。事实上，所有的动机和考虑，都和我们'以未来为导向'的概念相一致。"

当今社会竞争激烈，而这又反过来让未来导向的时间观在受过教育的年轻人当中成为常态。在今天，强烈的未来导向比以往任何时候都要常见。

以未来为导向的人充满希望

希望，是一个人对当下行动在未来某一时刻所带来的正面结果的期待。充满希望也是以未来为导向的一方面，但以未来为导向的人的希望是依托于现实的希望，而不是因幻想而无限膨胀的希望。他们知道只有努力工作才能让希望变成现实，而且自制甚至是合理的痛苦都是让他们达成目标的必经之路。

在那些参加身体机能康复训练的病人当中，有将近一半的病人在完成康复训练之前就退出了。当人们选择不再继续康复训练时，他们可能会失去部分身体活动能力，并因此承受永久性的运动能力丧失。很多人退出训练是因为完成训练要比中途退出要承受更多痛苦。恢复性训练的确很痛苦，有时候令人难以忍受，因为在训练中病人要不断地拉伸萎缩的肌肉和错位的骨头。那些相对来说不能承受痛苦的病人，在他们的痛感达到阈值之后就直接放弃了，但那些未来导向的人则更有可能坚持下来，因为他们希望获得忍受痛苦之后带来的长期利益。

从实际操作的角度来看，康复中心可以基于这些研究，按照病人的时间观安排相应的康复训练。以当下或过去为导向的人需要更多的关照和支持，一开始安排不太痛苦的训练以及设置好过渡阶段的奖励也许可以让他们一直坚持下去，直到康复。定期给予希望和鼓励也可以让他们继续坚持。正确估计他们中途退出的可能性，对他们进行一对一的关注以及提醒他们复诊的时间也可能降低他们在康复训练上的失败率。

以未来为导向的人会回避"社会陷阱"

以未来为导向的人是极具竞争力的实干派,他们的目光总是落在最终胜利的奖牌上。以当下或者过去为导向的人,在谈判和争议中从来都不是他们的对手。当以未来为导向的人发现最终的长期收益比眼前的短期收益大时,他们也会最先寻求合作以争取双赢。他们会回避那些以当下为导向的人容易中招的"社会陷阱"。

"社会陷阱"是指资源使用过程中个人利益最大化与公共或者群体利益最大化之间的矛盾和冲突。一开始,对渔夫、牧民、农民、伐木工人和制造业从业人员来说,能让他们利益最大化的做法就是从海里尽可能地多抓鱼,养尽可能多的牛,种尽可能多的庄稼,砍尽可能多的树,以及在不被抓到的前提下尽可能地随意排放污水。然而,当每个个体都试图最大化自己的利益时,他们最终会共同面临巨大的利益损失,因为资源都是有限的,在过了某个临界值之后会失去再生的能力。之后,所有个体,以及整个社会所能得到的产量都会不断减少乃至完全消失。加利福尼亚州蒙特利湾的沙丁鱼和俄勒冈州哥伦比亚河的三文鱼被过量捕捞就是很好的例子。很多大型渔业公司和个体渔夫大量地捕捞这些鱼类,直到河里连一条鱼都找不到。

"社会陷阱"也被称为公地困境或公地悲剧。这个专业术语是由19世纪的英国经济学家威廉·福斯特·劳埃德最先提出的。我们想象一下，有一片公共的草原，可以用来放牛。每个想要得到最大利益的牧人都会在这片草原上放尽可能多的牛，但这种经济模式会与公共的利益产生冲突——如果每个人都采用这种自私的方式，过度放牧，耗尽资源，最终所有人都要承受随之而来的悲剧。加勒特·哈丁在1968年大力宣传了这个概念：如果放任个人凭自觉来管理和使用公共资源的话，那么自私的人会远远多于有远见的人，因为短期的个人收益要比长期的、公共性的收益大。哈丁甚至相信，针对这个问题并不存在技术上的解决方案，比如并不能找到一种能提高草原草量的肥料，或者某项能让废物和有毒品最少化的技术。为了保护公共资源，只能改变社会整体的价值观及个人素质。这种解决方案与当今世界自然资源的相关性是显而易见的。现代公共资源包括干净的空气、海洋、湖泊和河流，鸟类、蜜蜂、鲸鱼和粮食储备，石油、煤炭以及其他能源。

我们相信，公共利益并不是一个道德上的问题，而是一个时间观上的问题。采用一种狭隘的、关注眼前收益的经济行为方式并不是自私的表现，这只是每一个以当下为导向的人自然而然的思维方式。以未来为导向的人也希望赚到最多的钱，但他们的时间观让他们把长远的利益放在短期的利益之上，因为他们能预见最大化短期收益的方式会给他们带来负面的后果。因此，他们会寻求长期的回报，推进合作战略，而不是追逐快速的短期收益。以未来为导向的人一般而言都是环境保护者，他们支持可持续性的农业、渔业发展和水资源利用，支持节省能源的车型和房屋。他们总是冲在宣传全球变暖和人口爆炸所带来的长期恶果的前线。

他们也会给董事会施压，让董事会不要仅仅盯着季度财务报告，还要着眼于企业投资的长期收益。他们支持资源回收项目，努力开创提供绿色服务的新模式。

在一项对时间观、基本价值观以及对待环境态度之间关系的研究当中，我们向数百位巴西大学生发放了ZTPI（葡萄牙文版）。数据表明，环境保护和对生态圈的关心与未来导向的时间观以及利他主义高度相关。对滥用环境资源持正面态度则与重视自我提高的倾向相关。和其他与以未来导向时间观的良好品质一样，对环境可持续发展的正面的、平衡的态度也可以通过教育来提升。

为成功的未来预演

就像我们在之前说过的那样，我们希望你可以完成另一个版本的"我是谁"的测试。这次我们希望你可以回答"我未来是谁"这个问题。想一下你希望成为什么样的人，以及有什么个人成就。花一些时间认真回答这个问题，越多越好。

测试：我未来是谁？

1.我未来是：
_____

2.我未来是：
_____

3. 我未来是：
_____

4. 我未来是：
_____

5. 我未来是：
_____

6. 我未来是：
_____

7. 我未来是：
_____

8. 我未来是：
_____

9. 我未来是：
_____

10. 我未来是：
_____

11. 我未来是：
_____

12. 我未来是：
_____

13. 我未来是：
_____

14. 我未来是:
_____

具体的未来目标:　　　　　　　什么时候会完成?

1. _____　　　　1. _____
2. _____　　　　2. _____
3. _____　　　　3. _____
4. _____　　　　4. _____
5. _____　　　　5. _____

　　你完成了"我未来是谁"的测试之后,仔细回顾你的答案,找出5个你在未来希望达到的具体目标,这些目标可能包括找到一份更好的工作、退休、生育、还清债务、旅行或者毕业。之后,把这5个目标按你希望完成的先后顺序排列。在你估计好完成它们所需要的时间之后,我们希望你能通过想象预演一下如何完成这些目标。例如,职业运动员可以通过想象自己成功完成一个之前没有完成过的动作,来提高自己的表现。篮球运动员会通过想象自己用完美的动作完成罚球来预热。棒球运动中的击球手则会在每一次击球前想象自己挥出完美的击打动作。结果表明,当我们通过想象练习成功地完成一项任务的时候,我们在现实世界中的表现也会提高。更重要的是,如何练习也非常重要。

　　心理学家雪莱·泰勒和她的研究团队发现,通过想象练习并专注于成功必须完成的事项的人，比那些通过想象专注于结果的人更能有效地提高自己的表现水平。在心中预演为了拿到好成绩和应对压力而需要做的每一步的人，比那些在心中预演自己已经拿到好成绩和成功减压的人表现得更好。当你专注于达到目标所需要做的每一步，而非一味想象努力之后的结果时，你更有可能成功。

从你所列的第一个目标开始，一步步地想象完成目标所需要采取的行动。你第一步需要做什么？之后会发生什么？同时也要留意在完成目标的过程中你可能会出现的想法和感受。想象练习并不是什么魔法。它之所以有效，是因为它能帮助你理清通往目标的方向以及行动过程中的每一步。在你通过想象完成对第一个目标的预演之后，你就可以继续完成下一个目标，直到把所列出来的目标都完成。之后，你可以继续列出新的目标并尝试通过想象预演来帮助你完成它们。

当我们的未来导向太强烈时，带来的坏处就有可能会抵消掉好处。这也是一个有关时间的悖论。你是否真的忙碌到要让孩子在上学的前一天晚上就穿戴整齐，以便你明天不会迟到？你是否会一边刷牙一边洗澡，一边骑车一边打电话或者边打电话边读经济专栏？如果你的确如此的话，你可能也是"时间紧迫族"的成员之一。

时间压力与时间压缩

上面提到的问题引发了《今日美国》长达一周的连续报道。很多人都觉得自己没有足够的时间做完他们需要做的事。有一半的受访者认为自己今年比去年更忙。大部分的人都会尽量节省时间，比如用微波炉而不是用烤箱，选择目录邮购或者电视购物，而不是去商场买东西。他们用电话管理自己的银行账户，每天听语音信箱的时间比接电话的时间还长。人们把节省下来的时间更多地花在了工作上。浪费时间变成了一种罪，变成了一种心理压力的来源。大部分人在遇到以下情况时都会变得生气、不耐烦、愤怒，比如被迫等人（85%）、堵车（63%）、排队（61%）、候诊（59%）、等待餐厅服务（51%）。还有人补充了其他对心理健康有危害的等待形式：政府部门反应缓慢；修理人员没有按预定的时间出现；找不到停车位；等待延误的飞机或者大巴。

可以想象，商家非常了解这种时间上的紧缩感，他们也知道如何对其加以利用。比如，一个广告就曾自豪地宣称，燕麦是今天的超人妈妈最理想的早餐选择："速食的桂格燕麦片——为那些拥有许多爱却没有许多时间的妈妈而准备。"显然这个广告词对于抱着儿子小尼克、来自纽约市的雪莉·格林伯格女士很有吸引力。她说："我可以在90秒之内为他准备一份非常好的早餐。"这位母亲还说，第二个节省时间的优点是："我不需要花时间强迫他吃掉这些早餐。"

除了把节约下来的时间更多地用到工作上，超过50%的人提到，他们在生活中还做出了其他个人牺牲，比如减少了度假、培养爱好和看电视的时间。还有很多人提到他们牺牲了去教堂或者做其他慈善活动的时间。超过40%的参与者说，他们牺牲了与家人和朋友相处的时间！

令人深思的是，《今日美国》的数据很有可能低估了真实的情况，因为这些数据是在1989年收集的。今天人们的生活被作家杰里米·里夫金称为"时间战争"——过度效率化和纳秒级别的世界观干扰了我们的社交方式,也毁掉了我们对于自然世界节奏的感受。过度以未来为导向的高科技生活使我们变成虚拟世界的奴隶。

在第 11 章,我们会提出调整极端的时间观和达到平衡生活导向的方法,以求让个体和社会得到更健康的生活方式。

> 最强大的两位战士:耐心与时间。
>
> ——列夫·托尔斯泰

为了成功,牺牲家庭、朋友和性生活

在追求成功的过程中,商界人士希望自己能面面俱到,但事实上这并不可能。最终,他们需要放弃社交的乐趣,比如牺牲陪伴家人和朋友的时间,以及其他的休闲时间,比如闻闻玫瑰的花香。很多人甚至连性生活都放弃了。

"男性商人声称自己的生活空虚"——这是一项对 4 000 多位成功中年商人进行调查的头条新闻。这些成功人士承认,虽然他们拥有社会地位和财富,但他们的生活非常空虚,没有满足感,也感觉不到快乐。就像那些濒死经历的幸存者一样,他们当中有些人决定让生活重来一遍,包括减少工作时间,花更多时间在玩乐上,花更多时间与他们的伴侣、孩子和朋友相处。对一些人来说,想要弥补逝去的时间已经太迟了,因为这意味着需要重新大幅修改生活中的优先次序,补上所有错失的东西。

有调查报告指出，大部分的婚姻都是性生活质量低下的婚姻，因为一些夫妻的性生活频率连一周一次都达不到。而且，男人对性生活的兴趣低于他们的妻子。婚姻治疗师报告说，这些女性客户经常抱怨在这样的婚姻中感到被伤害、被拒绝，有些人甚至觉得"愤怒与绝望"。

我们并没有有力的数据来证明这些，但我们假设这些男人和那些生活空虚的高职位管理人员都是以未来为导向的工作狂，他们从来不会花时间在提高情感和性生活上，也不想花时间交朋友或者把时间"浪费"在玩乐上，而这种生活方式正是造成性生活缺乏的原因。我们还怀疑，对于以未来导向的、性生活数量极少的人来说，完美主义可能是另一个重要的原因——性生活变成了一种任务，因此会引起男人不自觉的自我评估和对于满意的性生活的期待。

请别让这种情况发生在你身上。我们建议大家要努力平衡事业和家庭之间的关系。

第 6 章
超越未来

　　我又看见一个白色的大宝座与坐在上面的,从他面前天地都逃避,再也无可见之处了。

　　我又看见死了的人,无论大小,都站在宝座前。案卷展开了,并且另有一卷展开,就是生命册。死了的人都凭着这些案卷所记载的,照他们所行的受审判。

　　于是海交出其中的死人。死亡和阴间也交出其中的死人。他们都照各人所行的受审判。

——《圣经·启示录》

　　他们说:"只有我们的今世生活,我们死的死,生的生,只有光阴能使我们消灭。"他们对于那事,一无所知,他们专事猜测。

　　你说:"真主使你们生,然后使你们死,然后在毫无疑义的复活日集合你们;但世人大半不知道。"

——《古兰经》

也许有神,也许没有。但我们应该倾向哪一种观点呢……让我们衡量一下赌神存在的得与失……如果你赌中了,那你就赢得了一切;如果你赌不中,就什么也没有损失。赌吧,那就毫不犹豫地相信神存在吧。

——布莱兹·帕斯卡

我相信,在遥远的未来,会有一种比我们要完美得多的生命形式存在。我们和其他所有一切有知觉的生物注定要在这么一个长期的缓慢进化的过程中完全消亡——这个想法让我们无法忍受。对于那些相信人类的灵魂不灭的人来说,人类世界的灭亡似乎变得不那么可怕了。

——查尔斯·达尔文

所有欢愉,不过一瞬。
所有苦难,不过一瞬。
只有永恒,唯一珍贵。

——米兰大教堂三重门上的铭文

中东某地,有一个年轻人,让我们叫他奥马尔吧。他站在一个翻倒的牛奶箱上,张开双手。奥马尔走出房间,走到街上,独自面对这个世界,以及下一个世界。

接下来,他穿戴的并不是西装领带,而是一件宽松的外套,里面是一条装了 10 磅[①]塑性炸药的绑带。

奥马尔平静地走进一个拥挤的露天市场，在人群中他停了下来，引爆了炸药。货摊被炸裂，火焰纷飞，空气中充满了浓烟和尖叫声。奥马尔和其他 12 人当场身亡，30 名无辜的路人受伤。他们的生活、他们家人的生活以及奥马尔家人的生活都被永远地改变了。

对于大部分的西方人来说，如果我们知道自己在 15 分钟之内就要被炸死的话，恐惧与绝望会让我们无法呼吸、完全僵化。到底是什么样的动机，能让人做出如此极端的罪恶行为？

自杀式恐怖袭击

变态心理学的解释

一种对奥马尔这样的自杀式爆炸事件的解释是，这些恐怖分子都是非常疯狂的人。参议员约翰·沃纳就鼓吹这种观点，他说："那些在自由世界实施自杀式恐怖袭击的人都是非理性、不能以正常的理性观念来理解的人。"把自杀式的恐怖袭击解释成是精神失常的结果，可以让我们在情感上和这些行为保持距离，让我们感到自己和恐怖分子是完全不一样的人：我们是理智的，他们不是。正常人是做不出这么极端的事情来的。这个解释也暗示自杀式恐怖分子不会为他们的行动感到内疚。毕竟，如果他们是疯子，就不能做出理性的决定，

---

① 1 磅≈ 0.454 千克。——编者注

因为疯子的思维方式和行为对其他人来说都是不合理的，这也是我们叫他们"疯子"的原因。

但"疯子"理论并不能预测谁会成为一个自杀式恐怖分子。这种观点把他们的行为完全放在了"正常"心理学理论的解释范围之外。如果自杀式恐怖分子是精神有问题的话，那我们就可以预测谁会成为恐怖分子，就像我们预测谁会最终得临床抑郁症、人格障碍或者精神分裂症一样。但对于所有这些精神疾病而言，虽然有时候我们能做出预测，但如果想预防它们的发生，还需要多年的努力。

有一些精神障碍的确与暴力行为有关。抑郁就是自杀的一个预测因子。反社会人格和精神分裂也和暴力行为，甚至谋杀有关，臭名昭著的杀人狂泰德·邦迪、杰弗里·达默和特德·卡钦斯基的行为就与此有关。虽然饱受骂名，但这些著名的案件都是正常世界中"例外"的生动例子。精神障碍当然并不都会导致对自己或者他人的暴力行为，大部分有精神障碍的人从来没有伤害过任何人。

但根据已有信息，自杀式恐怖分子正常得让人害怕。大部分自杀式恐怖分子并没有精神疾病。联合国信息服务处的主管纳斯拉·哈桑根据她对巴勒斯坦自杀式恐怖活动的研究总结道：

> 没有一个自杀式的恐怖分子（从18岁到38岁）被确认为具有典型的自杀型人格。他们也不是没接受过教育、极度的贫困、头脑简单或者抑郁。有很多人来自中产阶级，而且除非他们是逃犯，否则他们中的大多数人都有一份正常的工作，其中超过一半都是来自现在属于以色列的地区难民，有两个还是百万富翁

的儿子。他们都是正常的家庭成员，都很有礼貌，认真严肃，在社区里属于模范青年。

一份最近对基地组织成员的研究发现，在400多名被调查的成员当中，3/4 的人来自中产及以上的阶级。这项由马克·萨吉门进行的研究也发现了最后变成自杀式恐怖分子的年轻人不仅正常，而且很多人都非常聪明。其中约90%的人都来自充满关爱的完整家庭，大部分人上过大学，结了婚，有孩子，绝大部分都是科学家和工程师。"这些人在很多方面都算是社会精英。"萨吉门总结道。

虽然这会让我们对于什么是"正常"的看法发生动摇，但数据却是真实的。自杀式恐怖分子并不比其他人疯狂，"疯狂"的自杀式恐怖分子的比例应该和他们所在社会中精神障碍的发病率一样低。

"洗脑"的解释

对自杀式恐怖分子的第二种常见解释是：他们都是正常人，但不幸的环境和自身的脆弱使他们成了被狂热宗教领袖洗脑的受害者。威廉·萨菲尔支持这一种解释：

> 像这样狂热的教化需要时间和被孤立隔绝的环境，也需要擅长引导和植入殉道愿景的恐怖主义导师，以及需要从那些众所周知的、被愤怒冲昏头脑的高危家庭中招募成员。洗脑的过程中他们也会使用电影强化他们的意念，而在影片中一个已经死去了的小孩在向那些潜在的自杀式恐怖分子招手，欢迎他们加入天堂。

"洗脑"的解释被认为是免除了这些人体炸弹的责任，它把一切原因都归咎于宗教领袖的作用。然而，宗教领袖的训练并不符合经典的洗脑定义。洗脑是"高强度、强迫性的教条灌输，通常是指在政治或者宗教方面，目标在于摧毁个体原有的基本信念和态度，然后以另一套固定的信念取而代之"。这需要把个人从他们的家庭和朋友之中分离出来，"洗掉"他们原有的信念，然后以新的信念进行代替。洗脑的经典案例包括共生解放军对帕蒂·赫斯特的绑架案，还有吉姆·琼斯人民圣殿教自杀案。这些团体系统性地改变了被绑架者或其成员原有的传统想法，然后以激进的想法取代它。在自杀式恐怖分子的例子中，他们原来的信念并没有被洗去，社会在这些年轻人的成长过程中就已经把这些信念灌输给他们了。

在一个愤怒的人决定通过把自己和其他人炸成碎片的方式来向国家的"敌人"寻仇之前，一些重要的训练也是必需的。以色列心理学家阿里尔·米拉利多年来一直在研究这个问题，并理出了在通往这些发生在以色列的自杀式爆炸事件路上常见的几个过程。首先，一个极端分子团体中有经验的成员会先确认几个表现出强烈的爱国主义热情的年轻人，然后这些有潜力的年轻人会被邀请参加讨论，让他们表达自己对国家的热爱和对以色列的憎恨。之后，他们会被要求承诺坚持完成所有的训练。那些最终做出承诺的人，会成为一个3~5人的秘密分队成员。他们会从有经验的成员中学习相关的技能，包括制作炸弹、伪装，选择目标和行动时间等。

最后，他们会录制录像带，宣称他们是"活着的烈士"，并承诺公开化。他们会一手拿着经书，一手拿着来复枪，他们头带上的徽章表明了他们的新身份。这份录像让他们无法再违背自己做出的承诺，因为录像会被寄给他们的家人。被招募的人会被教育：不仅他们会在死后赢得至高的位置，他们的亲人也会因为他们的殉教行为而在天堂中得到高位。有时他们的家人还会收到一笔可观的抚恤金。

这些自杀式恐怖袭击成功之后，恐怖分子的照片会马上被印在海报上，贴满社区里的每一面墙，从而激励着下一轮的恐怖分子。为了减轻他们对自己受伤之后会感受到的痛苦的担忧，那些导师会向这些被招募回来的人保证，在他们的第一滴血落到地面之前，就会被接到天堂，坐在真主安拉的旁边，从此没有痛苦，只有快乐。他们已经做好准备去面对那些在平常看起来不可想象的事情。

通过这些系统性的方法，一群正常的年轻人被训练成"民族英雄"，他们的致命行动变成自我牺牲和对反抗压迫的完全献身。这个信号，被清晰地传达给了正在等待上战场的下一轮年轻恐怖分子们。

"无法承受当下"的解释

第三种常见的对自杀式炸弹袭击的解释是，这些人已经对生活失去了希望，他们觉得哪怕自杀，也并没有什么可以失去的。我们会把这样的人描述为在以当下为导向的宿命主义上得分高，在未来导向上得分低，在当下享乐主义维度上得分低的时间观。他们并不享受当下，也不展望未来，更不相信自己的行动能对未来有什么影响。他们有着强烈的消极怀旧时间观，而这与愤怒、自觉被迫害和具有侵略性高度相关，他们很有可能通过暴力行为逃离不快乐的当下。

比较美国与中东之间的经济水平似乎能为这种解释提供一些支

持。与美国相比,中东非常弱势。而且,中东地区的人民经常会表达出一种在文化上被西方迫害的感觉。因此这种财富上的差异会引发愤怒,从西方的角度来说似乎也说得过去,因为在西方的文化之中我们常常把财富等同于快乐。然而,对于中东人来说,他们很少把金钱当作衡量快乐的标准。

对于自杀式恐怖分子的研究也表明中东人并不绝望。一份由新加坡政府发表的白皮书中包括了对几名"伊斯兰祈祷团"(一个恐怖组织)成员的访问,结论是"他们并没有表现出对于敌人的恐惧,也没有表现出绝望或者因生活没有出路而带来的无所畏惧的坚决,虽然这些都与经济学上的解释相一致"。纳斯拉·哈桑采访的自杀式恐怖分子中有一个人在任务中活了下来:以色列的保安在他引爆炸弹之前就把他逮捕了。当哈桑问他是什么让他走上了这条路,他说:"灵性的力量能将我们升华,而物质的力量则把我们拉向深处。那些决定自杀的人,他们已经变得对物质的力量免疫了。"

与美国相比,中东地区非常贫困,但贫困并不意味着没有希望。我们认为,贫困本身并不会引起自杀式袭击。哪怕在自杀式恐怖分子出生生活的地区,贫困现象也显著减少了。因此,贫困不可能是自杀式袭击的唯一原因。自杀式恐怖分子是典型的正常且健康的人。他们并不贫困、没有被社区剥夺权利,也并不疯狂——至少并不比他们社区中的其他人更差。

我们认为,自杀式袭击并不会因为贫困人群的减少而得到终止。那些成为自杀式恐怖分子的人,一般来说并不把金钱看得那么重要,尽管他们相对于社区中的其他人来说也并不贫困。自杀式恐怖袭击是一个复杂的问题，需要一个复杂的解决办法，而这个解决办法必须考虑到能带领他们超脱现世生活。

宗教的解释

从宗教的角度来看，自杀式恐怖分子是一些在宗教信仰上的极端分子。但也有一些数据表明，这些人并不比其他人对宗教更加狂热。芝加哥大学政治学教授罗伯特·帕普分析了从 1980 年到 2003 年期间发生过的 315 次自杀式袭击。他认为，自杀式袭击其实是一种世俗诉求，但经常被宗教修辞迷惑。他写道：

> 权威人士把基地组织描述成一个无法被满足的且被宗教仇恨驱动着的不会害怕的敌人。在末日预言中，我们迷失了真相：自杀式恐怖主义只是一种策略，并不是我们的敌人，而在迷惑人的宗教外衣之下，这种现象的发生其实大都是为了追求世俗利益。

尽管如此，在寻找潜在的恐怖分子的过程当中，自"9·11"事件以后，西方国家的政府官员的确派出了人员监视虔诚的宗教团体和宗教场所，寻找在操持戒律上新近才变得非常严格的年轻成员。自杀式袭击并不是某一宗教派别独有的现象，尤其是当我们从更长的历史角度来看的话。其他的团体在历史上也曾经发动过自杀式袭击，而且毫无疑问在未来也会有别的团体发动类似的袭击。

也许历史上最有名的自杀式袭击应该是"二战"期间的日本神风

敢死队。苏联和德国的飞行员在"二战"期间也曾经发起过自杀式袭击，虽然程度上并没有前者那么极端。数以千计的日本军人参与了这些自杀式袭击。而对于基督教和犹太教，我们也许要回溯到圣殿骑士团的年代才能找到有组织的自杀式袭击案例，年代虽久远，但也不能说这些事情没有发生过。自杀式袭击在近代才成为一个主要的问题，有一个原因是，近代的科技发展让具有大范围杀伤力的自杀式袭击成为可能。

自杀式的袭击者当下所处的环境中的某些因素（而其中相信有一个未来的天堂应该占据了一大部分的因素），成为他们变成自杀式恐怖分子的主要动机。

理性策略的解释

最后，从理性策略的角度来看，自杀式袭击是其支持集团所有的选项中，能让他们所花的钱带来最大影响力的选项。这种解释的支持者指出，自杀式袭击经常能成为达到他们政治目标的有效方式，因为每一个自杀式恐怖分子所能造成的杀伤力都比其他方案要大，而且自杀式袭击并不需要计划逃生策略。一个恐怖团体的头目曾如此描述：

> 除了要找到一位愿意献身的年轻人，我们需要的不过是几枚钉子、炸药、一个电池、一个开关、一小段电线、水银（从体温计里就能得到）、丙酮，以及一条能绑 6 到 8 袋爆炸物的皮带。最贵的花费是到以色列某个遥远的城市的交通费用。所有这些花费加起来，只有 150 美元左右。

这份清单背后是无情冰冷的逻辑。你计算完这些花费之后，会发现理性策略的解释的确非常合理。尽管如此，这种解释还是与世间最沉重的成本——生命相违背。

时间观的解释

我们认为，如果时间观可以解释自杀式袭击这类复杂的人类行为，那么通过时间观理解人类正常的行为就变得相对简单了。我们先假设某一类特定的时间观的组合可能会让一部分人更容易成为自杀式恐怖分子。一开始，我们预想的自杀式恐怖分子是这样的人：

- 在消极怀旧时间观上得分较高：这个人比较有侵略性，可能会在报复心理的作用下寻求极端的变化。
- 在积极怀旧时间观上得分较低：这个人可能对于传统和稳定性并不是十分在意。
- 在以当下为导向的宿命主义时间观上得分较高：这个人也许相信自己的人生取决于命运而不是行动。
- 在以当下为导向的享乐主义时间观上得分较低：这个人也许在当下生活得并不快乐，觉得自己并没有什么可以失去。
- 在未来导向的时间观上得分较低：这个人也许并不会主动去展望未来。

我们的方向应该是对的，但还差了点儿什么。这样的时间观组合也许会让一个人更容易变成自杀式恐怖分子，但它们并不是决定性的因素。我们试图寻找一个合理的解释,讨论一个在心理学界仍属禁忌的话题:对死后世界的探讨。但是,人死后会发生什么并不重要,我们关心的是,死后的信念会怎么影响人们现世中的行为。

据保守估计,80%到95%的西方人相信神和永生,但这种自陈式报告很有可能倾向于低估了这信念的广泛程度。弗洛伊德说,当人们想象自己死亡的时候,他们就已经以旁观者的方式存在于往生之中了。弗洛伊德坚信"在潜意识里,我们每一个人都坚信自己是不朽的……我们的潜意识……并不相信我们会有死亡的一天,潜意识的行为方式就像它相信自己会永远存在一样"。从世俗的角度来说,如果我们相信永生的话,就没有理由为未来做计划。就算犯了再严重的错误,对于永恒的生命来说也是微不足道的。我们可以只为今天而活,鲁莽地冒险。明天总会来临。有一些宗教信仰声称,永生同时也会带来额外的责任。我们的肉体会消亡,但我们的灵魂永存。因为灵魂不灭,人们需要为他们生前的所作所为负责,因为这会决定他们在永恒世界里的命运。"罪的代价"不是死亡,而是永恒的诅咒。

在20世纪与21世纪交替之时,77%的美国人相信存在死后的世界,而这个比例从1944年开始就增加了。很多人相信死后的世界,他们都有关于往生后的目标:不进地狱,努力进天堂,或者以一种更高的生命形式重生。我们对于往生后所带来的回报或者惩罚的预期也许会影响当下的行为,就跟我们在死前的生活里所定下的目标一样。毕竟,我们对于未来的心理概念并没有比对死后的世界的概念更真实。对于未来的预期和对于往生后的世界的预期,都是人类的心理建构的结果,是人类大脑想象的产物。

超未来时间观

为了检验人们对于往生后的目标、他们等待回报和惩罚的想法是否会带来一种独特的时间观,我们在津巴多时间观量表中加入了一些假设往生世界存在的问题。数百人完成了这份量表。分析数据时,我们发现了一种新的时间观,我们把它称为"超未来时间观"。(菲利普在超未来时间观上的得分是1.5,而约翰的得分为1.8。)

对于很多人来说,生前和死后的时间将心理上的未来分成了两个部分。传统的或者现世的未来从当下开始,一直延伸到想象中的死亡,同时也伴随着现世的目标和希望,比如大学毕业、为人父母、买房子、结婚等。这是传统意义上心理学家研究的未来。超未来时间观从肉体的死亡开始,一直延伸到永恒。超越现世的未来包括了不同的事件,比如神圣的审判、与死去家人团圆、永恒的生命、天人合一、重生复活,以及贫困、痛苦和苦难的终结。正是这种无法被记录下来的"未来",一直以来都被大部分心理学家忽视或贬低。

正如大多数人预期的那样,超未来时间观与一个人自陈的宗教信仰、灵性生活以及对于往生世界的信念有关。具有超未来时间观(在超未来时间观量表上得分高)的人,会比那些在此量表上得分低的人更常参加宗教活动,也更常在家里进行宗教仪式。虽然一般而言超未来时间观与宗教信仰有关,但在哪些信徒会采用超未来时间观这个问题上,不同的宗教之间有着本质的不同。基督徒和伊斯兰教徒在超未来时间观量表上的得分高于平均值,而犹太人、佛教徒,以及其他没有宗教信仰的人的得分则低于平均值。

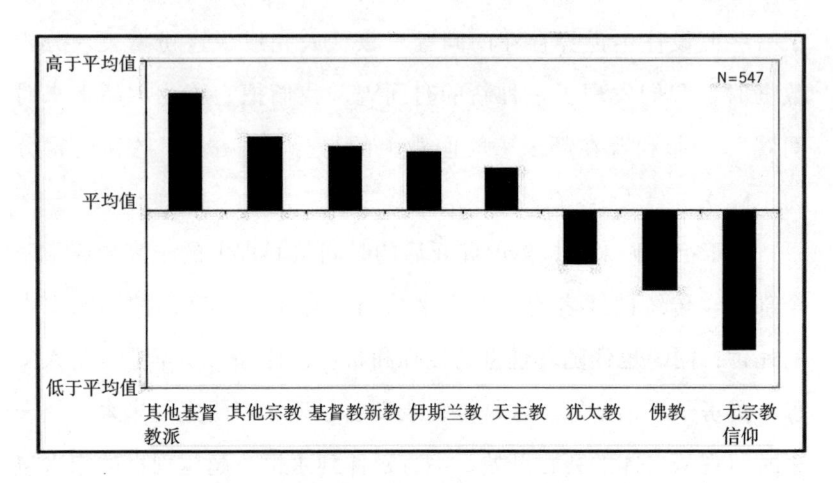

图 6–1 超未来时间观与世界上的各种宗教

每一种宗教的超未来时间观,以及其他时间观的表现形式都不太一样,每一种宗教都有其独特的时间观组合。正如本章开头的引言中所表现的那样,穆斯林和基督徒非常相信超越现世的未来的存在。事实上,这两种宗教都把现世中的未来认为是末世审判前的准备。基督教新教教徒在每一项时间观上的得分都非常极端,他们在消极怀旧时间观上的得分非常低,而在未来导向的时间观上得分非常高。新教徒从他们的过去中得到积极的力量,为了"有前途的"未来刻苦工作。犹太教徒的时间观也差不多,但没有那么极端。积极怀旧是新教徒和犹太教徒唯一有区别的时间观：新教徒在积极怀旧时间观上的得分比较高，犹太人在这项上的得分稍稍低于平均值，同时在消极怀旧和当下的宿命主义时间观上得分都比较低。也就是说，犹太教徒不会沉浸在过去的负面情绪中，同时相信行为可以决定命运。天主教徒唯一的特点是他们的中庸，他们在任何的时间观上得分都不高也不低。

与新教教徒一样，穆斯林在消极怀旧和当下宿命主义时间观的得分上比较低，在以未来为导向的时间观上得分比较高。但穆斯林在积极怀旧和当下的享乐主义时间观上的得分同样非常低。在我们抽样的穆斯林群体当中，他们似乎都不会从过去得到什么积极正面的回忆，而且他们倾向于不把关注点放在现世的欢愉上。对于穆斯林来说，他们关注的是现世以及现世以后的未来。

我们进行时间观研究的受试者基本上都是美国的大学生，虽然很多观点已经被其他无数的西方研究证实，但是我们怀疑量表中所测量的时间观念并不适用于其他文化环境下（比如远东地区）的人群。我们的怀疑被佛教徒在ZTPI上的整体得分情况进一步证实了，因为佛教徒的得分与其他宗教教徒的得分差异非常大。在每一个时间观维度上，佛教徒的得分都与其他的宗教信徒得分相反。他们在当下的宿命主义时间观上得分非常高，在当下的享乐主义和以未来为导向的时间观上得分非常低。佛教徒并不关注未来，也不关注现世的快乐。这种引人注意的时间观组合意味着佛教徒对待时间的态度和西方有非常大的差异，与我们在前文提到的整体时间观比较一致。我们非常期待能在未来的研究中进一步探索这些差异。

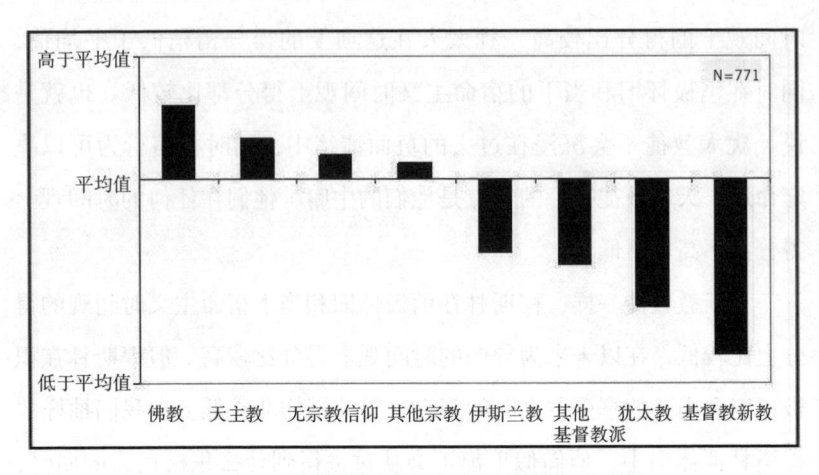

图 6–2 消极怀旧时间观与世界上的各种宗教

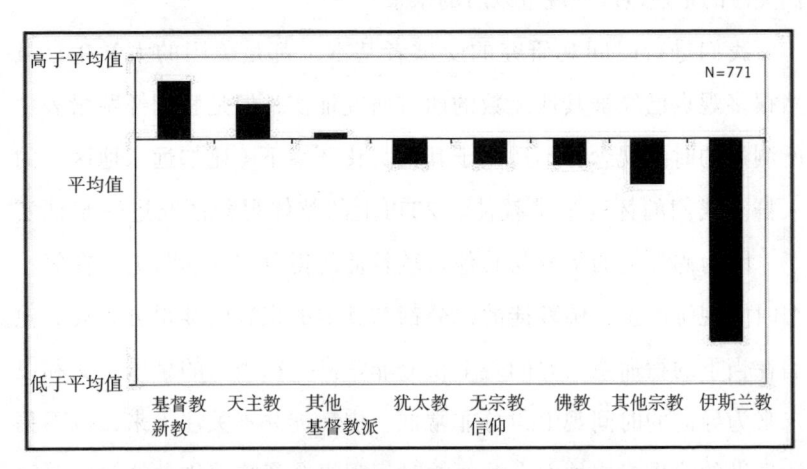

图 6–3 积极怀旧时间观与世界上的各种宗教

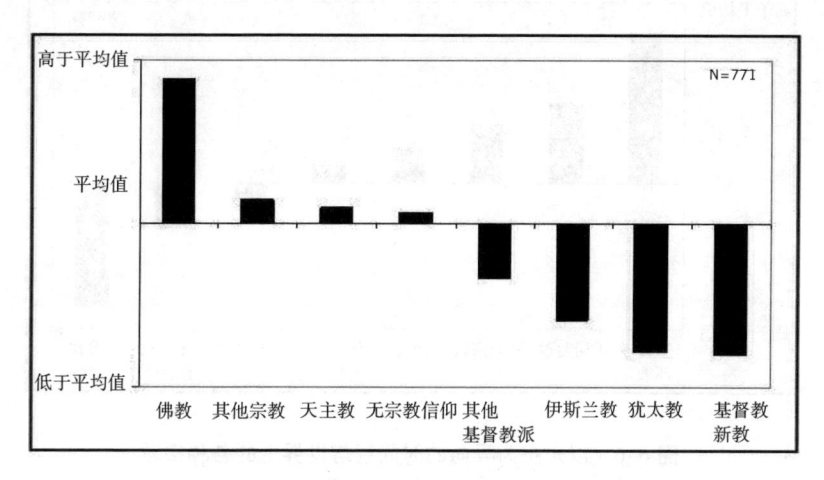

图 6–4 以当下为导向的宿命主义时间观与世界上的各种宗教

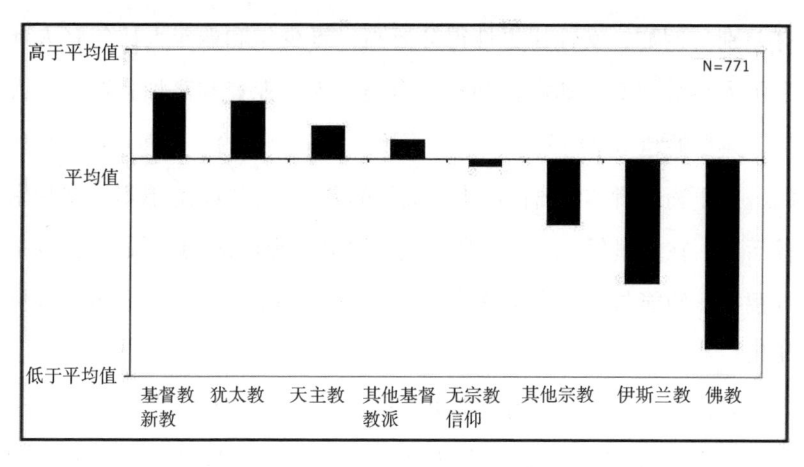

图 6–5 以当下为导向的享乐主义时间观与世界上的各种宗教

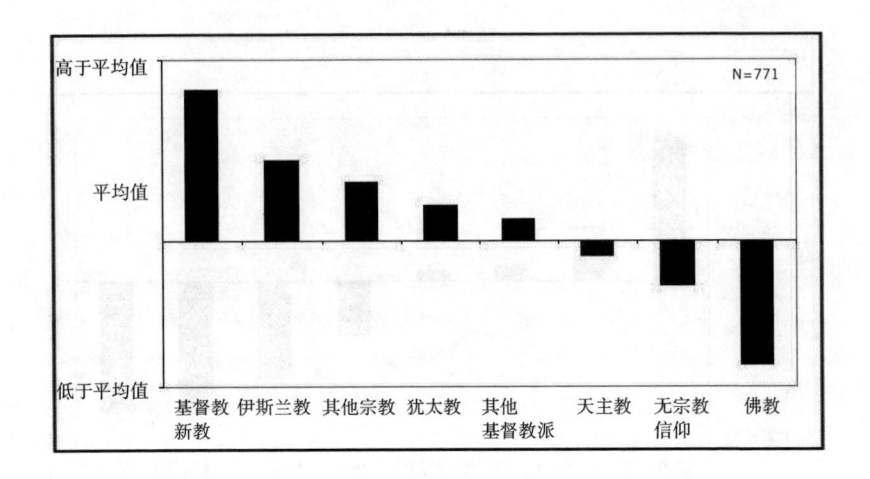

图 6–6　以未来为导向的时间观与世界上的各种宗教

超未来时间观的得分在另外一些重要的人口统计学类别之间也有差别。例如，女性比男性得分要高，青少年和老年人比年轻人和中年人得分要高，非洲裔和拉丁裔美国人比亚裔和高加索裔美国人高。典型的超未来时间观的人，应该是一个年老的、信仰基督教新教的、拉丁裔或者非洲裔但出生在美国的老妇人。她相信救赎，参加宗教活动，在家里保持各种宗教仪式。她很少看R级电影，她相信未来的福报，她能与他人感同身受，她也比那些在此项上得分较低的人更快乐。

未来是我们主要的动力来源，我们的目标、希望和恐惧都存在于未来当中，因此在超越现世的未来时间观中，动机理论也可以被应用到想象中的死后的时间里，因而它可以被用来解释那些通常情况下被认为是不可理解的行为。这类行为可以被理解成在某种文化环境中，为了保障在超越现世的未来中的回报或者避免惩罚的尝试。从超未来时间观的角度来看，一个自杀式恐怖分子的行动并不疯狂，也不是被仇恨、绝望驱动的，而只是一个由有信仰的、可能对自己在现世中的未来没有多少希望，却对于超越现世的未来有着很高期待的人所做出来的自然行为。

在对一个自杀式恐怖袭击者的采访中，纳斯拉·哈桑问受访者，究竟是什么样的动机促使他进行这样的尝试。他的回答清楚地表明，他的期望都在超越现世的未来当中。

其他的时间观也许也会让一个人成为自杀式恐怖分子。比如，我们并不难理解为什么一个巴勒斯坦的年轻人会在消极怀旧和以当下为导向的宿命主义时间观上得分高，而在以未来为导向的时间观上得分低：他的过去充满了暴力、痛苦和失去；他对于自己的人生并没有太多的控制；他对于一个和平的未来，也没有太多希望。所有的这些因素，我们都讨论过。时间观能帮助我们把这些不同的解释在概念上统一起来，同时也能加入超越现世的未来的解释力。以超越现世的未来为导向的时间观是了解这一现象的关键因素。总而言之，这些自杀式的恐怖分子是在为他们的时间而战。

那些目标是超越现世的人，他们的脑海里有一张遥远的天堂的地图，但他们在今生注定无法到达。

> 奇怪吧，不是吗？无数的生灵
> 都已经走过黑暗之门，
> 却没有人转过来，告诉我们

> 那众人必走的道路在哪儿。
>
> —— 欧玛尔·海亚姆

信徒们必须相信他们对于超越现世的未来的计划准确无误,但事实上却没有办法来检验它是否真的准确,因为没有人能死而复生,给我们提供可靠的信息。所有发生在人生中的事情,都可以被理解为通往救赎路上的路标。好的事件可以被理解为"好的行为"的回报,而负面的事件则可以被理解为来自神灵的考验,就好像约伯在《圣经·旧约全书》里所承受的一切一样。因为不可能找到反证,对于超越现世的未来的信念非常难改变。

在现世的未来中,没有任何东西能永生——每个人的事业都会结束,健康的身体会变差,而人也总有一死。再也没有回报之后,动力会消失。那些曾经为我们提供过动力的目标,会慢慢被人遗忘。但我们对于超越现世的未来的目标却会永远存在。死后所得到的回报(永生)能永久地存在,因为这些回报永远不会消失,在超越现世的未来,这些目标可以提供永恒的动力。一旦人们期待死后的存在,他们就需要为自己的行为永远负责。善行会带来永恒的福祉,而恶行会带来永恒的诅咒。

超越未来的应对方式

应对当下的生活

马克思认为,宗教让人们对于世界上的不公感到麻木,也妨碍大众奋起反抗共同的压迫者。他写道:"宗教是被压迫生灵的叹息,是无情世界的感情,正像它是没有精神的制度的精神一样。宗教是人民的鸦片。"与马克思的感觉一致的是,那些被压迫的人——年轻人、老年人、女性和少数族裔在超未来时间观上的得分最高。对于被压迫者而言,在超越现世的未来里被承诺的回报超过了他们今生能得到的任何东西。有了这种承诺,生活在贫民窟、有一个混乱的家庭和住在停车场里的人不那么难了。多瑞丝·基恩斯·古德温写道:

> 那些生活在旧世界的贫苦农民之所以能承受持续几代的困苦,是因为他们坚信的天主教价值观强调一个人应该为死亡与重生做准备,因此现世的痛苦就显得不那么重要了,他们对当下生活状况的承受力,也是新世界中少有的。

这种信念会让当下的不平等带来的痛苦更少一些,更容易承受一些,因此人们的反抗也不那么激烈。如果人们相信暴力会带来永恒的惩罚,而默默忍受则会得到永生的话,他们更有可能选择容忍不公正的对待和接受被统治的命运。

应对死亡

在奥马尔的自杀式袭击发生两天后,他的家人和朋友把他的残骸埋葬了,他们哀悼奥马尔的离世,并且因为相信他已得到永生而感到安慰。终有一天,他们会在那个更好的世界里与儿子重逢。对于超越现世的未来的信念可以把永恒的失去变成暂时的分离。正是这种时间观减轻了他们的痛苦。

超越未来的观念

印第安人的信念

并不是所有的超越现世的未来信念都与宗教或者往生之后的世界有关。有一些超越现世的未来信念考虑的是未来的几代人。比如，易洛魁族人（一个生活在安大略湖边上的印第安人联邦部落）的《和平法》中写道：

> 每一次需要做出重大决定的时候，我们都要考虑此决定对于未来七代人的影响……哪怕这需要我们付出相应的代价，承受一些当下的困难。

根据这条法律，我们做决定的时候必须把未来的七代人都考虑进去，这无关我们的灵魂是否会永生，而是因为我们的后代需要这样的计划。要求我们在做重大决定的时候把注意力放在想象中的未来的七代人上并不容易，这也是为什么易洛魁族人把这一点写进了法律。他们需要有排除和承受当下困难的能力，这样才能为未来七代人的福祉考虑，才能保护他们的利益不被那些不重视未来的同辈人或者当权的决策者为了当下的利益而牺牲掉。

易洛魁族人把当下和超未来时间观同等看待。超未来时间观是以当下为导向的时间观的伴侣，当他们为当下的事情做决定时，他们未来的七代人的利益也会得到同等程度的重视。这种视角创造了一种由当代人和未来七代人共同组成的民意代表。当代人为那些在未来生活的后代投票，为那些生活在未来的七代人谋求利益，同时也为那些活在当代的人谋求利益。如此广泛的权力分配，几乎没有给个人的利益留下什么空间。

可持续发展

美国和其他许多国家的公民们，都在"可持续发展"的大旗之下团结一致。可持续发展运动要求善用资源，以期"在满足当下需要的同时，不以牺牲未来世代满足他们需求的能力为代价"。像易洛魁族人一样，那些投身这项运动的人希望能保护眼前之外的未来，并不是因为他们害怕自己的灵魂会下地狱，而是因为对于他们来说这是正确的选择。和易洛魁族人不一样的是，这些运动参与者的眼光不限于未来的七代人。保护这个世界的自然资源是一项没有时间限制的项目。

今日永存基金会

今日永存基金会（The Long Now Foundation）成立于1996年，它提倡以更宏观的视角来考虑未来。这个基金会希望努力以一种以未来为导向的时间观反击当今社会以当下为中心的时间观和时尚观，来提倡一种长期的、宏观的对社会、经济和环境的责任感。对于这个基金会而言，人类最长的可理解的时间是一万年。但谁知道呢？也许一万年之后的人类已经可以以十万年为单位考虑未来了，这个基金会到时候可能要更名为"当下基金会"了。

在基金会的各项活动中，包括制造一口万年钟，以改变现在的计时方式。万年钟以机械为动力，并会在以后的一万年中都尽可能地保持精准。这个基金会已经做出了一些万年钟原型，并计划在内华达的山顶放置一口大钟。至于计时，基金会鼓励使用5位数计年法。在他们的日历上，2008年变成了02008年，这种格式暗示着一种更加宏大的时间观，并且可以避免万年虫（Y10K）的致命计算机设计缺陷，万年虫是一种在2000年出现的千年虫的后续版本。仅仅8 000年之后，当我们的4位年计数从9 999年变成5位的10 000年时，我们就要面临这个问题了。从超未来时间观来看，提前计划总是好事。

网站deathswitch.com

当今日永存基金会为万年计年方法的缺陷而担忧的时候，其他人在为一些更个人化的超越未来的问题而烦心。正如其他的时间观一样，一个人的担忧恰恰是另一个人的商业机会。deathswitch.com是一个致力于帮助人们在死后传达重要信息的网站。deathswitch.com的会员首先要在deathswitch.com上保存重要的个人信息，比如银行账号、密码、人寿保险号以及遗言。之后，会员们会周期性地收到从deathswitch.com发来的电子邮件，询问他们是否还活着。如果会员们连续几次没能回复邮件的话，deathswitch就会自动认为会员已经死亡，然后会把所有他们保存的信息都发给原定的收信人。

超未来时间观的未来

对恐怖主义宣战：一场时间观的战争

既然未来是我们主要的动力来源，那么毁灭一个人对于未来的期待就能显著地减弱他的动力。如果一个想要进入职业篮球联赛的青少年在一场车祸中失去了一条腿的话,他的篮球梦就被摧毁了。毁灭未来的目标在减少国家的整体动力上和在个人层面上一样有效。比如,在"二战"期间,德国和日本都有详细的统治世界的目标,这个目标存在于现世和未来。日本基本上是一个佛教国家,而佛教是一种在超越现世的未来时间观上得分低于平均线的宗教。而当时的德国是一个法西斯国家,官方反对所有宗教。德国和日本对于现世的未来都有着类似的目标,但它们对于超越现世的未来几乎没有任何期待。在这两个国家和他们对于未来成功的期待都被打破之后,德国和日本就失去了继续战斗的动力,最终同意投降。从某种角度上来说,同盟国并不是通过打败他们对手的国民,而是通过毁灭他们对于未来的计划赢得了"二战"。

但这种方法对于今天的反恐战争,并不适用。我们战胜恐怖主义的方法,不是要毁灭他们的未来,而是要培养他们的未来,一定要让他们对于现世中的未来充满希望,才能与他们超越现世的未来的期望竞争。只有通过建立一个充满希望、积极乐观、受人尊重、健康和繁荣的现世的期待,他们来自超越未来的动力才能被平衡。没有了现世未来的目标,他们就不会有动力去过好他们的一生,而同样可以理解,他们就会从超越现世的未来中努力实现他们的梦想。帮助他们恢复实现现世中的未来的目标的动力,可以防止超越现世的未来成为他们荒芜的生活中唯一的绿洲。

当西方国家在为改变下一周、下一个月或者下一年的战争局面而寻找新的策略时,他们的对手却在为遥远的未来而做准备。退伍将军及曾经的总统候选人韦斯利·克拉克说过:"我认为基地组织和相关组织的眼光非常长远，他们所看的不是未来的 4 年，而是 40 年、100 年。"西方国家为他们明年的军队布置而考虑，而基地组织为下一个世纪的计划而考虑。时代已经改变了，但我们的政治和军事策略却没有改变。反恐战争是一场美国政府对于现世的未来的愿景和它的敌人所保持的超越现世的未来的愿景之间的战争。当美国的对手们在为永恒而计划的时候，他们不太可能得到短期的胜利。使用"二战"时期的战术很有可能会让永生在他们的对手眼中变得更有吸引力。在美国对伊拉克的不对等的战争当中出现的错误的战略判断，让人难免联想到在美国独立战争期间英军所采用的静止线战略，或者是在美国南北战争期间面对半自动武器时皮克特将军发起的冲锋。这是极其愚蠢的策略，而且付出的是血的代价。

超越未来：难分善恶的工具

正如大部分的动机一样，超越未来也可以成为行善或作恶的工具。超越未来的信念的不可证性，使得它无比强大且不可预测。斯坦福大学的哲学教授山姆·哈里斯指出，矛盾的、不可证的超越未来的信念是灾难的来源。在《信仰的终结》(*The End of Faith*) 一书中，他写道：

> 给人们灌输关于死后世界的分歧的、矛盾的，又不能被验证的理念，然后让他们以非常有限的资源一起活下去，这样的后果是显而易见的，那就是无休止的谋杀与交战。如果历史曾经给我们带来过一个绝对的真理，那就是，不问真假只会一再地把我们人性中最糟糕的一面带出来。给这罪恶的发条再加上大规模杀伤

性武器的话,你就拥有了毁灭文明需要的一切。

我们不需要完全赞成哈里斯的理论,我们可以改变这些条件。我们只需要把消极怀旧和当下的宿命主义时间观换成积极怀旧和当下的享乐主义时间观,我们需要尊重人们的过去,并允许他们享受当下。要实现这样的改变,第一步必须要向那些生活贫乏的人提供足够的资源和机会:食物、居所、金钱以及受教育、就业、休闲、娱乐和庆祝社区节日的机会,这些都是现代文明社会中人类生活的基本所需。

第二步则需要传播一种把握住理想机会的个人责任感,并描绘出个人的主动努力一定会得到鼓励和回报的愿景。人们内心中原有的动力所残余的小火苗,必须被小心地照看并慢慢将其重新扇动起来。宿命主义的被动心态需要被"我能做得到"的态度取代。

第三步包括调整人们的超未来时间观,以具体实际的未来时间观作为补充。期待改变人们的超未来时间观,这种想法本身可能就会让人不适,它太过于理想化,而且可能会加剧矛盾冲突。一个更合理的方式是在他们走向天堂的路上为他们带去对未来希望、机会和成就的向往。关注未来时间观的培养,需要稳定的政治、经济和家庭环境。人们必须相信他们今天的行动能够在未来带来可预测的回报。没有稳定的环境,就不可能有准确的预测。创造政治、经济、社会和家庭的稳定的前提,则是创造能引导、保护和稳定这些环境的大环境,并且努力消除可能威胁到它们的外部力量。

超未来时间观也可以成为一种潜在的动力,它对于个人和社会都有很大的价值。对于那些没有得到物质上成功的人来说,超未来时间观使他们的生存变得可以承受甚至富有意义。对于社会而言,超越未来的目标鼓励人们做出文明的行为,为当下环境以及后代考虑。当领导人意识到他们的决定会带来永恒的后果时,相关政府也会更好地为其人民服务。如果他们不能施行有效的法律去"保护和服务"他们的人民,他们将在未来尝到自己行为所带来的苦果。至于超越未来的信念是真实存在的还是只是幻象(仅仅是我们想象力的结果)只有等到我们死的时候才能知道。但在那之前,它能让苦涩的生活变得柔和,提高我们的自我价值感,为我们的生命注入意义感。那些世俗化的超未来时间观则可以鼓励那些拥有这种时间观的人去为他们的后代考虑,而拥有宗教性的超未来时间观的人则会被鼓励为了自己的灵魂而去做正确的事情,哪怕这可能需要他们在当下做出牺牲。他们并不看重金钱、名声或者是今生的欢愉,但愿意为了保护自己在下辈子中的利益而去死。生活中的条条框框对于他们来说永远都不会过期,他们也期待从现在到未来都能收获自己所做之事带来的成果。

第二部分
珍惜时间，乐享生活

第 7 章
时间、身体和健康

在两百多年前，著名的植物学家卡罗勒斯·林奈建造了（或者说培植了）一个花钟。他精心挑选了会在每天固定时间开放的不同植物，把它们按一定的次序种在一个圆形的花坛里，然后每一种花对应着一个小时数。这个花钟的时间精度大概在半个小时，按照18世纪的标准来看，这个精度已经相当高了。

可见，植物也会根据周围的环境来同步它们的功能。它们会追随太阳的运动轨迹，并与之同步地打开和合上花瓣或者叶子，同时也与昆虫授粉的周期相一致。我们生活在时间的维度里，但时间也活在我们的生活里，正如它活在所有的生命当中一样。

自然界的时钟就在我们的身边——动物的迁徙、四季的流转、月相的变换，以及身体的新陈代谢都留下了时间经过的痕迹。你可以用自己的心跳来记录秒数，或者用月经周期记录月份。连家里的小动物也能帮我们记录时间：如果一个养猫的人没有按时给猫喂饭，那么小猫自然有办法提醒他。

生理学家、医师以及诺贝尔奖获得者巴甫洛夫发现，实验室里的狗会在"期待"被喂食的时候流口水。1917年的某个早晨，以严格守时而著称的巴甫洛夫正在因为实验助理迟到对他进行批评，这时他发现实验室里的狗在听到助理走进实验室的脚步声时，就开始流口水了，而它们还没有看到助理开始准备食物。巴甫洛夫将这个现象称为"心理分泌物"，并将其作为"条件反射"的研究证据。实际上，所有的动物（从单细胞生物到人类）都会在不同的情况下做出可预测的反应，而这些反应有的可以改变，而有些则很难被改变。

老鼠和鸽子也一样，可以通过训练学会计时。在一些经典的实验中，心理学家约翰·华生和斯金纳训练老鼠和鸽子通过按一个杠杆而得到食物。有一些动物每次按下杠杆的时候就能得到一个食物丸子，其他动物每次都要在一个固定的时长之后才能得到新丸子。比如，如果一只老鼠按下杠杆得到了一个丸子，那么这只老鼠需要等上10分钟，才能通过按杠杆再得到一个新的丸子。当它们第一次被放到这样的环境里时，老鼠会一直按杠杆，希望每一次都能按出一个新丸子来。慢慢地，这些老鼠学会了等待一段固定的时间后才能按出新丸子来。因此，它们不再不停地按杆，而是转去做一些别的事。有趣的是，当10分钟的时间间隔快结束的时候，它们又回到开关边上开始不断地按杠杆，仿佛有一个内部的闹钟响了，在告诉老鼠10分钟的等待时间马上就要结束，它们可以回去按杠杆了。

在某些方面，我们也同样被生活训练着学会对于时间的压力和流逝做出反应。但你感受时间的方式是天生的而非后天训练的结果，而且它们深深地潜藏在你的身体和大脑里。

大脑中的时间

生物钟与昼夜节律

植物、动物和人类都能计时，但它们是通过什么来计时的呢？对于人来说，每一个人类的细胞都有一个简单的时钟，而最高级别的主管生理的时钟则位于视交叉上核（SCN）。视交叉上核是指位于大脑底部靠近两条主要的视神经交叉的下丘脑里，大约有1万个脑细胞的集合。因为视神经，SCN得以收集外界环境的信息，而它所在的大脑的底部又让它可以通过一个内部的通道分泌神经激素控制大脑和身体的功能。

SCN的主要功能是控制我们内部的生理节律。有超过50多种生理节律，包括血压、消化酶、生育周期、情绪和睡眠周期都是通过SCN来控制调节的。我们的内部时钟运行得有一点儿慢，所以每一个生理节律要比24小时长一点点。但是，如果是这样，人类会慢慢变得与外界不再同步吗？然而，虽然我们的生理时钟没有发条时钟那么准时，但它调整得更加频繁。自然环境因素，每天都会重设我们的生理时间，让我们的新陈代谢与周围环境相适应。

对于人和动物而言，光线是最重要的时间编码器。光线直接进入我们的眼睛，并通过视神经向SCN传递信号。一旦光信号传到SCN，光信号就会重置我们的生物钟，并抑制褪黑素的释放，而褪黑素可以给我们带来睡意。褪黑素是由氨基酸中的色氨酸合成，是松果体的产物（笛卡儿认为松果体是人类灵魂存在的地方）。它在天黑的时候开始释放，让我们觉得困且累，帮助我们入睡。

多年以来，科学家都认为我们自然的生理节律周期大约为 25 个小时。虽然这是根据睡眠实验的数据得出来的结论，但它并不合理，因为我们生活在一个以 24 小时为周期的世界里。后来，一个才华横溢的哈佛研究人员查尔斯·切斯勒开始思考，是不是因为实验中缺少了某些东西才会让受试者的生理时钟按 25 小时为周期而行。在提出人类生理时钟以 25 小时为周期的实验当中，受试者被关在没有窗户的实验室里，不允许以任何方式知道当时的时间。受试者睡醒之后，研究员就把实验室里的灯打开。当受试者开始犯困的时候，他们就把灯关上，这时候褪黑素就开始分泌，然后受试者很快就进入了梦乡。切斯勒发现受试者对于实验室里灯光的控制（他们原来是希望把这当成人工"太阳"）决定了他们接受的光照的时长。实验室灯光的光强并不像太阳那样会随时间自动变亮变暗，但实验室里的灯光也起到了太阳的作用，那就是抑制了褪黑素的释放。因此，相比于生活在日光之下，受试者在实验室里接受了更长的光照，实验室的光照人为地将人的生理节律延长了近一个小时。

为了测量真实的不受限制情况下人类的生理节律周期，切斯勒和他的同事把实验室的灯光稳定在一个比较暗的亮度，以排除光线对于生理时钟的影响，于是发现我们的自然生理节律周期大约为 24 小时 11 分钟。因此，下一次你因为一天之中要做的事情太多而感到有压力的时候，记得你还有多出来的 11 分钟可以用。

你也许觉得，即使我们的生理时钟和真实的时钟有一个小时的差距也并不那么要紧，但事实上这会带来很大的影响。例如，如果你一夜没有睡或者坐了一班国际长途飞机，你可能会体会到倒时差带给你的生理和心理上的不适感，而时差本质上就是你的生理时钟和外部时钟的同步出了问题。你的反应变慢了，易怒，行动笨拙，你可能连续睡了很长很长时间，也可能根本就睡不着。但时差不仅仅会发生在旅行时，时差也可以发生在家里。比如，我们因为夏令时在春天把时钟往前拨一个小时带来的效果，和乘飞机从美国往东飞了一个时区是一样的。春天，把时钟往前拨快一个小时，车祸发生的概率就会上升10%；而秋天把时钟拨慢一个小时，车祸概率又会小幅度下降一点儿。

时差与倒班工人

虽然我们的生物钟并不需要上发条，但你可以使用一些方法来调整它，以使其与外部世界保持一致。互联网、电视、24小时便利店、国际航班和上百瓦的灯泡都在不断地改变我们的生物钟。心理学家马克·罗斯坎德——曾经的斯坦福大学睡眠障碍诊所、人类睡眠研究中心以及美国国家航空航天局（NASA）时差及疲劳应对小组的主任，一直致力于研究如何帮助人们调整时差。他指出，可以通过调整饮食、服用药物和摄入饮料来调整睡眠以降低生理节律紊乱的影响。飞行员、医生、驾驶员、军人和倒班工人都会定期使用这些方法来帮助他们应对全天无休的工作，你也可以通过这些办法提高效率。对于外科医生、飞行员和其他以安全性为第一位的工作而言，午睡与否的差别可能就是生与死的差别。罗斯坎德的研究表明，在驾驶舱里打个盹儿，就能极大地提高飞行员的工作表现。短短20分钟的小睡就能让飞行员的清醒度提高50%，工作表现提高34%。但美国联邦航空管理局的管理规定,禁止同一班飞机上的两名飞行员在驾驶舱里打盹儿,因为害怕公众会对飞行员在工作期间打瞌睡有负面的评价。但科学研究清楚地表明,飞行员有计划地轮流打盹儿,比两名极度疲惫的飞行员一起驾驶要安全得多。实际上,两名飞行员都不由自主地在驾驶舱里睡着才是危险的。例如,某航班从美国东岸飞往洛杉矶,飞机在到达洛杉矶上空后并没有着陆,而是继续往海里飞了上百英里,直到两位睡着的飞行员中的一位醒了过来才发现。

前额叶的功能

SCN能帮助我们的身体与外界环境保持同步,但大脑的其他部分也有与时间相关的重要功能。比如,小脑起到了为复杂行为计时的作用。复杂的人类活动也需要精确的计时和编排。比如,扔棒球就需要投球的手臂在往前踏步之前先收起来,然后在展开手臂投球之前先往前踏出一步:收起手臂,踏出一步,往前伸手,把脚放下,放手投球。要描述在投球过程中的复杂计时都并不容易,但小脑能自动地协调这些行为,而不需要我们花费精力去思考,因此我们的动作能一气呵成。

当我们思考时间的时候,我们就用到了前额叶。在进化的过程当中,前额叶位于大脑的前上方,它负责各种"执行"功能,比如发现目标、预测未来、延迟满足以及平衡未来收益和当下欲望。当前额叶正常工作时,我们能保持专注、抵抗诱惑、回避尴尬的社交场合。当前额叶不再正常工作时,我们的生活就会变成一团乱麻。

这些执行性功能对于大脑来说可能是非常有压力的一件事：计划活动、赶截止日期、抵抗诱惑，对于大部分人来说都是很难的；对于某些人来说，这些事情的压力则是压倒性的，会引起严重的焦虑和抑郁，以至于失去行动能力。在1949年，安东尼奥·埃加斯·莫尼兹因为他所设计的治疗焦虑症、抑郁症和精神分裂症的激进方法获得了诺贝尔生理学或医学奖。这种疗法通过类似于冰锥的工具把病人的前额叶毁坏掉，之后，他的压力、焦虑会减轻，并且会引发深层次的人格变化。这些变化不都是好的，接受了这种疗法的病人不再焦虑了，但他们开始变得麻木不仁、昏昏欲睡，甚至对任何事都提不起兴趣。他们不再为生活而过分担忧，但他们也失去了享受生活的能力。在新的药物作为替代疗法出现之前，美国的医生大约为4万人进行了前额叶切除术。事实上，前额叶切除术也破坏了人们拥有以未来为导向的时间观的生理基础。如果我们能收回已发放的诺贝尔奖的话，那安东尼奥的奖杯应当被收回。

当下和未来的致命危机

从某种角度而言，所有对你生命的威胁都是等价的，因为说到底，所有危险的结局都是死亡，而死亡是绝对的。一个人最差的结局就是死亡，但并不是所有的威胁都是一模一样的，因为不同的威胁相对于死亡的时长是不一样的：有一些威胁能马上杀死你——窒息、事故、捕食动物、高空坠落，或者摄入有毒的物质。有一些威胁则需要一定的时间，缓慢却稳定地积蓄着，可能在当下并不显得那么危险，但在长期来看则是致命的：饥饿、干渴、慢性疾病、环境污染，以及抽烟。虽然理论上你只能在当下被杀死，但你却被未来的事项威胁着。因饥饿而死和因中风而死都是一样真实的威胁，只不过有一些致命因素会花更长的时间才能起作用，大部分的威胁都在这两个极端之间。

显然，最重要的、需要马上回避的威胁是那些存在于当下的威胁。你可以暂时不去理未来才会发生的威胁，但你必须应对今天或者明天就会出现的威胁。因此，更古老、在进化的进程上出现得更早的脑结构，会因为它们能帮助我们的祖先适应眼前的威胁而存留下来。如果更基础的大脑系统不能让人类克服最紧急的危机，那么人类早就灭绝了，不可能繁衍出后代以发展出更多脑结构。

情绪如何拯救了人类

情绪能帮助我们回避当下的威胁，帮助我们向未来的目标努力。亚里士多德认为，有一些情绪是人们对于当下威胁的即时回应，比如恐惧。他把恐惧定义为一种基本的情绪：

> 当人们想象可能发生的、会带来毁灭或者痛苦的危险时，常常会伴随一种痛苦或者不适感，而那些遥不可及的事情却不会让人恐惧。例如，所有人都知道他们终有一天会死，但因为死亡看上去离自己还远，所以他们并不会认真思考这件事……现实的危险，其实是指威胁一步步逼近。

我们会为当下对我们造成威胁的事物感到恐惧，而且威胁也会让我们变得以当下为导向。多伦多大学的精神科医生莫顿·拜瑟在他与上千名东南亚难民的访谈中证实，危险事件经常会把人们的时间观限制在当下。当他们面临即时的压力时，难民会把关注点高度集中在他们所处的当下。从达尔富尔逃到伊拉克的难民，每天都要面临着缺水缺粮、居无定所的问题，还有各种非法武装和暴力团体的威胁，因而他们很难拥有一个积极的未来图景。在巨大的现实压力之下，这些难民当下的生活和他们的未来都一并被剥夺了。

无论恐惧是自然产生的还是被诱导产生的，以当下为导向的时间观都会得到加强。休斯敦的研究人员大卫·伊格曼设计了一个巧妙的当下导向时间观的测试。他让受试者努力去读一个不断闪烁的电子屏幕上的数字。他发现，当受试者放松的时候，大部分人都没有办法把数字读出来，因为屏幕闪得太快了。但当受试者在蹦极过程中处于自由落体状态的时候，他们却能把这些数字读出来。自由落体是一个能引起强烈情绪的过程，它把我们的认知资源都限制在了当下。这些富余的认知能力让人们可以读出他们平日里难以分辨的数字。恐惧和刺激能增强我们对于当下的意识，让我们变得更加敏锐，并帮助我们更好地生存下去。母亲看到自己的孩子面临威胁，挺身而出的案例，以及士兵、战斗机飞行员、消防队员和警察英勇救人的故事，都印证了这一点。

理性如何拯救了人类

如果我得到了所追求之事，我又赢得了什么呢？

不过是一场梦,一次呼吸,片刻欢愉的泡沫。
有谁会为了一分钟的欢乐而付出一周的哀号呢?
有谁会为了一个玩具而出售永恒?
有谁,会为了一颗甜美的葡萄毁掉一个庄园?

——莎士比亚,《鲁克丽丝受辱记》

情绪为我们处理当下的场景,而理性则为我们的未来做准备。诺贝尔生理学或医学奖得主雅克·莫诺认为,理性的一个主要的功能就是"想象,也就是重现和模拟外部事件和行动的互动"。理性能让我们在脑中排练事件、想象结果、形成合理的期待,并进行具有一定准确性的预测,而这些预测的结果起到了指导行动的作用。南加利福尼亚大学的一位神经内科医生安东尼奥·达马西奥认为,那些以水果为食的猴子必须学会预测在哪里能找到可食用的水果,所以它们的思考能力更强。相比之下,那些以树叶为食的猴子的近亲,就不需要思考这些问题,它们的思考能力也相对更弱。

和情绪一样,与未来相关的理性思考也能帮助我们避免威胁、达到目标。我们试图预测未来事件和环境的变化走向,进而控制它们、控制我们自己的行为,当未来到来的时候,就能得到我们想要的结果。理性像天气预报,就像真实世界里的天气预报一样,我们的预测也经常出错。预测未来,对于我们和气象学家而言,都不是简单的事情。

时间与精神错乱

> 时间的意识错乱是意识错乱中最主要的一种,它也会反映在不同的精神疾病上。
>
> ——奥布里·刘易斯

> 时间已经脱节了:这该受诅咒的时代,而我却要负上重整乾坤的责任!
>
> ——莎士比亚,《哈姆雷特》

混乱的生理时钟

当你的生活与时间不能保持一致的时候,一系列的心理和生理问题就会随之而来。时差是一个小问题,有一种更严重的问题叫作季节性情绪紊乱(seasonal affective disorder, SAD),这种问题发生在纬度30度左右的地区,冬天日照时间短、日光昏暗,不足以重置和强化一部分人的生物钟。它的后果就是,控制大脑醒来和入睡的信号太弱或者根本不存在。那些得了SAD的人会嗜睡、心情抑郁,对于之前喜欢的活动都失去了兴趣。他们常常觉得难过、抑郁,却不知道是为什么,因为他们的生活中并没有明显的压力来源。幸运的是,针对这些人有一种有效、简单的治疗方法:每天早上起来后,在一种特殊的灯箱前坐30分钟。强烈的光线能重置生物钟,并治愈这种生理状况。

有时候生物钟与外部时钟不一致并不是由外部的事件或者因素引

起的，而是由一些内部的生理状况，比如疾病引起的。人们与时间互动的方式，有时候也能反映出他们潜在的身体状况。比如，有一种画时钟的测试可以帮助医生对认知受损的病人进行诊断。研究者让病患们在一张白纸上画出一个钟面。那些认知能力受到损伤的人画出来的钟面和小孩子画的比较像——所有数字都挤在一个地方，或者顺序不对，或者没有一处正确的地方。

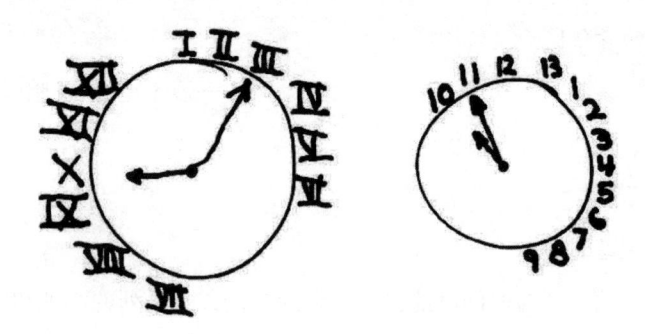

图 7-1　患阿尔茨海默病的人画的钟面例子

时间流逝的速度

> 未来冰冷又苍白，而我就像被冷藏在时间里了。
>
> ——一位抑郁症患者

在津巴多开始他的斯坦福大学监狱实验的同时，一位名叫弗雷德里克·麦吉斯的精神科医生也在斯坦福大学进行了时间与精神疾病之间关系的研究。弗雷德里克发现，时间作为一个话题经常出现在治疗过程的对话之中，他也确认了时间观在常用的心理治疗方法中都有所体现，同时能以此区分不同的精神疾病对待时间的不同方式。弗雷德里克认为，有精神疾病的人对于时间有着稳定但有偏差的概念。

其中一个稳定但有偏差的概念，与时间的流逝速度有关。有些人觉得时间过得比实际要快得多，对于另外一些人，则会感觉时间过得比实际慢很多。那些觉得时间过得比实际快的人，总是倾向于同时做很多事情；而那些觉得时间过得比实际慢的人，则会感到自己被困在了当下，他们更有可能得抑郁症，也相信事情永远都不会再好起来。对于他们而言，当下是痛苦的，而且他们不相信未来更加美好，他们的痛苦也无法得到安慰。每年，美国的成年人中都有7%的人受到抑郁症的折磨。

普林斯顿大学的心理学家苏珊·诺伦-霍克西玛延续了麦吉斯对于时间与抑郁症的研究，她探索沉浸于过去的各种行为如何强化了患者的抑郁症。抑郁的人通过缅怀过去而不是展望未来的方式试图去缓解自己的抑郁症状。他们认为通过在脑海中反复推演引发他们抑郁的原因可以在某种程度上解决他们的问题。诺伦-霍克西玛的研究清楚地表明，这种抑郁性沉思（depressive rumination）很容易演变成恶性循环，从而恶化并延长抑郁症状。

表7–1 时间认知问题与相应的心理障碍

时间认知问题	描述	心理障碍
时间流逝的顺序	无法分清过去、当下和未来	精神分裂

(续表)

时间认知问题	描述	心理障碍
时间流逝的速度	时间过得太快	狂躁症
	时间过得太慢	抑郁症
认知偏差	对未来的认知有偏差	偏执
	对当下的认知有偏差	人格障碍
	对过去的认知有偏差	焦虑症
社交协调	对与他们的互动过程中的时间估计有问题	适应性障碍

为什么对于过去的反复性沉思会让抑郁症状恶化呢？诺伦-霍克西玛和相关研究人员认为，对于过去的强迫性的关注会削弱人们思考未来的能力。因此，陷入反复性沉思的人计划未来的能力相对于他人变得更弱了，执行计划的能力也变得更弱。缓解抑郁的重点不在于解开过去难解的心结，而在于接受并规划不确定的未来。通过反复地深思、讨论过去的负面事件并因而维持着关于过去的负面态度，并不是一个好的策略。放下过去，在过去的基础上为更好的未来而努力吧。

放下过去并不会让你活得更好

对于经历恐怖袭击、自然灾害和创伤性事件的幸存者来说，长期的心理障碍也许会伴其一生。心理宣泄（psychological debriefing），也就是帮助幸存者在事件之后公开地表达和宣泄他们的情绪，这种方法已经成了一种减少灾难后负面心理后果的标准，这也是应急服务人员和灾难中救援人员必须接受的治疗方法之一。这种情绪上的宣泄理论上能让幸存者和服务人员放下心中的痛苦经历，大量案例报告也提到其疗效甚佳。

但20年的研究证明，基于情绪的心理宣泄似乎没有任何证据支持。控制组实验表明，心理宣泄并不能减轻病人的心理障碍，其中包括创伤性应激情绪障碍。在一些案例中，研究人员发现这种处理方法会让痛苦的情绪埋在记忆的最深处，并且随时会被唤醒和重现。

一些研究表明，我们不能把一种单一的治疗方案强行应用到所有的幸存者和救援人员身上。而在所有的治疗方案中，认知行为疗法似乎是最好的选择。

和抑郁症患者一样，经常反思创伤事件的幸存者更倾向于停留在以过去为导向的消极或宿命主义的思维中，这种思维会妨碍他们当下的生活，并影响他们积极展望未来的能力。

失序的时间

> 我的身体就像一个沙漏，而我的思绪则像在其中被倾倒的沙子。
>
> ——一个精神分裂患者（的自述）

> 时间停止了，再也没有时间这个概念……过去和未来都变成了当下的一部分，而我再也没有办法把它们区分开来。
>
> ——一个精神分裂患者（的自述）

有些人不能很好地区分过去、当下和未来，他们会把回忆和未来的事件搞混。这种时序上的混乱和精神分裂症高度相关，精神分裂症也会让患者失去对真实世界的把握。精神分裂症并没有抑郁症那么常见，但每年美国的成年人中有约 1% 的人会得精神分裂症——这个比例在全世界都几乎一致。

20 世纪 90 年代，有一位偏执型精神分裂症患者游荡在斯坦福大学的校园里，他还是心理学系的常客，学生们都叫他乔·欧几里得。他是个一无所有的流浪汉，却一直保持着对未来的绝对专注。乔认为他的"使命"是要为世界消除犯罪和恐怖的灾难。每当有人问他最近过得怎样时，他都会一成不变地回答："有点儿进展了！"这便是他所感知的成功程度。

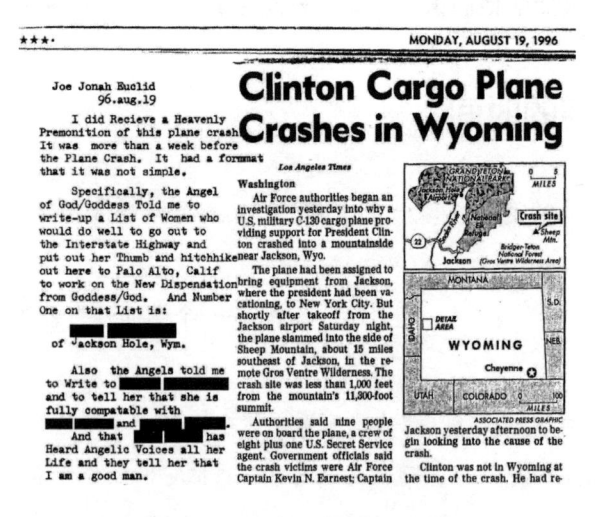

图 7–2　乔·欧几里得的记录

乔通过在公告栏、电话亭和校园的墙上张贴自己的论文来宣传他的主张。通常，他张贴的东西上都会包括一份关于近期的一件灾难事件的剪报（一位名人去世或者一次飞机失事），然后附上一份他对这次事件的征兆的描述。他自以为拥有对未来的预测能力，但这种错觉很有可能是他对于当下、未来、过去的认知混淆造成的，因为他对事件的"预测"总是在事件发生之后才写下来。

关于精神健康和时间的观点

我们知道，对于超越未来的信念能促使人们做出令人难以理解的行为来。如果你能理解一个人可能会把过去、当下和未来混淆的话，你就会明白为什么他坚信自己可以预测未来。如果你理解了他的问题所在，就会明白这种奇怪的信念其实源自对时间顺序认知的障碍。认为时间过得太快的人需要在今天把所有的事情都做完，因为若等到明天，他们就会觉得一切都太晚了。

大部分的人对于时间流逝的顺序和速度的感受都是一致的。也正是这种一致性，让我们很容易给那些感受和我们不一样的人贴上"怪人""有问题"，甚至是"神经病"这样的标签。但我们要小心，不要把传统的共识当作绝对真理，因为时间的核心本质依然是一个谜团。我们建议，对于那些对待时间的态度有偏差的人，要保持一种开放式的心态。

> 对于我们这些物理学家而言，过去、未来和当下的区别只不过是一种错觉，虽然这是一种稳定的错觉。
> ——爱因斯坦

打开与关上知觉的大门：药物和酒精

毒品能通过降低人们的视觉、听觉以及提高反思和内省的方式，改变吸用者对时间的知觉。而另一些更强烈的药物，比如麦司卡林则通过不同的方式改变我们对时间的知觉。在《知觉之门》(The Doors of Perception)一书中，阿道司·赫胥黎提到，他在使用了麦司卡林之后，对时间的兴趣"几乎降为零"。当他被要求描述他感觉到的时间时，他说："好像有非常非常多的时间……非常非常多，但具体有多少则一点儿也不重要了。"

使用酒精和药物对于以当下为导向的享乐主义者尤为危险，因为药物和酒精能麻醉大脑的思维中枢，从而使人们更加以当下为导向。比如，"酒精近视"是指因摄入酒精导致的认知能力上的降低和思维受限于当下的情况。对于以未来为导向的人而言，酒精近视可以被当作一种摆脱忧虑的方式；但对于以当下为导向的人而言，酒精近视可能会导致过量饮酒或者使用药物，从而进一步强化他们的当下导向。结果就是一个恶性循环——非常像麦吉斯所描述的在精神病患中所发现的那样，会让人们的思维束缚在当下。一般而言，活在当下是一件好事，但如果过度，就会让我们失去从过去中学习以及为未来而计划的能力。

时间与健康

你想不想减肥

菲利普·麦格劳博士曾经讲过一个有趣的事情：著名脱口秀主持人奥普拉·温弗瑞曾经紧急召唤自己到她家见家中的"女孩子们"，

"女孩子们"需要他帮助回答一个问题。麦格劳博士在几个小时之后到达奥普拉家中,发现好几位女士正坐在客厅里激烈地讨论着什么。根据麦格劳博士的回忆,他们的对话如下:

奥普拉:麦格劳博士,我们希望你能告诉我们,为什么我们这么胖?

麦格劳博士:我没能和家人共进晚餐,从几百英里之外飞过来,就是为了回答这个问题?

奥普拉:是的,这个问题困扰了我们好久。

麦格劳博士:好吧,我明白了。我有一个简短的答案,说完我也许还能赶得上回家吃甜点呢。你胖,是因为你想胖。

女士们:我们已经讨论两天了,还是没有答案。我们真的需要你告诉我们。

麦格劳博士:所以,你们想知道真实的答案?

女士们:是的,我们已经准备好了。

麦格劳博士:好吧,你们胖,是因为你们想胖。

奥普拉:不,你可以跟我们讲实话,我们能接受。

麦格劳博士:哦,好吧,我明白了。你们想知道所有的真相……真相就是,你们胖,因为你们想这样。

然后麦格劳博士耐心地解释:每个女人都在过去做过选择,并最终导致她肥胖。没有人强迫她做出这样的选择,她之所以做出这样的选择,是因为她想这么做。她所做的每一个关于食物和锻炼的选择最终导致她变得更胖，最终成为坐在奥普拉的客厅里的女人们中的一员。

从女士的角度来看，她们从来没有选择变胖。但从麦格劳博士的角度来看，她们在过去所做出的选择清晰地表明了肥胖其实是她们自行选择的结果。当这些女人选择了自己的行为时，她们已经选择了相应的后果。她们希望能变瘦，但却做出了希望变胖的选择。

本书的作者认为，这些女士和麦格劳博士都没有说错。这些女人从来没有有意识地选择变胖，但她们在对待吃这件事情上却选择了完全地以当下为导向的时间观，没有考虑这样做的后果。从女士的角度来看，她们的选择不是变瘦还是变胖，而是享受所吃的食物，因此这个选择完全是基于她们当下的欲望，而不是未来的结果。她们选择了薯片而不是胡萝卜，甜甜圈而不是麦麸松饼，巧克力而不是燕麦，她们当时想的是："我好饿，我应该吃什么呢？薯片还是甜甜圈？"她们并没有想："我好饿，我一定要吃东西。我想变瘦还是变胖呢？"从以当下为导向的视角来看，她们选择吃高热量的东西其实很有道理。但好吃的东西通常在长期来看对健康并没有好处，因此，从以未来为导向的视角来看，也就是麦格劳博士的视角，她们的选择并不合理。那些在几个月之前吃下的美食，有着并非她们所愿，却可预测的后果——让今天的她们，变得更胖。

你是否觉得自己和"奥普拉"们很像？你有没有在自己很饿的时候去超市买过东西？如果你这么做了，很有可能会买回一大堆垃圾食品。当你脑中的饥饿传感器让你变得以当下为导向，你的胃会对你说:"我现在就需要吃东西!而且我只关心它好不好吃!"于是,所有的东西突然都变得非常好吃,而且甜食被排在了最上面。吃饱的时候,你的胃就沉默了,让你有心思考虑未来的事情。你的大脑说:"下次我要在吃的事情上聪明一点儿,因为我想变得瘦一点儿。"

但我们也要告诉你,这种在你吃饱了之后再去逛超市的策略有时也会起到反作用。如果你吃得太饱,觉得自己太胖,那么你在购物的时候只会买些健康食品;而当你再次饥饿时,豆腐和豆芽可能会对你一点儿吸引力也没有了,于是你叫了一份外卖的比萨。所以,我们必须强调:你既要有以当下为导向的享乐主义精神,也要有以未来为导向的时间观来保持健康。(这也是为什么少食多餐是一个很好的策略,比如一天吃 5 餐,每一餐都吃少一点儿。这样无论什么时候你都不会吃得太饱或者太饿。)

赌场的秘密

我们把关注点放在当下和放在未来时所做的决定非常不同。没有什么行业能比博彩业更擅长于利用人类的这个特点。从你踏进拉斯维加斯的一家赌场的那一刻起,你就进入了一个没有时间、没有未来、完全以当下的享乐为导向的世界。无论是场内的温度、灯光,还是噪声的程度都是 24 小时恒定的。场内没有任何时钟,酒吧也永远开放。场内的闪光灯、现场音乐,还有穿着暴露的女招待员都在鼓励男人沉浸到这个享乐的世界里去。博彩业聚集了全球顶级的统计学家,他们计算了每一种游戏中赢钱的概率,同时也计算了你所喝的免费饮料的成本,你逗留时所花的赌资,以确保没有人能在长期的概率中胜过庄家（除非你在赌博中使诈，但如果使诈被发现的话，他们很可能会敲碎你的膝盖骨）。

免费的饮料至少有两个目的：第一，你可以安心地待在这里，同时你的时间观还被紧紧限制在了当下。当你在专心赌钱的时候，你花钱的速度要比你排队买饮料的时候快多了。你赌得越久，庄家赢钱的概率就越大。第二，饮料里面的酒精让你变得越发以当下为导向，让你无法仔细考虑把还房贷的钱也花出去的后果。而且，在你喝了免费饮料之后，你就感觉自己越发感激赌场的服务了，而且说不定后面还有甜品送呢。

统计学家也会计算一家赌场的现场布局如何影响赌场的收入。如果营收不够好，他们就会改变赌场的装修，看看效果如何。如果利润上升的话，他们就会保留新的装修；如果利润继续下降的话，他们就会尝试其他方法。经过几年持续的试验后，某些标准的规则就会被大家所公认，比如"没有时钟"这一条规定。因此，今天的赌场内部装修看起来都差不多。

我们可以想象的是，世界上赢利最差的赌场，几乎不会出现这些以当下为导向的细节，相反赌场里应该到处都有关于未来的提醒，比如墙上挂满时钟，天黑的时候就将灯光调暗，除了客人赌博的声音之外没有别的声响，以及每个人都会拿到一个电子计分器，实时显示各人输赢的金额。每个人最多喝两杯饮料，而不是至少喝两杯。餐厅里只卖健康食品，服务员会告诉你什么东西对你的身体有害。到处都是禁止吸烟的标志，而且吸烟区里都是美国肺部健康协会和美国癌症协会的小册子。儿童也被允许入内，而学校的辅导员会在每一张桌子上解释私立大学教育的重要性。场内会有穿着手术袍、戴着面具的女服务员给大家免费发安全套，提醒大家不要滥交，并且告诉大家如果继续这么随意地生活下去，人类离自我毁灭的日子也不远了。在登记入住赌场的酒店时，客人们需要签一份同意书，表明自己清楚如果他们输得倾家荡产，赌场对此不负任何责任。想想看这是一个多么有趣的场面！

好吧，看来太多的未来导向和太多的当下导向一样糟糕，这也是时间的另一个悖论。我们想表达的并不是你不该享受人生，而是你应该享受你能承受得起的人生。太多的享乐就是躁狂，最终只会害人害己。

时间与压力

并不是所有与未来导向时间观有关的行为都能让我们变得更健康。适当地为未来而计划是健康的，但过度则会导致人们无法享受当下的乐趣以及为未来而过度焦虑。很多以未来为导向的人都是控制狂，即使最小的挫折也会让他们崩溃，他们总是担心会出现负面的结果，或者无法实现自己想要的目标。

斯坦福大学的社会学家罗伯特·萨波尔斯基认为，人类未雨绸缪、为未来忧虑的能力，既是恩赐又是诅咒。恩赐就是所有防范性和准备性的行为，诅咒就是这种为未来而焦虑的天性会为我们带来压力。为了表明这样的压力对于健康的巨大影响，萨波尔斯基对非洲大草原的斑马、商人、学生、护士和工人在一天里所面对的压力进行了对比。

在非洲草原，一匹健康的斑马一天里大部分的时间都在睡觉和吃草。它们的天敌很少，而在非洲平坦的大草原上，它们可以看到很远处的天敌。当狮子靠近的时候，斑马产生应激性的压力反应，让它们准备逃命：它们的心率会上升，它们的呼吸变深，身体上的血液流向它们的肌肉。所有那些需要能量但又对于逃离狮子（当下的威胁）而言并没有什么帮助的生理机能，都被停止了。然而，在短短几分钟之内，这个威胁就被解除了。狮子们已经完成了它们的捕猎。那些幸免于难的斑马可以松一口气了。虽然如此，逃离狮子的捕杀还是有生理上的后果：为了长远生存而存在的生理机能，比如消化、生长和免疫系统之前因为要躲开狮子而暂停了，现在需要重新开动起来。在血管里释放的压力激素，给心脏和肝脏带来了巨大的压力。每天有 23 小时 45 分钟轻轻松松地吃草以及 15 分钟的恐慌时间，这就是大草原上一匹斑马的生活。这种生活的好处是，斑马只需在狮子出现时启动很短一段时间的压力反应。大部分时间斑马的生理机能都用在一些不那么急迫的任务上，比如防止身体生病、消化，或者生长上。

而人类在进化的过程中，回避威胁的反应和斑马非常类似。一天中，我们大部分的时间都在闲逛，只有当危险靠近的时候才拼了命地逃。但人类面临的并非周期性的"物理世界"里的威胁，而是不间断的"心理世界"里的威胁，比如说找工作、进好学校、还房贷、照顾小孩、还学生贷款、处理被刷爆的信用卡等等。虽然我们面对的威胁的性质不同，但我们对威胁的生理反应基本一致。和那些转瞬即逝的物理威胁不同，心理威胁击中了我们大脑的最深处。无论我们多么想让它们消失，好让我们可以安安静静地"吃草"，它们都依然在我们的脑海深处，一刻不停地折磨着我们。

我们有一个好消息和一个坏消息。当我们想到可能会丢掉工作的时候，我们的压力反应并没有像斑马见到狮子的时候那么剧烈，但我们的压力反应也不会很快回到原来的状态，就像斑马看到狮子走开之后的那样。斑马的压力反应是激烈的、敏锐的，而我们则相反，有着迟钝的压力反应，很少会有斑马那么极端，也从来不会消失。萨波尔斯基的研究表明，这种持续的压力能让大脑中关于回忆的部分发生萎缩。

请选择你自己的毒药吧。斑马大都很快被其他肉食动物捕食，但人类却倾向于各种积累性的、没那么激烈却同样致命的原因而死亡：心血管疾病、癌症，以及各种其他因不健康的时间观而引起的慢性压力所带来的疾病。比如，医学研究者多年以来一直相信A型人格的人容易患心脏病，他们是没耐心、有时候不友好、受目标驱动、以未来为导向、不喜欢浪费时间的高成就动机人群。但研究结果发现，A型人格中，只有不友好的那一部分特征和心脏疾病相关，而且相关性也不强。无论你是哪一种人格类型，压力都能引发心脏疾病，并不仅仅是A型人格的人会这样。当压力可以预测，而你能控制对压力的反应时，压力对于是否得心脏疾病并没有显著的影响。两个最主要、最需要注意的压力因素是：可预测性和控制感。我们的同事罗伯特·莱文提到过"生活节奏"，并发现那些生活在更快节奏的国家里的人，更有可能得心脏类疾病，并且这种相关性非常稳定。生活节奏越快，死得越早。

此外，弗雷德里克·麦吉斯对病人看待时间的方式如何影响其自身的想法、感觉和行为这一问题非常感兴趣，为了让更多的人受益，他撰写了《时间与内在的未来》(Time and the Inner Future)这本书。正如麦吉斯所述，他在和自己赛跑。麦吉斯去世之前遭受I型糖尿病的折磨，时常怀疑自己能否写完这本书。在书的后记中，麦吉斯写道：

当我撰写本书时，我自己的未来却遭受着无休止的威胁，并不遥远的死亡让时间变得更加珍贵。

我对于时间和人类的心智已经研究了18年，并且意识到了时间和个人的未来对于病人的重要性，我非常希望能在我死前完成这本书。

我完成本书初稿的那年，正是初期糖尿病恶化之后让我最痛苦的那一年。

在和糖尿病的抗争中，麦吉斯出现了肾衰竭，必须马上进行肾脏移植。麦吉斯当时只有43岁。医院找到了几个捐赠者，但都因不同的原因被排除了。他尽快地写出第一稿，并确保书的出版。他最后的日子已经不远了。在寻找新的肾脏时，医生曾经考虑过使用死者的器官，但这样只有25%~50%的存活率。在绝望中，他们找到了一个活体捐赠者：他75岁的老母亲。但她的年龄太大了，麦吉斯一开始并没有向母亲开口，但他最终还是问了问，他的母亲毫不犹豫地答应了。麦吉斯写道："母爱是永恒的。"这次肾移植非常成功，麦吉斯和

他的母亲都恢复了过来。在书的后记当中,麦吉斯写道:

> 生活得以继续。我的母亲情况良好,我也恢复了健康。回首过去,不考虑生理上所受的折磨,我反而有点儿希望像这次器官移植一样的经历能够早些出现,因为它让我能更努力地向着未来而活,无论未来可能会发生些什么。

多年之后,麦吉斯于1988年去世。他用毕生的工作告诉我们:时间不仅仅与精神健康和生理健康有关,还与每个人的一生有关。人生就是一场与时间的赛跑和战斗。

认真生活,便是致命真相最好的解药。做一个积极主动的人,而不要消极地杞人忧天。在当下寻找生活的魔法,在让别人欢笑的过程中得到快乐。

第 8 章
时间是最有智慧的人生顾问

🕐 延迟满足的棉花糖

当我们真正成人,乃至退休的时候,时间已经把一切都酿成了美酒。

没有一个人生来就拥有智慧。

——塞万提斯,《堂吉诃德》

让时间成为你的主人,因为它是最有智慧的顾问。

——普鲁塔克,《伯里克利的生活》

年龄和精神的关系比它与真实年龄的关系要大。如果你不介意,那么它就不重要。

——萨奇·佩吉

假如你是一个4岁的幼儿园学生,你的老师跟你说,今天你将玩一个新游戏。他给了你一个看起来非常好吃的棉花糖,你可以马上就把它吃掉。但是,如果你现在不吃的话,等他办完事回来之后,他可以给你两个棉花糖。你会怎么做呢?你会立即把眼前的糖果吃掉,还是会抵抗住诱惑,延迟满足,以收获双倍的快乐?

大部分的4岁小孩(事实上,几乎所有比这个年龄更小的小孩)都会选择放弃延迟的满足,而选择在被独自留在房间之后立马把糖果吃掉。这个简单的实验是由心理学家沃尔特·米歇尔在斯坦福大学的幼儿教育学院里进行的。在另一项研究中,米歇尔把棉花糖换成了两块奥利奥饼干或者两袋糖豆。糖果的种类对结果并没有影响,有一些小孩能坚持住,但另一些孩子则会屈服于即时满足的冲动。

这又有什么关系?关系可大了!当多年以后,参加实验的孩子们长到18岁时,研究人员再一次采访了他们,并且发现,当年能做到延迟满足的孩子和那些不能抵抗诱惑的孩子相比,无论是在情绪管理能力还是社交能力上,都表现出了明显的优势。他们的抗压能力更强,更自信,更努力,也更加自立,并且智力水平也更高——在SAT的语言和数学分数上,他们整整高出了210分!这个差别和那些出身富裕家庭与贫困家庭的学生的平均分差别一样大。这比那些父母双方都是大学毕业与父母双方没有完成高中学业的小孩之间的平均分差别还要大。在4岁的时候能延迟满足的能力对于SAT分数的预测有效程度,比IQ还要高两倍。而且比起IQ,控制冲动的能力的缺失,更能预测青少年犯罪。

表 8-1　学龄前控制冲动与不控制冲动的儿童的性格差异

控制冲动的儿童	不控制冲动的儿童
延迟满足	不能延迟满足
果断	犹豫不决
能很好地面对挫折	在挫折面前反应过度
值得信赖	固执
能在压力之下工作	无力面对压力
自信、独立	自我形象不佳
可靠	不可靠
行事理性	容易嫉妒
专注	经常挑起争论
渴望学习	脾气暴躁
学业优异	学业不佳
坚持计划	在失败面前容易放弃
SAT语言部分能拿到 610 分	SAT语言部分能拿到 524 分
SAT数学部分能拿到 652 分	SAT数学部分能拿到 528 分

时间观影响你的未来

发展心理学的研究重点就是人在一生中是如何变化的。这个学科里有一个很明显的关键标记，那就是年龄变化。年龄是认知能力、语言能力、感官与运动协调反应能力发育的有力预测指标。但在青春期之后，年龄对于成就动机、思考过程、情绪反应的预测能力就没有那么可靠了。最近，前沿心理学家开始研究一个人的真实年龄（在出生以后所经历的时间）和他对于生前时间的感受是否同样重要。

斯坦福大学的心理学家劳拉·卡斯特森发现，所有限制我们憧憬未来的事情，都能把我们的动力和优先次序从未来的目标上转移到对当下的满足上。一个有限的未来，会让我们更有可能选择那些能提高自己生活满意度的选项，而不是去选择接受教育或者其他以未来为导向的活动。因为年龄更大的人会预期自己的未来不是无限的，他们更有可能会做那些让他们感觉良好的事，比如直言不讳或四处旅游。同样的情况对于那些未来的不确定因素很多，或者将死之人也同样适用，比如那些身患绝症或者突然失业的人。

当你想象自己还有很多的时间时，你会用它来更多地了解这个世界，认识新的朋友，寻求新的体验。当一个人觉得自己时日无多时，他的目标会变得非常短期。那些觉得未来时间还很多的人的口头禅是"越多越好"，而且他们一般会花时间认识不同的人，交更多的新朋友。那些觉得未来有限的人的口头禅是"要质量，而不是数量"，所以他们选择与更少的几个朋友度过有质量的时光。

更早的研究表明，老年人会陷入时间的悖论当中。他们的社交圈子更小，兴趣范围更窄，他们对于新鲜事物的兴趣也比年轻人少。他们被认为与社会脱节、缺少社交机会，但实际上他们和年轻人一样开心，甚至更加开心。卡斯特森的研究发现，减少社交活动和新鲜的体验，说明了老年人在选择让他们活得更有满足感方面受到了歧视。

大部分人都会选择与那些他们能从中收获支持、自我肯定、稳定感和连续感的人一起度过自己的一生。从儿童期到青春后期，我们扩大社交范围、探索新的关系、尝试与不同的"团队"一起前进，最终找出最能满足自己需要的那群人。在35岁之前，我们倾向于找出一个自己喜欢的、可依靠的群体来定义我们自己。（那些在成年早期没有建立起自己"团队"的人，很可能永远都不会这么做，他们没几个或者没有知心朋友，孤独地走完自己的一生。）理想情况下，随着时间的推移，我们会保留那些最能让我们感到满足的队友，放弃或者不再重视圈子边缘的人。随着亲密关系的进一步发展，以及与核心朋友和伴侣互动的增加，我们与其他人的互动就迅速减少。与亲密朋友的互动也许也会有起落，但他们所提供的心理满足感会基本保持一致。

根据对18岁、30岁、40岁和52岁人群的调查，在最年轻的分组里，他们与熟人的互动最多，也能有最多的满足感。与熟人的互动和由其带来的满足感在较年长的分组里大幅度降低。一种可能的生存策略是，我们会从专家和许多陌生人中寻求帮助。第二种策略是通过加深亲密关系来寻求情感上的满足感以及情绪上的意义感。在一项对18岁到88岁的美国白人和非裔美国人进行的研究中，我们可以发现，年老的人重视从亲密的社会关系中得到的有质量的情感交流，多过他们从未来的关系中得到的新信息的价值。然而，患有艾滋病的年轻男同性恋也希望得到更深的、更有意义的情感关系。他们的对照组是与他们平均年龄相似但没有感染HIV病毒的男同性恋。一项德国的抽样研究也发现，年纪比较大的人相对于那些年轻人，拥有更少的非核心朋友，但他们的亲密朋友的数量几乎一样。

假设你是这些研究中的一个参与者，你会更愿意与下面哪个人共度30分钟：A）你的家人；B）一个刚认识不久的朋友；C）你刚读的一本书的作者。如果你的年龄比较大的话，你很有可能会选择A。如果你的年龄比较小，你更有可能会选择B或者C。现在，请你再想象一下，有一种新的医疗方式能让你得到额外20年的寿命，你的答案会改变吗？研究表明，想象有额外20年的寿命，能让老年人的回答变得更像年轻人。他们不再选择花时间和那些熟悉的朋友在一起，而是选择认识那些他们可能会学到一些新知识的朋友。这个发现对于所有的老年人都适用。

从这些研究中，我们可以看到，在时间上的限制能改变情感目标对于我们的重要性。因为一个有限的未来时间观，会让年老的人更有可能选择熟悉且能满足他们情感需求的社会关系。

压制冲动的力量

在米歇尔的棉花糖实验中，很多小孩都来自中产阶级的白人家庭，家长多数从事学术研究，他们的时间观大多是以未来为导向，因而他们也会鼓励孩子参与到计划、存钱、刷牙，以及其他延迟满足、防止未来后悔的行为中。

学会控制冲动、做出更好的选择与一个人察觉内在感受、管理情绪的能力有着千丝万缕的关系。对于控制冲动能力较差的人来讲，驱动他们行动的通常都是情绪而非理性。冲动是以当下为导向的享乐主义的年轻人的标志，他们很容易受到各种在当下能给他们带来快感，但长期来看负面影响更大的成瘾行为的影响。因为情感战胜了理智，对于毒品、酒精、吸烟、暴饮暴食和赌博成瘾的危险性的认识并不能改变和限制他们在当下的行为,刺激战胜了意志。

因为以未来为导向的时间观是需要习得的,教育人们平衡自己对于刺激的欲望,可以让他们从自我毁灭的享乐循环以及面对诱惑时的极端脆弱中解放出来,从而有精力追求更有建设性的梦想。除非你能延迟满足、为未来更大的收获而拒绝短期的快感(这也是一个人情商的重要组成部分),否则新年时许下的戒烟、减肥、戒赌、还清信用卡债务、减少冲动性消费等愿望,都是没有用的。

有意识与无意识的选择

在1993年的时候,约翰·博伊德一边在加州平等委员会兼职,一边准备申请心理学的研究生。在24层的办公楼顶楼,他可以看到50英里外的老家。以下是约翰的故事:

> 一天,一个女人发疯了似的冲进了我的办公室,大声喊道:"你必须马上跟我走!"这个要求太奇怪了,于是我问:"为什么?""在楼道转角处有个男人手里拿着枪。"她说。之后,我得知一名持枪男子一路开着枪,闯过了安检,劫持了几个我的同事当人质——就在楼道转角的不远处。
>
> 我马上跑到了东边的楼梯,发现了几个女人和一个男人,那个男人正在努力地推一个坐轮椅的同事下楼梯。那位瘫痪的同事已经被本该在紧急情况照顾他的"朋友们"抛弃了。我背起了轮椅上的同事,走到了11层楼,然后打了911。各个新闻频道的

直升机围绕着大楼飞来飞去，最终确认这里发生了一个大新闻。

我的办公大楼离加州州政府有几个路口远，特种警察部队（SWAT）在几分钟之内就到达了现场，在18楼与持枪的男人对峙，并且命令他立马放下武器。男子拒绝，于是被警方开枪控制。当他被医护人员用轮椅推出来准备上救护车的时候，医护人员还在紧张地给他做心肺复苏，但当时他很有可能已经死了。

讽刺的是，这个枪手曾经是加州高速公路巡警。因工作压力、酗酒，以及有一段糟糕的婚姻关系，他几年前不得不退役。事业的终结使得他进一步深陷于酒精和抑郁当中，因为交税的问题，他彻底崩溃了。除了来复枪、短枪、手枪还有一袋子弹，他还带了一张纸，纸上列出了所有他准备与之"讨个公道"的人员名单。

他声称想和委员会的成员谈一谈，但这只是一个借口，真正的原因是他已经不想再活下去了，他出现在那里，只是为了等待一场"由警察协助的自杀"。这是一个时间观出了问题的悲剧案例，他只想回避未来。对他而言，时间不再是一项有价值的资源，而是一项他再也不想承受的负担。

想象一下，如果在这个悲剧发生前一个星期，我们和这个男人一起坐下来，问问他，他认为他的人生落得如此境地到底是因为什么，他会说些什么呢？他是否明白，那些主宰人生的大问题，其实都是当初一连串很小的选择所造成的呢？

让我们回想一下奥普拉的那些想要减肥的朋友,她们也是因为做出了一连串看似微不足道的选择,最终一步步远离了自己当初的目标——保持苗条的身材。

本书的作者也认识到了个人选择的力量,包括人类对于选择,或者至少是选择的假象的基本需求,以及选择对于我们生活的影响。我们认为,个人做出选择的时间并不总是有意识的,或者总是与一个人考虑未来结果的理性思考过程相一致。比如,我们的朋友、同事和我们所在的社区,(我们所处的社会环境)都能影响我们所做的决定,而且我们通常都意识不到环境对我们的影响。

斯坦福大学的罗伯特·扎伊翁茨教授就证明了人们的感受和行动都不一定会考虑到未来的结果。事实上,人们的感受和行动可以什么都不考虑。在一系列实验中,扎伊翁茨把一幅图片投到受试者所面对的屏幕上,图片只定格 50 微秒,这个时长只够一个人察觉到有东西在上面,但不足以让一个人认出那是什么。相比之下,眨一次眼也需要 300 微秒左右的时间。在一些实验里,那些被投影出来的图片是一些抽象的绘画;而在另一些里,图片是汉字或人脸。

在受试者看过一组只有 50 微秒的图片之后,扎伊翁茨把两张不同的图片投到屏幕上,让他们观察研究。两张中的一张是曾经出现过 50 微秒的图片,第二张是从来没有用过的图片。然后他问:"这两张图片,哪一张是你曾经看到过的?"人们大约只有 50% 的概率能答对。扎伊翁茨又问:"你更喜欢哪一张图片?" 60% 的受试者选择那张他们见过却认不出的图片。也就是说,他们对于他们曾经见过的东西更有好感,哪怕他们并不记得他们曾经见过。

在受试者选择了自己喜欢的图片之后,扎伊翁茨问他们为什么这样选择,受试者给出了各种有创意的理由,但没有一个人说是因为他们之前曾看到过这张图片。可见,他们的喜好在没有经过有意识的思考或者察觉之前,就已经被改变了。扎伊翁茨认为,有些决定(比如喝可口可乐还是百事可乐)并不涉及有意识的思考。你只是单纯地喜欢可口可乐,然后就点了它,这个过程中并不需要思考。扎伊翁茨说:

> 人们有时候会欺骗自己,告诉自己一切行事都是理性思考、平衡过所有选项的得失之后的结果。事实上只有在很少的情况下真的如此。很多时候,"我决定选X"就是"我更喜欢X"……我们买我们"喜欢"的车,选择我们觉得"有吸引力的"工作或者房子,然后再用各种不同的理由把我们的选择合理化。

扎伊翁茨的研究表明,我们并不总是在意识的控制之下做出决定,有时我们只是对身边的环境进行了自动化的反应。有时候当我们做出选择时,并没有考虑未来,我们的行动完完全全基于当下。如果我们的选择并不是深思熟虑的结果,那我们的行为需要对谁负责任呢?这是一个很好的问题,而且这个问题的答案并不简单。

心理学家约翰·巴奇以近乎挑衅甚至使人震惊的方法进一步扩展了扎伊翁茨的研究。巴奇的工作证明,我们所做的无意识的决定可以被环境中微小的因素所影响。用巴奇的原话说,我们大部分的行为都有"自动化"的倾向。比如,当我们第一次学会了开一辆手动挡的车时，我们所做的每一个动作都是非常仔细地考虑过的。我们的思绪会有很多声音，比如"脚松开油门"，"踩下离合器"，"换挡，不不不，那是倒车挡，现在好了"，"松开离合器"，还有"踩下油门"。随着开车熟练程度的提高，开车变得越来越"自动化"，我们在开车时几乎意识不到自己在做什么。你有时候会发现自己把车开进车道，却发现自己并不记得你走了哪条道，你甚至连最后在哪儿转的弯都不记得。

在巴奇的一个研究中，受试者被要求用给定的5个词中的4个，写出4个词的句子来，一共做30组。比如，像"他们（they）、她（her）、烦扰（bother）、看见（see）、经常（usually）"就可以连成"他们经常烦扰她（They usually bother her）"。第一组受试者拿到的词都是可以表达无礼粗鲁想法的。这些词包括：有侵略性的、胆大的、粗鲁的、麻烦、打扰、侵入、讨人嫌、打断、大胆的、厚颜无耻、不礼貌的、侵犯、厌恶、恼人的、直接。第二组受试者拿到的词是用于表达礼貌的词。它们分别是：尊重、荣誉、善解人意、感激、耐心、热心、谦让、礼貌、小心、有礼貌、和蔼地、敏感、谨慎、乖巧、安静。第三组受试者收到的词是中性的，不用于表达礼貌或者粗鲁。巴奇和他的同事感兴趣的是，粗鲁和礼貌的词会有怎样的启发作用，并将如何改变受试者在第二部分中的表现。

完成了所有30组的造句任务之后，受试者被告知要到楼下见实验员，拿第二部分实验的指示。受试者会发现，实验员正在和一位看起来像是另一个实验中的受试者不停地说话，但其实他是实验的助手。巴奇想知道，被礼貌用词所引导的人是否会比那些被粗鲁用词或者中性用词引导的人，在打断实验员和假的谈话之前等待更长的时间。他的实验设计以 10 分钟为封顶，10 分钟之后他们就会介入并中止实验。在粗鲁用词组的受试者中有超过 2/3（67%）的人在 10 分钟之内就打断谈话，而相比之下大约有 1/4（28%）的中性用词组的受试者和只有 6%的礼貌用词组的受试者，在 10 分钟之内打断了对话。巴奇然后问受试者，为什么他们会选择等待或者为什么会选择打断对话。正如扎伊翁茨的实验参与者一样，他们编出了许多有创意的答案，但没有人觉得之前的造句任务对他们的行为有任何的影响。

在另一个实验中，巴奇再一次让受试者造句。这一次，有一组受试者拿到的词有引导衰老的意思。另一组的受试者拿到的词和年龄没有关系。他们完成造句任务之后，实验员就告诉他们这个实验已经结束了。当受试者离开房间的时候，研究员记录了他们离开时的走路速度。巴奇发现，那些被引导去思考衰老的受试者，离开时的速度比那些没有被引导的受试者要慢得多。而且同样地，当他们被问到为什么他们走得这么慢或这么快的时候，没有一个人认为造句的任务和他们走路的速度有什么关系。一个简单的语言测试就可以影响他们走路的速度，但受试者完全没有察觉到这个效应。

扎伊翁茨和巴奇的研究都证明了身边环境对我们的自动影响。我们可以不对未来加以思考就会自动地喜欢上一些东西或者做出某些行为，但当我们被要求为自己的喜好和行为做出解释的时候，我们却否认了当下环境的影响，并且马上像专家一样把我们的动机合理化，编出各种新奇的、看似可信的解释，但其实这些解释都不是基于事实的。我们自动地感知和行动，然后再自动地把我们的感知和行动合理化。

如果由菲利普·津巴多提出的强调未来结果的个人选择，或是由扎伊翁茨和巴奇提出的强调当下环境的自动化选择中有一个是对的话，那么我们现在面对的所有问题就不复存在了。如果我们在做选择的时候总是考虑到结果的话，我们就不会超重、酗酒、吸烟过度，或者因为没有学习而考试不及格。以未来为导向的人们相信，当你选择一种行为的时候，你也选择了它所带来的结果，但扎伊翁茨、巴奇和许多其他社会心理学家已经证明，有些时候你并不是有意识地选择了一个行为，其实是一种行为在某一种特定的、你所身处的社会环境中选择了你。

我们的生活就像在时间的海洋里游泳一样，一边被身边的浪潮和暗流影响，一边努力地向着目标游去，尽力远离危险。有些时候，我们把头抬出我们以当下为导向的、无意识的世界的水面，看看我们都游过了什么地方，我们正在往什么方向游。有时，我们会有那么短短一段有意识的时间，去反思过去，计划未来。然后，我们继续把头埋进水里，疯狂地游向下一个救生筏或者陆地。

时间不仅是金钱

请记住，时间就是金钱。

——本杰明·富兰克林

在某种程度上，富兰克林是对的。时间的确可以变成金钱，但时间也可以变成更多其他的东西。富兰克林本来也可以说时间就是健康，时间就是快乐，时间就是乐趣，或者时间就是爱，但他没有。对于富兰克林而言，时间就是金钱。这个简单的描述包含了三层智慧：第一层是时间是有价值的。怎么个有价值法？时间是如此有价值，以至于时间就是金钱，但金钱却不能换来时间。英国女王伊丽莎白说："我要用我的一切换取一瞬"，可这个世界却并没有能接手的卖家。第二层的意思是，通过努力工作，时间可以变成金钱。第三层的意思是，随着时间的推移，投资的价值会以复利的形式回报你。

时间影响你所选择的工作，以及你在工作上能取得多大成功；时间也影响你如何使用工作得来的收入。这对于你的可支配收入——那些你付完所有固定支出（如房租、食物、衣服和交通）之后剩下的钱而言更是如此。你是用这些钱来还清贷款，还是会把它们花在房子、车子和首饰上？你会把它存进银行以备不时之需吗？你如何思考和感受时间，将影响到你在财务上的决定。

以过去为导向的时间观与金钱

有着以过去为导向的时间观的人更少思考如何享受当下或者为明天而存钱，他们对于如何保住过去所赚的钱更有兴趣。高回报的投资对于他们而言一点儿吸引力也没有，他们一般都很少负债，即便他们有负债，也会很快还清。他们会从过去中吸取教训，努力不去重复犯过的错误。例如，那些经历过美国经济大衰退的人，就有可能极端地吝惜，情愿把钱放在自己家的床垫下，也不愿意把钱放在银行里或者拿去投资股票、债券。他们的"投资"通常都是为了防止财富的贬值而不是为了从中获利,他们比其他时间观的人更会规避风险,他们希望能保住他们现有的东西,只买自己需要的,而不是想要的东西,而且只会买能满足他们需要的、最便宜的东西。过去的经验告诉他们,能用就够了,不需要最好。他们既珍惜自己的时间,又珍惜金钱。

他们保守的观念表明,他们对于现状很满意,并且对于未来很有期望。最重要的是,他们想要确保今天和明天不会比昨天更差。也许那些极端消极怀旧的人会是一个例外。那些持有积极怀旧时间观的人,会想要保持他们现有的生活,而那些消极怀旧的人则想要回避过去的生活,因为他们在过去使用的策略并不能带来正面的体验。因此,他们会倾向于尝试新的策略来改变过去。

以当下为导向的人与金钱

以当下为导向的人并不看重金钱。对于他们而言,过去的教训并不重要,而投资则不太可能真的在未来得到回报,因此环境对他们有着极大的影响力。如果他们看到喜欢的东西,就会立马买下,但不是因为买东西会给他们带来快乐,而是因为他们想不到还能用自己的钱干些别的事。一般而言他们花钱和投资的习惯变化得都比较大,比较随机。当你觉得花钱做什么事情都无所谓的时候,那么花钱之后的结果也就无关紧要了。他们不想保留过去所拥有的,也不享受现在所拥有的,更不为明天而计划。一切都变得无所谓。对于他们而言,金钱并没有什么特别的,也不是通往过去或者未来的钥匙,而且他们相信他们能赚多少钱并不在自己的控制范围之内。

享乐主义者会花钱创造快乐和刺激。对于他们而言，金钱是用来享受当下的，跟过去的记忆或者对明天的期待无关。银行里的两块钱比不上手里的一块钱。即便他们存钱，也是为了买更豪华的车、更好看的衣服、更大的戒指。他们从来都不觉得事情会有不顺利的那一天，如果有，那就等到那天再解决。不顺利的事情过去之后，他们很快又恢复原来的挥霍生活。他们经常从贫困变得富有，然后又重新变得赤贫，如此往复。他们刷爆自己的信用卡，透支银行账户，乃至破产而不得不失去房产。

以未来为导向的人与金钱

那些在未来导向上得分比较高的人会比那些得分低的人更注重收支平衡。他们按时付各种账单，定期存款，小心地考虑各种投资的机会。对于他们而言，时间和金钱代表的是未来的机会，可以为他们提供以前没有、现在也还没有得到的东西。

如果我们单看各种时间观，其实每一种时间观都有各自的问题——以过去为导向的人倾向于过度小心或者过分随意，以当下为导向的人不懂节省，以未来为导向的人则基本上不会享受当下。由此可见，只有平衡的、结合了积极怀旧、当下享乐主义和以未来为导向的时间观，才能让人们从过去吸取教训、享受当下并计划未来。

🕐 5 步轻松迈向财务自由

既然像本杰明·富兰克林这样有智慧的人都把时间和金钱联系在

一起，我们或许也可以把这种联系"强行"扩展到财务管理上。你如何把时间转化成金钱呢？幸运的是，你并不需要做很多事情，你只需要花时间去让时间为你工作。

第1步：今天是开始投资的最好时间

爱因斯坦是研究时间的专家，他曾经说过复利"是宇宙中最强大的东西"。我们怀疑他是否真说过这样的话，但我们并不怀疑这句话的准确性。最好的开始投资的时间，是昨天。如果你从昨天开始投资的话，那么祝贺你。如果你还没有开始的话，今天就是第二个最好的时机。不要让今天就这样白白溜走。

只要有足够长的时间，冰川也能成为山脉。只要有足够长的时间，金钱也可以带来山一样高的现金。只要你的投资合理、安全，那你最好早点开始。

第2步：时间比时机更重要

假设你从昨天就开始投资了。祝贺你！而且，投资和收获回报之间的时间越长，你的收获就越大。财经作家乔纳森·伯顿认为在得到财务成功的过程中"重要的是时间，不是时机"。

有一种系统地向市场投资时间的方法叫成本平均法（dollar-cost-averaging），就是以固定的时间间隔把一笔固定数额的钱投到投资市场上。例如，你可以在每个月的第一天自动把100美元投资到股票市场上。你可以在股票价低的时候多买入一点儿股票，在股票价高的时候少买入一些股票但投资金额是固定的。几个月下来，你的投资就会积累起来，你买入股票的价格就会趋于同期股票的平均价格。因此，你就避免了高买低卖的危险，当然，同时也回避了低买高卖的机会。因此，你的长期回报，会和你股票的长期回报率相近，而历史已经证明，它基本呈上升的趋势。

第 3 步：明白你的时间总有用完的那一天

那些有长期投资计划的投资者或者离退休还有很长时间不需要迅速回笼资金的人能承受更高风险的投资。而短期投资者可能在几个月内就需要钱来还房贷，所以不能接受把钱投到那些短期内波动很大的投资项目里面。相比之下，那些计划长期投资的人，通常来说，就是那些更年轻的人更能承受价值的浮动，因为他们有足够长的时间等待投资的回报来补偿这种短期的损失。高回报通常都意味着高风险，年轻人能承受更高的风险，但年纪大的人就不一定了。在开始投资之前，你一定要考虑好自己的投资周期。

第 4 步：你不能估计市场的时机

这是一个投资界的秘密：没有人能永远做到低买高卖。哪怕是专业人士也不可能做到。大部分投资股票、共同基金或者债券的人都能找到一个更低的买入点。那些少有的从来没有低买过的人，毫无疑问，也曾发现过一个比他们卖出的价格更高位的点。正如市场提醒我们的一样，完美是非常难达到的。那些有智慧的人，不会浪费时间去尝试寻求完美。从现实的角度而言，你能期待的最好的情况就是利用市场平均而言不断上升的趋势。不要试图在市场中寻找时机，你有多大的概率回避那些不好的时机,你就有多大的概率错过那些好的时机。

第5步:当下的享乐主义时间观是昂贵的

以当下为导向的享乐主义者的座右铭是"如果感觉对了那就买吧"。他们对于生活的热情其实非常昂贵,而且不愿意去做付账单这样无聊的事情。因此,那些高度以当下为导向的享乐主义者,经常不止一次地为同一样东西付钱。他们在买的时候付过一次,然后又在还信用卡利息和各种迟交费用的时候一次又一次地付出更多金钱。可以为你的爱好花钱,但请计划好你的购买行为,买那些你能付得起的东西,而不要在最后为同一样东西付两次钱。

你已经学会了5步轻松迈向财务自由的方法。但不幸的是,你把这5步加上你以前听说过的其他上百条迈向财务自由的简单方法之后,事情就不再简单了。事情的复杂程度会直线上升。在这复杂的现实以外,还有另一个我们直到现在还没有提到的因素:我们的5个步骤关注的是你什么时候应该投资,但我们回避了在哪里投资的问题。你应该买哪一只股票?对于你这个年龄的人来说,债券是不是比股票更好的投资选择?共同基金的确是投资选择中比较简单的一种,但还有上千种共同基金可以选择。那衍生品和对冲基金呢?投资什么和什么时间投资一样重要,而决定投资什么,则需要智慧和技巧。

在一些退休基金里,基金分析师会建议那些员工把一些风险较低的债券和一些风险更高的股票投资混合起来。这听起来非常合理,但我们的一位以未来为导向的同事帮我们统计了长期的数据之后发现,股票的表现总是比其他的投资选项更好。在过去的 40 年之中，他老师的退休基金从不亏钱。而现在，他的投资回报比他那些敏感的、以短期未来导向为中心的同事要多出 5 倍，具体而言，就是多出了 500 万美元。

聪明与富有无关

聪明人的平均年收入更高，但他们并不比普通人更富有。平均而言，一个人的智力分数每增加一分，其年收入就增加大约 425 美元。这种现象的背后可能的解释是：一个人越聪明，他在高中时候成绩就越好，就越有可能进入更好的大学，在毕业的时候更有可能找到更好、收入更高的工作。因为他们的年收入更高，我们很自然会预期更聪明的人最后会比智力处于平均水平的人更富有。哪怕他们在投资上所做的决定只是和普通人一样好，他们也依然比普通人更富有。

但事实却是，更高的智商对于一个人的总资产只有很微弱的影响（如果不是毫无影响的话）。从表面上来看，这并不合理：更聪明的人每年赚的钱都更多，而我们也会预期，他们在投资上的决定至少会和普通人一样好。那么这些聪明人每年所多赚的钱都到哪里去了？他们中的很多人都会把钱花光。他们中的一部分人甚至会透支。

在某些情况之下，智商高的人更有可能会刷爆自己的信用卡，忘记还信用卡，甚至是申请破产。这个概率比那些以当下为导向的享乐主义者还要高。聪明的人会赚更多的钱，但他们却存不下来，因为他们花得太多，比他们赚的还要多。他们在投资上的决定明显比普通人要差得多。未雨绸缪是以未来为导向的时间观的特点，而花完你所有的钱却不是。

这个故事告诉我们的道理是，想要成为富人，你不必特别聪明，也无须成为经济学家。想要成为富有的人，你不能超额消费，而且你必须理性地投资。至于投资到什么地方，指数型的共同基金对于所有人来说都是一个好的起点。指数型的共同基金同时保护了那些水平比较高和水平比较低的投资者。而且，最终你会发现，在哪里投资并没有什么时候开始投资来得重要。

从容不迫的时间感本身就是一种财富的表现。

——邦尼·弗里德曼

退休以后

吉尔60岁了，是一个刚退休的企业主管。在过去的20年里，每一个工作日的早上8点，吉尔都会和她的助手一起查看她们当天的工作安排。从9点开始，吉尔就会在各种会议之间来回忙碌，几乎在晚上7点之前都不会停下来。吉尔在她的工作上得心应手，赚的钱也足够让她的孩子们上最好的大学。即使是一位单身妈妈，吉尔也能够存下足够多的钱让她在余下的日子里衣食无忧。

但今天不一样。今天是星期一，是她退休之后的第一天。闹钟和平常一样在6点钟的时候就响了，因为吉尔在前一天晚上习惯性地定好了闹钟。她从床上坐了起来,准备开始自己一天的工作。但今天,她没有办公室可以去,她未来的每一天,都没有办公室可以去了。她可以干什么呢?

当我们退休的时候,我们失去了一份工作,获得了更多的时间。但在我们面前需要衡量的是机会,还有特别的挑战。现在,战后婴儿潮一代已经接近退休年龄了,在他们生活的早期,婴儿潮一代有着很清晰的社会角色和相应的责任,他们或是努力地强化着这些角色和责任,或是强烈地反对着它们。

1957年的美国,有430万婴儿出生,这个纪录一直保持到现在。在过去的30年间,很多人过着像吉尔一样的生活:很早起床,边喝咖啡边看新闻,让孩子穿衣服,把孩子送到学校去,然后去工作。他们一刻不停,直到带孩子去参加足球比赛或者一起吃晚饭。晚饭吃完之后,还有碗要洗,还要为明天的工作做计划。到了特定的时候还要和父母联系,或者为朋友达成重要的目标而庆祝。有时候,他们也会看一场午夜的喜剧,然后就倒在床上,睡过去。

工作、事业、家庭定义了我们的角色,它们赋予了我们人格和生活的意义。而退休之后,这些角色都不复存在了。在我们醒着的大部分时间里,都不再有工作可以填满我们的大脑,因此,退休的人必须从他们自己身上寻找意义。在工作赋予的角色没有了之后,他们不能再依赖工作定位自己。那么,他们该选择如何定义自己?退休让他们失去了什么,又让他们得到了什么?突然而来的自由时间,会不会让他们感到自己很没用或者没有价值了?退休也可以成为一段充满悔恨的时光——为那些没有达到的目标、没有实现的年轻时的雄心,还有那些没能兑现的诺言。一个退休的人可能会突然意识到他为成功的事业而做过的所有牺牲——放弃了与家人和朋友在一起的时间,放弃了曾经喜欢的爱好、运动、旅行还有感受不同文化的机会。你是否记得,在第 5 章引用的调查中,大部分成功的管理层中年男性把自己的生活形容为"空虚",虽然他们都很富有。

我们可以来看看下面这个真实的案例,一个非常成功的商人最近突然发现自己是一个失败的父亲和丈夫。他在阅读了津巴多的《路西法效应》之后,发现书中指出人们被禁锢在社会系统中所扮演的角色,并在被允许和鼓励控制他人的观点之后,才意识到这一点。

我的人生一直以来都深陷系统之中,其实我一直都像是被托管的自动化飞行员。我一直以为自己在做"正确"的事——我努力工作让我的股东们开心,每年都拿到不少奖金,参加最有知名度的俱乐部,我的名字也偶尔出现在报纸财经专栏上,周日、圣诞、复活节我都一定会去教堂,也为我的家庭提供了良好的物质生活。但事实上,我一直都是一个非常糟糕的人。

首先,在过去 40 年的婚姻里,我一直在告诉我的妻子和孩子们,有一个像我这样的丈夫和父亲他们有多幸运。难道不是我为他们提供了良好的生活吗?难道不是我一直在辛苦工作,换来他们想要的东西吗?难道他们不是一直都在去最好的俱乐部,上最好的学校,开最好的车吗?在我的眼中,我是那个每天拿着战利品回家养活一家人的勇士。但在他们的眼中，恐怕我只是一个永远缺席的父亲，一个自大的浑蛋，或者像得克萨斯的朋友所说的那样，只是"打肿脸充胖子的吹牛大王"。

两年前我的妻子离开了我，她的离开让我清醒过来。她受够了她的生活，但我却不知道为什么。在过去的两年里，我一直在寻找答案，但没有找到。我以为我们的婚姻走到了尽头，是因为我们在过去的几年里不知不觉地走上了不同的成长道路。当我开始阅读关于斯坦福大学监狱实验的书籍时，我开始意识到，在过去40年的婚姻里，我一直都是家里的狱警，而我的妻子和孩子们都是囚徒。我甚至曾经真的让我的孩子们背对着墙站成一排，就像斯坦福大学监狱实验的录像带里记录的一样。我会在家里来回踱步，冲我那四个可爱的孩子大喊，告诉他们我多么努力地工作，才能赚钱买他们想要的东西，但他们却让我如此失望。在我内心中的某些东西，让我一直有着摧毁他们或者他们的灵魂的冲动。而我却不知道是为什么。

《路西法效应》解释了我在过去多年以来一直扮演的角色，我觉得我需要摘下我的墨镜，脱掉我的制服。也许我甚至可以弥补我对我的孩子和前妻所犯下的错误。

好消息是，这个男人已经通过道歉和请求原谅，和他的孩子们重新建立起一种更健全的关系。他也打算对他的前妻做同样的事情。他还没有退休，但在退休之前把自己的生活整理好，相对于继续在他那个现在已经成为空巢的"监狱"（家）里当守卫，更可能会让他有一个满意的退休生活。他把自己从那个压迫者的角色里释放出来，为自己与家人的沟通打开了新的渠道，这也会让他在余生中享受到精神上的回报。

退休后，我们必须重新定位自己，为生活找到新的重点，减少未来导向时间观，同时增加以当下为导向的享乐主义，学会以积极的心态看待过去。我们需要为多出来的时间注入意义和目的，创造超越工作职位所带来的自我定位和自尊。一种常见的、解决退休问题的方式就是做你想做的事情，那么不管你赚多少钱，你都会觉得实现了自己的价值。在你所做的事情中寻找快乐，则是我们想要引导你走向的另一个方向。很多退休了的人希望他们能更早地认识到，只为赚钱而工作所需要付出的代价。时间观如何影响人们在退休时做出的选择，对于已经退休了和那些还有很多年才退休的人来说都有启发意义。

旧钱换新时：退休入门指南

好的退休生活需要金钱、健康和计划。你已经有了时间，你需要做的是要把它们用好。这意味着你需要在养老基金里存足够的钱、做好有保障的投资计划才能弥补你在收入上的损失。在现代，男人的预期寿命约为 80 岁，而女人的预期寿命为 90 岁，所以从 65 岁或者 70 岁退休到去世还有很长一段时间，需要很多钱继续生活。

同样重要的是，我们需要在退休之前和之后都保持健康的生活方式。所有平日里听到的建议都值得我们一再重复，而且也应该成为我们日常生活中的一部分——定期锻炼，尽可能多地走路，吃得少但吃得健康、喝足够量的水、适度饮酒、定期做常规的身体、牙齿和视力检查。退休是一个很好的重新调整自己身体的机会：减肥、消除皮肤松弛、调整体质。不要只是简单地定下减重的目标，因为你内心里那个享乐主义的小孩会找一切机会把减去的重量重新加回来。肥胖是一种诅咒，这在很多发达国家里都很常见。它会增加我们得糖尿病、心脏病和其他慢性疾病的机会，而你可以通过上面提到的方案避免肥胖。有很多研究都表明，建立一个朋友圈是保持定期锻炼和控制体重的最好方式。所以找一个可靠的搭档，或者成为你的朋友、家人的可靠搭档。

那些内心依然保持年轻的人，最有可能成功地适应变老的事实。时间会在我们的身体上留下痕迹，但保持头脑和穿着的年轻非常重要。当然，说永远比做要容易，但如果你能采纳下面的建议，你也可以保持头脑灵活。比如，读更多的书，特别是你现在有大量的时间可以读书，加入或者组织一个读书会。如果你喜欢的话，多玩一些填字游戏，多听一些歌。学一些新技能，比如摄影。看一些好的电视节目，但不要让自己变成一个"沙发土豆"。组织一些"电影之夜"，在家里看看过去几年的奥斯卡得奖电影。

既然没有了工作上的安排来占据我们白天和晚上的时间，我们就需要一个计划来保证自己不浪费退休的时光。某种程度上，退休就像是暑假的第一天，我们急切地等待了一整个学期，但直到第二天来临的时候，才发现原来前面还有一大段无所事事的日子。积极怀旧的人还可以继续做他们一直喜欢做的，或者是朋友们喜欢做的事情。以当下为导向的人可能会觉得空闲的时间很难熬，因为没有工作的外部压力，他们的日子可能会过得如一盘散沙。冒险的活动的确有很多的乐趣，但也可以很快就变得非常无聊，而且以当下为导向的人很容易受到一夜致富神话的诱惑，把自己的存款拿去冒险。以未来为导向的人会过得最好，因为他们一辈子都按着计划、列表、目标而活。但是他们也需要学会让自己不那么以未来为导向，因为毕竟今天才是他们唯一能依赖的时光。

订一份退休的活动计划，你可以列出你想做但不一定非要完成的事情。这就是退休最大的幸福——用"想做的事"换"必须做的事"。首先，你可以在一年的日历里填上你的旅行计划，去那些你一直想去但还没有机会去的地方：巴厘岛或者佛罗伦萨，里昂或者拉斯维加斯；你可以考虑坐邮轮，或者住老年酒店，因为这样可以减少独处的时间；也可以加入探访孩子或者孙子孙女、好朋友、亲戚的计划。你可以把那些义务性的探访删掉，因为它们只会扫兴。每个月都计划一些既能保持活力又能乐在其中的活动：去蒸桑拿、泡热水澡、做面部护肤和按摩，也可以找一个好的理疗师，去美容院修甲和修脚（男人女人都应该去）。精心的计划可以强迫你认真考虑在余下的日子里，真正想要的是什么，以及什么是你应该趁自己还健康、还能独立走动的时候尽早去做的。也许，你可以尝试在顶级餐厅里在午餐时段为自己预订一个位置——午餐通常比晚餐要便宜，但也一样好吃。去参加一些文化活动，买一些剧院、交响乐、芭蕾和歌剧的年票。成为你们当地博物馆和公共图书馆的会员，常常参加它们为会员准备的各项活动。

充实你的灵魂和充实你的精神和身体同样重要。你可以考虑多去参加一些教堂或者寺庙的活动，或者尝试寻找一种与自己世界观吻合的宗教。你现在有很多的时间，也许也可以做一些你一直都想做却没有时间做的事情，比如去做志愿者，为你当地的社区或者全国性的机构贡献你的服务。志愿活动不单单可以服务公众，研究表明，它还可以提高那些参与者的健康程度。对于老年人而言，其中最重要的一件事就是多花时间与年轻人相处，常常与年轻人互动能让人觉得自己更年轻。你可以尝试在一个当地的学校里做助教，或者在一家当地的公共图书馆，或者托儿所里做义工，甚至可以尝试帮你的邻居带孩子，助人又自助。

拒绝养老院

有哪些事是你不应该做的呢？请不要住到老人院里去，除非你已经失去了自理能力，如果是这样，你也不太可能会是本书的读者。请顶住压力，尽可能不要搬离你的家，住到只有老年人的、与世隔绝的地方去。研究表明，有太多被送到标准化养老院的老年人，都在入住之后相对较短的一段时间里去世了——相对较短的时间，是指一年甚至不到一年！造成这种现象的原因，其中一部分压力来源于搬到一个新的地方，不得不放弃熟悉的环境、家具、照片、艺术品、你自己的床，还有熟悉的面孔，以及不得不认识新的朋友。而且，大部分的养老院都很少提供足够的锻炼机会。所有的这些压力都会给老年人的健康和精神状态带来负面的影响。

住在其中的病人经常不得不整天待在自己的床上，以防摔伤或者发生其他需要用到医疗保险的情况，而且还要遵守一系列的作息规定和安排，比如，在每天固定的时间进食、晚上统一时间熄灯、按时间表统一进行活动，几乎没有什么自由选择的余地。因为即使是在最好的机构里面，一切事情都已经有人帮你做好了，你就失去了自己行动的动力。你每天见到的人都是和你一样的老年人，有一些人已经病重，随时都可能死去。通常情况下，除非是做体检或者帮你梳洗的时候，没有人会碰你一下。我们人类需要身体的接触才能生存下来：握手、拍拍后背、摸摸额头，甚至是亲吻脸颊。我们观察建在昂贵的康复理疗院里的老年中心后发现，几乎从来都没有人会碰那些老人一下。相反，他们都被放在轮椅上，或者坐在床上，一整天对着电视机。当我们根据观察向一个机构的负责人询问的时候，他说不能与病人有身体接触是一项防止被起诉性骚扰的标准化规定。

如果你不得不住进养老院，那么你可以用一些简单的心理学策略来提高你的生存机会。耶鲁大学的研究员朱迪思·罗丁和埃伦·兰格，在康涅狄格州纽黑文市附近的一个老年中心做了一个特别的实验。在一楼，每个病人都收到了一份礼物——一盆植物，然后被告知护士会帮他们照顾这盆植物。他们也被告知，会有一个新的活动计划，让他们在一周中的某一天一起去看电影。病人听到了这些消息后都很高兴。另一层楼里的病人作为对照组，这些病人被告知，送给他们的植物，需要他们亲自来打理。电影活动会在一周中两个不同的晚上举行，但他们只能选他们想去的那一晚去。这些看起来非常简单的区别对于病人的健康却有着很大的影响，尤其是老年女性。研究员在后续跟踪中发现，那些被给予了非常小的个人责任和非常有限的自由选择的人，在很多指标上都要表现得更加健康。更有意思的是，当研究员在一年之后重新造访这里的时候，那些生活中的控制感被提高了的病人仍然活着，而许多在"无责任"、"无选择"组的老人在相对较短的时间之内都去世了。让他们照顾一盆植物和决定在哪一天晚上看电影，在病人们的心中注入了一点点时间观上的改变。决定在哪一天晚上看电影的权利，让他们避开了宿命主义的伤害。只不过是让他们照顾一盆小小的植物，就能让他们的未来变得重要起来，因为这盆小小植物的生死，从此就取决于他们的照料了。

这就表明，小小的环境改变就能影响我们的精神状态，从而也能影响我们的身体状态。保持个人的自主性有助于我们在生活中的各个方面做出有意义的选择。只要你还能理性地做出决定，就不要轻易把自己的责任和个人选择的自由交给别人。最后，不要让任何一个人拿走你的个性和尊严，他们只把你当作一个病人来照料但并没有真正关心你。

成功案例

菲利普·津巴多最近刚从大学的教职岗位退休，他和所有其他的退休者一样，被迫安排多出来的时间。他找到了能让"空闲"时间变得有价值的方法。下面是津巴多自己讲述的故事：

> 在我 71 岁的时候，为了能拿到教师的退休金，我选择放弃

我已经做了 50 年且最热爱的工作——给本科生上课。这么做也意味着我学术生涯的结束。在告别派对之后，我感到一阵空虚和难过。多年来，我一直都强迫症般地以未来为导向，这让我获得了学术上的成功，但也让我在没有了日程表之后茫然失措。有什么能代替向满满一礼堂充满热情的学生讲课所带来的兴奋感呢？有什么能代替为期末考试出题、改卷，阅读和修改学生论文，给学生答疑，参加又长又无聊的教学会议，在似乎永无尽头的各种委员会里做乏味的工作，以及每天开两小时的车往返上班呢？坚持住。过一种更充实的生活，将会是这些并不完美的与教学相关的工作的代替品。

我把失去的好的东西以及乐意放弃的不好的东西都列了出来，做了一个简单的计划。我打算重新拾起一些好的东西，然后把那些不那么有意思的生活内容所吸走的时间，重新分配一下。我决定保留半职，一周只工作一天，给那些新的研究生上课，因为课上用的是我长期积累下来的教案，所以几乎不用花什么时间准备。我也决定多接受别的学校的讲座邀请，特别是那些位于有意思的城市里的学校，然后顺便度个假。

我把新得来的时间花在许多不同的地方，从写文章和书开始，而且我可以写那些我个人感兴趣但之前对我的事业不一定有帮助的话题。我决定，我要认真地培养当下享乐主义时间观，减少对未来的关注。我从一个传统上更加以当下或者过去为中心的家庭里成长起来，因而我一直都在努力工作并且努力抵抗玩乐的诱惑。为了更好地利用多出来的时间，我计划了定期的玩乐时间，而不是把时间都花在胡思乱想上。也就是说，我利用了未来导向时间观，向我的生活注入了更多的乐趣。

我现在每周都会有两个小时花在深度按摩上，有时间还会看情况多加一些不那么深度的按摩。泡在按摩浴缸里，或者在家里新装的桑拿房里出一身汗，这些都成了我在一周中偶尔享受的新方式。工作之余，我会去一家当地的咖啡馆喝一杯卡布奇诺，或者带着我的孩子到城市的另一头去喝咖啡。我也非常享受在露天市场买新鲜水果、蔬菜和鲜花的过程，购物之后，我会回到家为勤劳的太太克里斯蒂娜准备晚餐，然后铺好桌子，点起蜡烛，放一点轻柔的爵士乐，像真正的意大利人一样慢慢地享受一顿浪漫的晚餐。现在，我们也更经常地造访纳帕、索诺玛、门多西诺这些著名的酒庄聚集地。

我还经常为隔壁的邻居准备一些水果、意大利面作为"惊喜"，或者给他们的小孩准备糖果。我也经常会去当地的一家爵士乐酒吧的夜场表演，因为深夜的时候还停车很方便，我也不用担心明天一早需要早起上课。我的玩乐计划还包括学跳萨尔萨舞、写我的童年回忆录，以及在不久的将来成为一个享乐的老爷爷。

家人都觉得与以前相比，我的控制欲要少了，而且也更轻松了，当然压力也更小了。这种新的生活很健康：我的血糖水平和体重都比以前更正常了。现在我每天早晨都在健身房里一边读报纸一边踩半小时的脚踏车，一边还喝着我用15种不同的蔬菜做的健康热饮。我依然还是花很多的时间来回复每天几百封从世界各地发来的邮件,但我也花了更多的时间和我的好友和家人在一起。我在斯坦福的同事,研究员劳拉·卡斯滕森现在把我当作一个曾经活在日程本里、如今却可以有效率地享受着每一天的模范,因为我将过去导向、未来导向和当下导向三种时间观的优点结合起来,发现了一种新的平衡时间的导向。

第9章
爱情里的时间

时光飞逝,尤其是你开心的时候!

——塞缪尔·贝克特,《等待戈多》

弗洛伊德认为,当我们坠入爱河的时候,我们其实是得了一种特殊的精神疾病:我们都变成了以当下为中心的笨蛋,对于未来的劝告充耳不闻。说得含蓄一点就是,我们在做一些无益于长远目标的事情。爱情把我们都变成了幸福的傻瓜。明天如何可以先放一放,因为今天我恋爱了。坠入热恋让我们也陷入了一种延伸的当下状态中,让我们回到充满了魔法和奇迹的童年。感情控制了理智,而后,情绪就在不加思索间成了行动。在极端的情况之下,爱情的确非常像一种成瘾行为,它让我们无视所有关于未来成本的考量和行动可能带来的负面结果,并让当下的愉悦感主导了一切。

"醉人的爱情就像一种精神病"的观点,其实是从一个很久远的传统医学观点而来。在以前,"相爱"的状态曾经被病理化成"相思病"或者"爱情的忧郁"。罗伯特·伯顿的《忧郁的解剖学》就对"相思病"对于身体和心理状态的影响做出了病理化的解释。

弗洛伊德同时认为，爱情也是治愈精神疾病的关键。弗洛伊德说，那些接受精神分析（弗洛伊德开创且提倡的一种心理治疗形式）的人，会不可避免地爱上他们的心理咨询师。这些患者对咨询师的感情很复杂，而且很多时候是错位的。患者真正爱上的是咨询师所代表的角色，而不是咨询师本身。这种错位的爱，或者说移情，让咨询师拥有极大的权力，而这种权力有利有弊。如果用得不好，患者很容易被控制和剥削。当用得好的时候，患者就有可能被治愈。患者对于咨询师的爱会让他们努力往好的方向去改变，希望可以取悦他们的咨询师。弗洛伊德这样写道："精神分析本质上是一种通过爱来实现的治疗。"当然，在咨询室之外的爱，要更加真诚一些，而且爱总能把我们每一个人内心最好和最差的一面都激发出来。无论我们的职位、阶级是什么，行事是否足够谨慎，是否有好的品位，爱情对于我们的作用都是一样的。我们每个人都有机会去经历这种"疾病"，并体验它带来的最好的治疗效果。

也许你会认为，爱情的力量如此之大，它又是我们很多人生活的中心，那它一定在心理学中也占有重要的一席之地。事实并非如此。心理学走的是一条和医学非常类似的道路，主要的目标是解决当下的疾病，而帮助那些生活幸福的人提高未来的幸福、学习更好地去爱等问题都是次要的。从一方面而言，这种取向是合理的，因为当一个人生活在病痛之中，他很难感到幸福。从另一个方面来讲，这种取向却否认了人类生活的多面性。幸福并不仅仅是没有病痛。正如弗洛伊德所说的那样，心理健康和心理疾病的分界线并不明显，也不是一条整齐的直线，而且经常模棱两可。生活在一个如此复杂的世界，我们应该在减少负面状况的同时也努力去最大化正面状况。而且，把心理学的研究范围限制在那些偏离正常标准很远、足以被标为精神病患的人群上，其实就把很大一部分相对健康的人群排除在了潜在受益人群之外。

恋爱中的时间观

还记得当你第一次见到你的初恋时——那种温暖、隐约、紧张的感觉，那种无法思考任何其他东西的感觉，那种当他或者她不在身边时孤独的、痛苦的感觉吗？在你们的关系刚刚开始的前几周里，你们在凌晨三点的时候都还在一起兴奋地聊着无关紧要的话题，然后睡到中午才起来。世界上其他的东西都不再重要了，恋爱才是这个世界上唯一重要的事情。但是，在时光流逝、魔力褪去之后，那个在床上吃饼干的人突然就开始考验起你的耐心来了。

当你遇到一个新的爱人时，你们之间并没有共同的过去，而且你们的未来尚未发生，你们停留在当下。紧张感、各种情绪，还有激素的变化，加剧了你们以当下为中心的时间导向。时间飞逝，最终的激情褪去之后，过去和未来的时间观又回来了。你和你的伴侣其实都没有变，你们只是一起创造了过去和未来，而这也需要你们有新的态度去面对时间。

这是事情顺利时的情况。有些时候，情侣向未来导向转型的时候会遇到很大的困难，比如，当一个人是以当下为导向的享乐主义者，而另一个是以未来为导向的时候，这种情况在情侣中很常见。如果一个人的关注点是未来而另一个人的关注点是当下，那么有时候连一些简单的共同决定都很难顺利地完成。比如，晚饭吃什么（麦当劳还是炖菜），怎么消费（买一辆新车还是用来投资），空余时间用来干什么（继续工作还是玩），这些都是关系里的雷区。更重要的决定（比如是否要孩子）可能会更加困难。那些自毁的、以当下为中心的享乐主义行为（比如把存款拿去赌博、使用毒品，或者寻找外遇），更不可能帮助你和你的伴侣长期维持关系。

在个人层面上，无论男女，每个人的时间观都非常不一样，但平均而言，男人更倾向于以当下为中心的享乐主义，而女人更倾向于以未来为导向。在多年之前，这种不同无疑是有着生存优势的，因为男人和女人可以平衡对方的时间观。这些不同也许在今天还保留着，但男人和女人之间不同的时间观会让他们走向冲突。

在女同性恋和男同性恋的关系当中，我们可以预见，时间观上的冲突会更少。比如，女同性恋的情侣也许双方都是非常强烈的以未来为导向，而很少注重当下的享乐。相反，男同性恋中的双方可能都有着以当下为中心的享乐主义时间观，而对于未来计划不足。当然，也有很多以未来为导向的男人和注重当下享乐的女人。

我们到现在都还记得一个报纸专栏向小学生们问的一个问题："什么是'蜜月'？"一个10岁的小女孩显然也听说了一些她的父母当年度蜜月时出的乱子。她回答说："蜜月需要计划。你需要提前定很多东西才能去度蜜月。"我们可以打赌她的父母当中负责订酒店或者旅行计划的那一个人,一定是个以当下为导向的人,因为他把以未来为中心的计划能力和责任全都抛之脑后了。而他的另一半决定把这个教训好好地传给下一代,所以这件事就变成了他们的家庭故事。

测测你与恋人时间观的配合度

> 神啊!把除了时空之外所有的东西都毁灭吧!让爱人们幸福吧!
> ——亚历山大·蒲柏

人们希望从情感关系中得到的东西也取决于他们的时间观,这一点在我们对情侣的研究中已经得到了证实。未来导向的人希望伴侣的行动是可预测的,而且更注重他们从关系中能得到哪些好处,但是他们对于强烈的、让人兴奋的浪漫关系并不向往。以当下为导向的人向往激情、肉欲、随心所欲的关系,当然这种关系也会冲突不断。他们理想的另一半是那种能让人兴奋同时又率性天真的人。这样的伴侣通常很少在关系里做出承诺,因为他们不会花很多时间在思考共同的未来上。积极怀旧的人,把他们过去的恋爱关系描述得像完美情侣一般。那些消极怀旧的人,可能还会花时间想他们曾经错过的爱人。和以未来为导向的人一样,以过去为导向的人更少地看重情感关系中的随心所欲和肉体上的吸引力。所以我们的建议是:在你结识新的异性之前,特别是在你做出承诺之前,请尝试了解一下你们之间时间观的配合度。你可以尝试使用ZTPI了解一下对方的态度。在那之后,你就可以为各种不和做好准备,而且也能更好地了解对方的过去和经历。

🕐 在以未来为中心的世界寻找另一半

> 哪怕是修道院里的约会都比这里多。
>
> ——一个斯坦福大学的学生

在情感关系初期,以当下为导向的人明显有着他们的优势。他们不会为未来担心,能完全地活在当下并享受这份关系。他们更有趣,和他们在一起会很幸福,也很有创造力。以当下为导向的人在派对上非常有意思,但也要做好他们迟到或者晚上睡在你家沙发上的心理准备。而你的以未来为导向的朋友则相反,他们总会准时到,也会提前走,他们似乎总有更重要的事情要做。

以未来为导向的人一般都不太喜欢约会、情侣关系以及性。有些学校可能会以学生沉迷于性、毒品和摇滚乐而声名在外,但在斯坦福大学和其他声望比较高的学校里(事实上,在我们今天很多的行业里面)人们都是以未来为导向的,他们的生活都是被各种远大的梦想而驱动的。对于他们来说,像约会和性这种当下的享乐都可以延迟满足。

无论我们有多年轻、多风流倜傥、多温文尔雅、多令人惊叹、多强壮、多见识广博,情感关系的发展都需要时间。我们需要活在当下才能享受这些关系,我们也需要花时间经营这些关系。因此,我们发现,我们肩负着鼓励这些以未来为导向的斯坦福学生学会享受当下的重任。因此,我们写了《斯坦福版评分过程的得分指南》。这本得分指南是经过详细的调查得来的,而且我们希望它能成功地鼓励那些雄心勃勃的年轻人暂时停止思考未来，学会享受当下。我们采访过的学生们都表达出了一样的对于付出、得到、分享时间，以及对一种长久关系的渴望。如果每一个人都能记住霍尔顿对于性的说法，我们就能做得更好："给她更多的时间。"情感和身体上的爱都需要付出和分享时间。没有什么能比"我其实真的没有时间做你想做的事情，但是为了你，我可以挤出时间"这句话更浪漫。

不匹配的时间观的后果

那些时间观不相配的情侣，很容易会产生误解。他们可能深爱着彼此，却生活在完全不同的世界里，其中一方可能会对未来做出一个在她看来非常简单明了的表述，但如果另一方不以未来为导向而只注重当下享受，他就无法理解对方在说什么。她憧憬着未来，而他享受着当下。因而，他们的交流没有效果，这并不是因为他们很笨，不关心或者不爱对方，而是因为他们说话的方式也受到了不同时间观的影响。我们在很多家庭都发现了这种情况。孩子们按以当下为导向的时间观做事，父亲却总是着眼于家庭的未来和自己的事业，而母亲则关注家庭传统，对之前的美好的家庭时光念念不忘。很多时候，当家里出现了矛盾和交流不畅的时候，我们并不能意识到这是因为我们的时间观出现了矛盾。

所以，你应该如何连接不同时间观的语言呢？你应该从当下开始。当下是连接过去和未来的桥梁，它也许是居住在时间之河两岸的人所拥有的、唯一的共同语言。如果两个人想要在过去或者未来见面，他们很有可能在迷雾般的交流中迷失了方向，而当下是唯一的、双方都能认得出来的路标，是唯一能触摸到彼此的地方，也是唯一能付出和接收爱的地方。

当下也是我们美好的时光和艰难的时光相遇的地方。当两个人开始争执的时候，他们可能一不小心就离开了"当下"这座桥梁，而在过去的迷雾中失去方向，或者为了想象中的、未来的舒适感而放弃了当下。当他们这么做的时候，他们可能就失去了彼此之间的连接，各自退回到自己在时间之河两岸的战壕里，继续向对方开火。当双方都执着于当下时，那他们之间的交流就会难上加难。说话的语调，用词的含义，以及情绪都可能会模糊了我们想表达的或者听到的意思。当两个人争吵的时候，他们的情绪通常都是负面的，争吵的中心也是负面的东西，而且争吵双方至少有一个人并不完全明白争吵的内容是什么。两人当中总有一个是在重构他们的过去或者在建造未来，而这两种努力都是徒劳的。你不能期望改变一个已经被重构之后的过去或者一个已经被建构出来的未来，但你可以通过努力，在当下寻找与他人的连接。

在情侣之间，如果要向对方提出建设性批评的话，最重要的是，首先厘清各自理解的对方所说的内容是什么："我听起来，你想表达的是，你不喜欢X，不想做Y，而且觉得Z是对的。你的确这么想的，还是我理解错了？"你要做的并不是指责对方，而是针对察觉到的不同意见进行一次对话。另外，唠叨对方过去的错误几乎不会有任何作用，这只会让他感到内疚或者保持很高的戒备心。相反，你应该把批评表达成有建设性的意见。"下一次，如果你想让我在办公室的派对上表现得更加积极一点儿的话，可以提前告诉我，你希望我跟谁多聊一些，我会尽可能配合你。"而不要说："你表现得就像一个公主一样，好像我的朋友都配不上你，真是让我难堪死了。"或者，你可以说："如果你想给别人留下好印象，就不要讲那种性别歧视或者种族歧视的笑话。"

情感关系中的健康时间观跟个人层面上的健康时间观非常相似，它应该是一种积极怀旧、当下享乐主义和未来导向的平衡。不同年龄的情侣，关注过去、当下或者未来的程度不同。无论他们共有的时间观是什么，情侣们都应该偶尔以当下为中心的时间观进行交流。

幸福与时间观

调查显示，34%的美国人认为自己很幸福，50%的美国人认为自己比较幸福。在余下的人当中（16%），有15%的人不怎么幸福，有1%不知道自己是否幸福。30年过去了，美国人却没有变得更幸福。为什么会这样呢？我们会发现，得到幸福并不容易，而保持幸福则更加不易。

并不是说，当我们看到幸福的时候没能认出来。每个人都认识一些浑身都散发着幸福气息的朋友，而且最近，一些研究员已经开始鉴定出这些人身上所具有的共同特征。我们的同事索尼娅·柳博米尔斯基认为，与那些不怎么幸福的人相比，我们身边的"幸福人群"更倾向于做出以下行为：

- 帮助同事和路人
- 为自己所拥有的一切而心怀感恩
- 花时间在家人、朋友和其他的社会关系上
- 享受生活，活在当下
- 有运动的习惯
- 对未来持积极乐观心态
- 为生活设定目标并为之努力
- 能有效地应对生活中让人头痛的事情

上面提到的这些行为，每一项都和我们的时间观有关。例如，在第 1 章中我们看到，那些正准备给别人布道并认为自己已经迟到的学生，相对于那些觉得自己还有充足时间的学生，更少可能停下来帮助一个陷入困境的人。因此，时间压力更小的人更有可能会去帮助他们的同事或者路人。在第 2 章里，我们可以发现，感恩和积极怀旧的时间观非常类似。那些在积极怀旧时间观上得分比较高的人，比那些得分低的人，更有感恩之心，生活也更幸福。相似地，享受当下生活的幸福也明显与以当下为中心的享乐主义时间观相关，而对未来积极乐观也与以未来为中心的时间观有关。柳博米尔斯基和其他心理学家也发现，宗教信仰和灵性生活都与幸福呈显著的正相关，而这些信仰，明显都存在于超越现世的未来时间观当中。

时间给予我们很多次寻找幸福的机会，它们分布在过去、当下、未来，或者超越现世的未来当中。回首过去，美好的时光能让你感到幸福，而难过的回忆则会让你感到悲伤。在当下，享受美食，和朋友

交谈，做喜欢的工作，都能让我们感到幸福。未来也能带来幸福：想到可能完成的一笔大的交易、升职、结婚、生小孩，甚至是退休。

无论你是在过去、当下还是在未来寻找幸福，你都只在当下"感受"幸福。一件幸福的事情可能发生在过去，但你只能在当下回想起来。同样地，在下星期六晚上能赢彩票的期待，也只有当你现在想起来的时候才能为你带来幸福。当你忽视了当下而只在过去或者未来中寻找幸福的时候，你可能会错过就在你眼前的幸福。如果你只着眼于过去，就会错过了能为你带来更多美好回忆的当下。如果你只着眼于未来，幸福的事情发生时你也没有能力去享受。总是想着下一个生活目标，你则不能完全地享受自己的当下。当我们在过去中迷失自己或者总是定睛未来的时候，你就不能活在当下，幸福就会像一顿美食，而你只能在去看牙医的车上草草地吃上两口。关于过去和未来的想法能带给你幸福，但它们只能通过当下把幸福带进你的脑海里。

幸福的绊脚石

没有什么能让你永远幸福

虽然你可以在过去、当下和未来中找到幸福，但在寻找幸福的路上依然有很多的障碍。我们生活里一个悲伤的事实是，我们总是会很快适应积极正面的状态和幸福，却要花很长的时间适应负面的状态和痛苦。这意味着好的时光不会长久，而痛苦的时光则需长久忍耐。如果你周六晚上赢了彩票，你可能会开心几分钟、几天、几周或者甚至几个月，却不会为此开心好几年。

有一项经典研究比较了 22 个彩票的中奖者、29 位因事故而截瘫甚至四肢瘫痪的病人和 22 位"正常"或者普通人的幸福，结果发现，这些彩票的中奖者并没有比那些普通人更开心或者更不开心。中奖的事实并没有改变他们从过去和未来中得到幸福的能力，中奖者并没有比昨天的你、今天的你或者期待中的明天的你更幸福。

相反，那些事故中的生存者，虽然比另外两组人更不开心，但他们的开心程度也依然高于平均水平。他们能回忆起更幸福的曾经，也把它当作一种得到幸福的方式，也许是因为他们从当下得到幸福的资源相对有限。对于未来幸福的期待，在这三组人中都没有不同。在赢得彩票的几个月之后，他们的幸福程度就慢慢地回归到得奖之前的稳定状态。他们已经习惯了他们新得到的财富，因此它再也不能为他们带来幸福了。

没有任何东西能长久地提高你的幸福指数，包括金钱。下一次你花 10 美元买一张彩票的时候，请记得这一点。当然，在获得幸福这件事情上也并不是毫无希望的。除了抱怨你的父母没能给你固定的幸福基因之外，你还有很多事情可以做。最近的研究表明，遗传而来的幸福因子对你幸福程度的影响只有 50% 左右。另外，生活的环境（年龄、性别、种族、国籍、婚姻状态、生理健康、收入水平）占 10%。这意味着你的幸福指数中的 60% 是由基因和你的命运所决定的，但也同时意味着你还有 40% 的提升空间，这个比例已经比之前的研究人员所认为的要高得多。所以不管你的幸福基因是多少，你都应该努力尝试学着如何过得开心一些，努力提高自己的幸福指数。

什么能让我们更幸福

很多年之前，一位大学教授对于人们是否能准确预测自己在未来中想要的东西这个问题非常感兴趣。于是，他在所教的班上进行了一项为期一学期的实验。表面上，他告诉学生们为了鼓励大家的出勤，他会在每一周的最后一节课里给每一个人发一份糖果。然后他进一步解释说，因为他担心准备的"最好的"糖果不够，所以他让每个学生交一个表格，填上他们每周想要的糖果的种类。其中一个学生预测，第一周结束的时候，她想要一份花生焦糖糖果。第二周结束的时候，她想要一份花生酱巧克力，第三周是焦糖巧克力，第四周是威化巧克力。但每一周的最后一节课时，教授会告诉大家他买了很多巧克力，学生可以选择他们之前估计自己想要的那一种，也可以选一个他们现在想要的。大部分的时候，学生们之前所做的预测和他们现场想要的糖果并不一致。

有些东西（比如，糖果）能在短时间内提高我们的幸福指数。这是一个好消息。坏消息是，我们并不擅长于发现在未来能带给我们幸福的东西。我们很有可能花几年的努力达到一个目标，可是在达到目标之后，才发现它并不能使你更幸福。当然这个坏消息背后还有一个好消息，那就是反过来，如果你努力了好久希望可以回避一些坏事情但它还是发生了——比如，在车祸中失去了一条腿，但你可能并没有想象中那么难过，你可能还是和原来一样幸福。

幸福并不是一件紧急的事情

吃糖是一种充满了负罪感的享受。对于我们当中的很多人来说，享受幸福也是如此。我们接受各种教导并成为以未来为中心世界的一分子，我们被教育成轻享乐、重努力的人。我们学会了正确的处事方式：先把要事做完，然后才能去做想做的事情。我们学会了"清理房间"或者"把饭吃完"之后才是"现在你可以出去玩了"。如果你是一个小孩子，你所有的待办事项中只有清理卧室和吃完豌豆两项的话，这种排序一点儿问题也没有。但作为一个成年人，因为你从来都不会在你待办清单上再加一项，所以你只留给自己很少的享受时间。

幸福的重要性在我们的社会当中被普遍低估了。我们的生活非常忙碌，希望能有效地使用时间让我们很有压力。花在工作上的时间，我们都觉得是有效率的，但花在享乐上的时间我们都觉得是被浪费的。在以未来为导向的人眼中，事业和经济上的成功比幸福重要得多，但超出生活基本需要的收入并不能给我们带来幸福。

相对于其他文化而言，今天的美国人似乎对于个人的幸福非常执着，有人还会被批评美国文化正在从"做好的事情"向"做感觉好的事情"转变。我们非常在意自己是否好看，是否有着完美的古铜色、紧致无瑕的皮肤。但是在生活当中，除了肤色还有很多其他重要的事情。很多时候，我们心中唯一不随时间消逝的，是灵性上的深层幸福。

因为幸福并不是一件紧要的事情，而且内心的幸福也可以花费时间来得到，过得幸福一再地从我们的重要事项列表上往后排。史蒂芬·柯维指出，我们的生活一般有两种排序方法：一种是以重要性排序，另一种是以紧急性排序。紧急性其实是一种时间维度——紧急的事情是和当下有关的，而不紧急的事情是和未来有关的。柯维发现，当我们把这两种不同的排序所得到的列表放在一起的时候，紧急的事情总会不知不觉爬到最上面，无论它们是否重要。幸福是重要的，但它却并不紧急。追求幸福于是在待办事项上掉到了第 10 位，排得比在干洗店关门前去拿衣服更低。最后，我们的时间就像一块被分成固定大小的比萨饼，而我们还在不断地把它们越分越细，导致每一小块都变得更难以让人满足。

> 大部分人的幸福程度总是和他们追求幸福的决心相匹配。
>
> ——林肯

找到幸福比挑糖果要复杂得多，但比赢彩票的概率要高。虽然在通往幸福的路上有很多困难，但大部分人都非常幸福。车祸的受害者没有中彩票的人和其他四肢健全的人幸福，但他们依然是幸福的。如果那些经历过灾难的人都可以幸福，那其他人就更容易寻到幸福。我们重构过去、解释当下、建构未来的可能性给了我们得到幸福的能力。我们只需要花时间去使用它们。

🕐 提升你的幸福指数

> 在享受中浪费的时间，并没有真的被浪费。
>
> ——伯特兰·罗素

心理学家索尼娅·柳博米尔斯基找到了12种能帮助人们提高自己的幸福指数的策略,每一个策略都直接或间接地和一种时间观有联系。下面的附图清楚地表明了各种片面的时间观所带来的限制。那些有着片面时间观的人无论身处何种情况,都只会用一种时间观来理解当下的情景。这也是我们的时间悖论的另一个特点——片面的以未来为导向的时间观能在某些时刻很好地帮助我们,但在另外一些时刻却不能。例如,片面的以未来为导向的时间观会让一个人培养乐观的心态、想出应对不同情况的策略,以及帮助我们设定生活的目标。虽然这些策略能提升我们的幸福指数,但片面的以未来为导向的时间观,会让人看不到那些同时整合了过去、当下和超未来时间观的人所能看到的方法和策略。只有一种平衡的时间观才能向我们展现所有通往幸福的道路。既然只有40%的幸福在我们的控制范围之内,那么用尽各种办法追求幸福就变得非常重要。片面的时间观会把一些通往幸福之路的潜在大门关上,而平衡的时间观则让我们具有充分的灵活性,允许我们在追求幸福的过程中,选择不同的道路来绕开那些不在我们可控范围之内的、不可避免的阻碍。当你看到下面所列出来的12个步骤时,你可以认真思考如何将它们应用到自己的生活当中。我们强烈推荐索尼娅·柳博米尔斯基的《幸福有方法》(*The How of Happiness*)一书,下表也是从这本书中的内容改编而来。

其他优秀的研究员也写过大量关于幸福的心理学著作。我们强烈推荐他们最近的一些作品,尤其是马丁·塞利格曼的《真实的幸福》以及丹尼尔·吉尔伯特的《哈佛幸福课》。我们在这里并不想详细地引用他们的研究，只是想指出平衡的时间观是应用这些提高幸福的策略的必备条件。追求幸福却没有平衡的时间观就像用单声道听好的音乐、喝好酒的时候鼻塞，或者没有做好前戏就做爱一样。这些事情可能依然会有意思，却少了一种能最大化幸福感的完整。

表 9-1　时间观与迈向幸福的 12 步

	时间观			
	过去导向	当下导向	未来导向	超未来导向
活动	表达感激	练习善行	培养积极心态	践行宗教信仰或培养灵性发展
	避免过度思考或强迫性反思	培养关系	发展应对策略	
	学会原谅	增加全神贯注的体验	设定及追求生活目标	
		享受生活中的乐趣	照顾好自己的身体（锻炼）	
		照顾好自己的身体（冥想）		

我们在这里不会讨论具体的提高幸福指数的策略，但我们想在这里讨论时间对于个人幸福程度的一般性影响。正如我们看到的那样，每一种时间观都提供了一条通往幸福的道路，但至少你需要给自己一

些时间来走这些道路。

给自己一些时间感受幸福

好事多磨。这样的大道理你肯定都听过，但对于幸福而言，这是真的。甚至，连意识到自己是幸福的这件事，都是需要花时间的。你埋头游了好长一段时间，也需要停下来看一看，才能意识到之前躲避的危险已经消失，一座繁花盛开的热带小岛出现在你眼前。当你意识到小岛的存在时，你才能选择继续往前游还是停下来闻一闻花香。如果你不愿为幸福而停留，那你要为了什么而停留呢？

大部分的人，至少在他们每年两周的假期里，还是会给自己点儿时间来享受幸福。但这远远不够。你需要把幸福融入你的日常生活。有时候这是自然而然的：你看到一朵美丽的花，就情不自禁地闻了一下。但你也可以计划你的幸福时刻：你可以每天用一小时的时间和你的伴侣交流、遛狗，或者听听音乐。如果你说话温柔一点儿，也许你的伴侣还会答应与你共度鱼水之欢。这一小时的时间从哪里来并不重要，重要的是，你要把享乐的时间优先级提高。

过去的幸福：回味美好的过去，好好疗伤

时间可以治愈我们受伤的膝盖、增加定期账户的利息，它也可以治愈我们情绪和心理的创伤。让负面的情绪留在过去，让自己逐渐远离痛苦。努力把美好的回忆留在记忆的最鲜活处。图片、笔记还有放在家中不同地方的卡片都能把你的过去带到当下。你可以重新体会曾经的幸福，从而重新强化你的幸福，并随时回忆一下。用美好的回忆充满你自己，让自己有能力抵抗负面想法的入侵，让自己有机会在未来创造更多幸福的时光。每年做一些关于孩子成长过程的小画册，把他们生活中的积极事情都记录下来。

当下的幸福：练习正念

做正念练习能帮助你活在当下。当你细心留意你的感觉时，你能全然意识到自己身处的环境，以及自身在当下的存在。正念能增加你在时间之河里奋力前游时把头抬出水面的时间，让你既能看到潜在的危险也能看到当下的幸福。当你处于正念状态时，你能意识到自己所处的位置，也能看清自己的目标，你可以修正自己的路线。每当你错过了高速公路出口、把橙汁倒在你自己的麦片上，或者把小孩忘在了公交车上时，你都不在正念状态。

很久之前，一个年轻的沙弥在深山里接受多年的佛法修行。当他终于觉得可以一试身手的时候，他爬到了他的师傅做冥想的山顶。可他的师傅让年轻人等了一天又一天，一直都没有考查他的修行程度。最后，师傅打破了沉默，问那个早已等得不耐烦了的年轻人："我只想问你一个问题。在通往这个山顶的小径的开头，在路边有一个标志。那个标志是在路的哪一边呢？"他的师傅考的不是年轻人学到了什么，而是如何在生活中应用它。正念追求的并不是抽象的知识。

提高正念看似非常简单，但上文中年轻人的故事则证明，提高正念很有挑战性。高僧们要花很多年才能掌握正念，并不是因为他们学得慢，而是因为这是一件非常难以达到的事情。有多难呢？有一个非常简单的正念练习是每一次你走过一道门的时候都摸一下门框。当你摸到门框的时候,将你的注意力集中在那一瞬间,注意它的形象、声音和味道,好好体验在你面前打开的这道体验之门。这个习惯可以帮助你把注意力集中在当下,让你对幸福的体验更加丰富完整。如果你和我们一样,你从此也会经常走过更多的门,低头,然后摸一摸门框。

未来的幸福:追求幸福

幸福并不是一个终点而是一种追寻,一次永不停止的,并没有一个明确目的的旅程。你前进的方向,并没有不断探索重要。对于某些人来说,这意味着没有任何东西能真正让我们幸福,但对于心理学家而言,这只意味着幸福是一个移动的目标,而非永不可及的。今天会让你幸福的东西,在未来未必还会让你幸福。

能使大部分人感到幸福的是成功。成功和幸福一样,当我们看到或体验到它们的时候,我们就能认出它们来,但很难描述它们。成功和幸福都很难被定义,也都非常个人化。传奇人物加州大学洛杉矶分校篮球队教练约翰·伍登这样定义成功:"成功是内心的平静,是当你知道自己已经竭尽所能并达到最佳状态时的满足感。"

伍登对于成功的定义包括了过去、当下和未来。内心的平静是当下的体验,却是过去努力的结果。延展成功的显而易见的方法就是在未来继续努力。勤奋以及对成功的不懈追求是伍登个人道路最显著的标志。在赢得9次全国冠军之后,伍登在他的最后一个赛季之前写了一份清单。在这份包含15项任务的清单上,有两项是和时间有关的:"忘记过去,专注于每天的练习",以及"不要因为我们在过去取得了成功就把任何事情当作理所当然"。对于伍登而言,时间和我们今天如何体验成功,以及如何保证在未来继续体验成功都有关系。

找到生活中能让你幸福的东西,然后多做这些事情。追求幸福需要时间、练习和真诚。你曾经喜欢的东西会改变,而且有时候我们需要勇气承认这一点。要为走不通的道路和让人失望的事情做好心理准备,但也要记得享受追寻的过程。

此外,找到生活中让你不幸福的事情,然后尽可能少做这些事。做到这一点也不容易,而且不可能一次完成。你需要尝试找到不幸福的根源,然后努力从生活中消灭它们。回避危险,努力游向眼前的那个热带小岛,也不要忘了留意沿途的花香。

学会拥抱改变:做一天"怪人"

能让你感到幸福的事情会变,而你也需要与之一起改变。有一个非常有效的方法能帮助你学会拥抱生活中的改变,我们称之为"做一天怪人"。我们都亲自尝试过,也经常让全班的学生一起参与。

你的任务是主动挑战自我形象中的一个重要部分,你可以自行选择要挑战哪一个部分。例如,那些在早上出门前通常要花两个小时化妆的学生,要尝试从床上起来直接去上课。有一些人要尝试剃光头,有些人要尝试不注重衣着打扮,有一些人要穿得破破烂烂,有一些人尝试打扮得像个乞丐,有一些人走到哪里都带着《圣经》,有一些人走到哪里都带着烧杯,有一些人尝试着说话不着边际、夸夸其谈,有一些人则尝试一整天不说话。每个人的目标都不一样，但他们都需要勇气。但一旦你尝试并坚持下来，你就会感觉更自由。你能感受到改变，甚至是非常大的改变，而且改变也不会要了你的命。当你有意识地做一些可能会让别人笑话你的事情时，你对于别人的笑声也具有控制感，因而不会把它理解成嘲笑或者失败。所以，尝试做一天幸福的怪人吧！

选择幸福

并不是每一个结果都源自一个选择。有时候，环境会引导我们自动地行动，甚至都让我们无法意识到环境对于自身行为的影响。当你想摆脱环境对你的影响时，练习正念可以让你感知到它的存在，并通过自己的行为减少它对你的影响。例如，如果你现在以一种效率低下的方式在行事，那么你会意识到你的个人选择和环境对此都有影响。然后，你可以选择直接改变自己的行为，或通过改变环境间接地改变这种情况。

一旦你意识到这种环境对于你的影响之后，你就打开了通往改变的大门，从此你的生活才真真正正地属于你自己。在你每走过一扇门的时候都要细心留意。请记住，你可以从过去学习，但你并不是过去的囚徒，你可以让今天成为你余生中的第一天。

你可以选择如何重构你的过去，解释当下，建构未来。你也可以选择去记住昨天所喝的一杯美酒，忘记上一周不小心打翻的一瓶好酒。你可以选择看到手中的杯子是半满而不是半空，细细品味它的味道；你也可以期待明天的酒杯是全满的。你要选择幸福而不是绝望，选择欢愉而不是心碎，选择乐趣而不是痛苦，尽可能地过好每一天。

你能赠予别人和自己的最好的礼物就是时间。无论你是付出的一方还是接受的一方，都请好好地拥抱这份礼物。请允许自己选择幸福，全然地活在当下。过去已经过去，但未来还没有来到，当下是你的一切。让自己有享受当下和在未来追求幸福的机会吧。

第 10 章
商业、政治与时间观

2000年1月的一天，安然公司的首席执行官、董事长肯尼斯·雷在临睡之前，对安然公司的股票每股收益的预期为0.30美元。第二天早上，每股收益变成了0.31美元，这和分析师们的预测保持一致。但这一更改并不是因为安然公司的会计在之前的财报分析中发现了错误。他们只不过是直接把0.30美元改成0.31美元。他们做了假账。

2000年7月，华尔街预测安然公司股票的每股收益是0.32美元。安然公司的高管们把财报改了又改才做出了一份每股收益为0.32美元的财报，但在终稿里，每股收益却变成了0.34美元。安然的总裁和首席运营官杰弗里·斯基林，直接要求会计们做了这一改动，以稳定公司的股价。

2001年2月6日，安然公司被《财富》杂志连续6年提名为最具创新能力的美国公司。安然也在《财富》杂志最受尊敬公司、管理质量、产品和服务质量以及员工能力这些排行中位列前20。显然，安然公司一直都做得不错（或者看上去是如此）。肯尼斯·雷把安然的成功归功于他们"世界一流的员工以及他们在当今快速发展的商业环境中对继续驱动成功创意的坚持"。他们的股价也达到了每股 90 美元的最高点,无论是以何种标准来看,这都是现象级的商业成功。

在同一年的后半年,2001 年 12 月 2 日,安然公司申请破产。公司股票变成了每股 0.30 美元,630 亿美元随着这次破产消失了。成千上万的人失去了他们一辈子的积蓄。安然公司的倒闭也连带着搞垮了五大咨询公司之一的安达信(Arthur Andersen)和它全球 85 000 名员工(包括那些帮忙做假账的会计)。"房间里最聪明的人"(正如一本畅销书中所讽刺的那样)促成了美国历史上最大的一次公司破产。如此成功的商业故事是如何变成一场噩梦的呢?

安然公司的案例,一开始是一个关于一帮非常聪明而且心地善良的年轻人努力工作、追求成功的故事。他们通过做出一系列商业上的正确选择,得到了一连串非常正面的季度性财报。当他们把安然公司做大之后,却放弃了为他们带来成功的未来时间观。取而代之的是,集体共识之下的以当下为导向的时间观。他们把关注点和行事的优先级别都放在了当下,哪怕这将葬送公司的未来。在早期,安然的高管也许曾考虑过在财报上做假的后果,但在 2001 年的时候,他们已经失去了对建立一个成功商业帝国的长期目标的关注,只是短视地专注于制造好看的季度性财务报表。他们的时间观已经变成了以每 3 个月为单位的碎片。证券交易委员会的前主席阿瑟·莱维特说道:"安然事件来源于一种在我们这个过度关注股价、季度报告、每股收益,以至于失去了道德价值的商业世界中普遍存在的'作弊文化'。"

安然的高管建起了一座虚拟的赌场。作弊文化强化了原来就已经狭隘化的以当下为导向的时间观，让他们不敢去面对任何当下的行动可能带给未来的负面影响。在这样的一种文化里，那些不合作、不参与的人都被排挤掉或者开除了。就像在一座真的赌场里一样，花在上面的都是真金白银，而为了投资人和安然公司的短期利益，他们赌徒般地操纵了季度报告。

高层管理人员的共有时间观也会鼓励其他人采取和他们一样的时间观。最终，有16位高管承认参与了不同形式的造假。另外还有两位——雷和斯基林因为造假被法官定罪。他们中有一些人知道自己所做的事情是错的，因为在事发之前的几个月已经有其他的安然员工告诉他们了。2001年8月，安然公司的企业发展部副主席雪伦·沃特金斯，在一封给雷的信中写道："我非常焦虑，因为我们很有可能会在一波审计丑闻中败露。我在安然公司努力工作的8年，以后对于我的职业生涯来说也毫无意义了，整个商业世界都会觉得我们过去的成功也只不过是一系列巧妙的财务骗局而已。"沃特金斯看到了危险，而且她已经警告过她的上司了。他们也知道她所说的是对的，但他们并不相信危险就在眼前，他们忽视了她对未来的预测。

为什么一群聪明的人能变得这么愚蠢？事实上，他们并不愚蠢。他们用来推高安然公司收入的复杂的（同时也是伪造的）财务条目都非常精妙而且富有创造力。他们非常聪明，而且一开始大部分人也是以未来为导向的，但随着时间的推移，贪婪消解了他们的未来导向，一种以当下为中心的时间观取而代之，这让他们把自己在未来会变成一个肮脏腐败的恶棍而被抓的可能性抛之脑后。最终，他们看到最远的未来也只不过是下一份财务年报。

和雷、斯基林以及其他人不一样,沃特金斯看到了过去、当下和未来的联系。她希望她过去的成功能对她的个人发展产生积极的影响,而不是带来毁灭。而其他高管的时间观则不能让他们看到这种联系,哪怕沃特金斯已经给他们画了一张关系地图。

列宁曾经说过:"哪怕我们要用买来的绳子把他们吊死,资本家还是会把绳子卖给我们的。"列宁相信,资本家不仅贪婪,而且非常短视,他们只看到今天从卖绳子中得到的一点点利润,而看不到明天会被同一根绳子吊死的可能性。在安然破产的案例里,安然公司还有那些华尔街上的独立投资人,把绳子卖给了对方。他们每个人都太过专注于当下,却看不到未来在他们脖子上的绳子已经越勒越紧。的确,是安然公司的领导层因为造假而被定罪,但所有知情的投资人都是这场破产事件的同谋者。

美国文化中对于及时行乐的追求给安然和其他公司的表现带来很大的压力。要求上市公司对股民负责,这本身并不是一件坏事情,但追求今天表现的压力会减少对于未来表现的考虑。这就像我们决定从今天开始在马拉松比赛中给那些选手每 100 码[①]就发一次奖牌,而不是等到他们完成整个 26 英里 385 码的赛程之后再颁奖。关注短程成绩本身也并不是一件坏事,这也是为什么我们会有 100 米短跑比赛。但如果我们真正关心的是长期表现的话,专注于短程的成绩就可能会引起肌肉抽筋、过劳,或者使我们在比赛结束之前就失去了专注

[①] 1 码=0.914 4 米。——编者注

力。商业和投资其实是一场马拉松，但我们的文化却把它们当作短程比赛。

采取短期的时间观不会给企业的健康或者一个国家的经济表现带来长远利益。真正成功的资本主义应该专注于创造能在几代人的周期里带来利润，同时又能服务社会以及社会成员的企业，而不是专注于季度表现。以贪婪驱动的资本主义是以自我为中心的，会把其他所有人以及整个外界环境都看作是自身成长的消耗品。它会成为一种制度化的罪恶，将逐利视为唯一重要的事情，并把逐利过程中所用的不道德的手段都合理化，过程怎样并不重要，只要公司内部的法律顾问能找到一条合法的解决方式即可。

当我们在写这本书的时候，另外一场和安然公司非常类似的危机正悄然发生在美国的房地产业。银行和房贷公司引诱买家以超出他们还贷能力的贷款买下房产。当利率上升的时候，数以千计的家庭因为还不起贷款而失去了他们的家。全美有许多社区的房子都空置了，银行损失了大量的资金和资产，许多高管都失去了他们的工作，因为他们没有看到次贷危机会给公司带来的风险。监督贷款放贷方的机制也失效了，快速致富的幻象胜过了投资者的谨慎。我们再一次看到，当我们以当下为中心和以未来为中心的时间观不能保持平衡时，无论是在商业还是在政府监管上，都会带来灾难。

商业时间简史

人们发现时间与商业的关系已经有几个世纪了，但大约在 100 年多年前,美国的工程师弗雷德里克·温斯洛·泰勒发明了科学的管理法。通过一系列致力于提高工作效率的关于时间和动作的研究,他希望能在工人工作的过程中尽可能地榨取最大的工作效率。现在,他的理念已经不再流行了,因为工人觉得泰勒站在管理方的立场,帮助工厂从他们身上尽可能地榨取最大的利润。这种工人和管理方的分裂,在今天的美国制造业中仍然存在。

100多年之后,日本的汽车制造业成功地取代了美国在汽车行业的领导地位,它们用的却是和泰勒完全不一样的方法。他们以团队为中心的生产方式生产家用汽车和卡车,而这种方式却是从一个知名的美国社会心理学家库尔特·勒温的理论而来。他的研究证明:工作中每一个成员都相信自己的贡献对于团体工作的重要性。

20世纪初,著名的哈佛经济学家约瑟夫·熊彼特写道,资本主义每50年左右就会有一场大洪灾一样的破坏性发展。熊彼特发现,大部分时间里,经济发展都是比较平顺的。然后,每50年左右,一次由企业家主导的创新浪潮就会席卷整个社会。但在创新技术摧毁旧的行业的同时,它也会为新的浪潮埋下伏笔。其他的经济学家和商业人士对于商业周期的具体时间并没有共识,但大部分人都认同理解时间对于理解商业非常重要。例如,《财富》杂志的主编马克斯·维斯认为,如今社会改变的速度是"过去数百年平均速度的50倍"。他说这话的时候可是在1959年!和安然公司破坏性的以当下为导向的行事方式不一样,熊彼特所提到的创造性破坏在长远来看是健康的。

在1960年,领导力大师沃伦·本尼斯和社会学家出身的剧作家的菲利普·斯莱特合著了《暂时的社会》(*The Temporary Society*),

他们在其中提出，世界改变的速度会继续加快，直到所有的东西都变成暂时性的。那些在过去平均每50年左右才会发生一次的显著性改变，在今天的社会里每时每刻都在发生。今天我们必须在互联网时间和真实时间之间做出区分。熊彼特所描述的创造性破坏浪潮和改变已经变成一种常态。我们身边的一切都以让人震惊的速度发生着改变。熊彼特保守估计的50年商业周期现在已经变成以秒为单位，很快就会以纳秒为单位了。

时间是问题，时间是团队的一部分，时间是对手，时间是促成变革的普遍性力量，在所有的这些层面上，时间、金钱和商业都是互相联系的。但时至今日，旧的时间观念依然主导着我们的经济。例如，稀缺是经济学理论中最基本的概念。古典的经济学理论认为，这个世界上资源总是不足的。商业和经济管理的作用就是在各种需求之间通过竞争的方式分配有限的资源。一些经济学家开始质疑古典经济学中资源稀缺理论的有效性，其中就包括哈佛的经济学家约翰·肯尼迪·加尔布雷思，他认为"二战"之后，在西方的经济体中稀缺已经不是决定性的特征了，因为有很多国家尤其是八国集团里的国家已经有了足够多的基础资源，比如食物和住所。事实上，我们拥有的商品这么多，以至于我们不得不把商品搞得更"时尚"才能保持它们对顾客的吸引力，最终维持一种人为的需求水平。其实类似的事情在不同时期都发生过。比如，韦奇伍德（Wedgwood）餐具就是第一个意识到供给也可能超过需求的制造商。在它们早期的历史里，韦奇伍德只生产一种餐具。这可能会带来问题，因为如果一个富有的家庭购买了一套，他们的需求就被满足了。为了人为地扩大需求，从而提高利润，韦奇伍德制造了另一种新款式的餐具。今天我们可以看到同样的事情在不断地发生：品牌激增、种类多样化，从手袋、衣服、鞋子、香水到床单，各种领域都是如此。

经典理论的支持者反驳说，如果加尔布雷思说的是对的，如果稀缺可以被消除，那么我们的经济体应该会发生实质性的变化，但事实上这种变化却没有发生。为什么没有发生呢？一种可能的答案是，这些有形资源的确已经变得非常丰富，但另一种不被留意的资源——时间，却变得越来越稀缺了。时间是所有资源之中最为稀缺的一种，因为一个人的时间总是不断减少的。

如果你是一个创业者，你开了一家公司，专门销售一种创新的甚至是有革命性改进的压纸器。一开始你的资源是非常有限的，你的资产包括了你的创意（这是你的智力资产）以及你银行账户上的500美元存款。劳动力就是你自己能做的所有的劳力工作。资源确实非常有限：一个很好的创意、500美元，还有作为唯一劳动力的你自己，但很显然，你需要更多的资源才能成功。所以，你应该怎么办呢？你可能会去找投资者，甚至是风险投资人，来投资你的公司。假设他们喜欢你的想法。他们给你开了一张100万美元的支票，然后，资源突然间就变得不再稀缺了。你现在已经拥有了开公司所需要的资源了。

你用这100万美元去购买各种原材料和生产机器，然后花钱请人来操作这些机器。一切都开始往好的方向发展，还有三个月你就可以发布你的新产品了，你甚至已经开始在想等钱赚到手你就要去买一座加勒比小岛。这个时候传来了一个不好的消息。你发现另一家公司也在生产同一种产品，而且他们还有一个月就可以发布他们的新产品了！你非常慌张，但你马上想起来当你之前需要更多稀缺的资源时，你的风险投资人都像从空气中凭空变出来一样把这些东西带到你眼前。这次你也跑去跟风险投资人解释说，你需要更多的时间，但这次他们却嘲笑你异想天开。你觉得如果没有人能给你时间，也许你可以花钱买。你想象应该会有专门的商店，把时间装成一份一份出售，就像卖预付电话卡一样。你觉得你应该可以走进这么一家店，然后要求买两张一个月的时间卡，最好还能再买几张一周的时间卡，这样比较保险。但是，哪里会有这样的店呢？我们可以买任何东西，唯有时间不可。

正因为时间是无价的，所以时间是最好的均衡器。无论时间给我们发了怎样的一手牌，我们都只能尽可能地打好它。因为我们不可能花钱买更多的牌或者换掉手上拿着的牌，无论我们是谁。但是，我们可以学着更有效率地打好手上的这副牌，这也正是本书希望能传达的理念。

出售你的未来

预测像我们想象中的压纸器公司的商业发展情况是一件非常难的事情。但尽管变数非常多，有一些人（比如像沃伦·巴菲特、彼得·林奇还有比尔·格罗斯）似乎经常能成功预测公司在商业上的成功和整个大环境的商业周期。有一些预测人士，也许的确有着自己独到的专业知识，让他们能准确地预测公司未来的商业表现，但另外的一些人则无疑只是概率的受益者。例如，我们假设：一个财务咨询师预测一只股票涨或者跌的概率是60%。我们也可以假设有50万名财务咨询师在全球各地工作，他们平均每人每年会对未来的经济发展做出两个独立的预测，并且他们都至少工作10年。在这种情况之下，根据概率，应该会有18名左右的财务咨询师在这10年里的预测中准确率都达到100%，哪怕他们只是随机地做出选择。这18名财务咨询师毫无疑问都会登上《财富》杂志的首页。而且因为他们之前的优异表现，你可能会期待他们下一次选股票时推荐的那几只股票100%会涨。你甚至可能会愿意付这些巫师一样的家伙一大笔钱，就是为了得到他们的预测结果。千万不要这样做。因为他们下一次选对股票的概率依然是60%。这18个人中大约60%的人会选对，40%的人会选错。任何一个人，哪怕是最幸运的人，也不能逃脱概率的控制。

预测未来是非常困难的，而且没有人能一直预测未来。但这并不妨碍人们依然在不断尝试预测未来，并且不断尝试说服别人他们真的有预测未来的能力。财务咨询师并不仅仅在投资人赚钱的时候才赚钱，哪怕投资人亏钱了，他们照样在赚钱。无论他们对于未来的预测正确与否，他们都能赚钱。非常有意思的是，财务咨询师卖的正是他们预测未来的能力，他们能操纵整个业务系统，无论他们所卖的预测是否准确，他们都能赚钱。也许他们希望所有人都能从他们作为预言家的天赋中得利，但毫无疑问的是，他们也意识到，出售他们的预言比基于预言自己去做投资要赚得更多。我们可以确信的是，如果他们真能预测未来，那么他们已经在自己的加勒比小岛上享受退休生活了，而不是在这里向你卖力地推荐这只绩优股。如果他们根据自己的预测已经赚到了足够多的钱，他们也不需要通过向你卖股票来赚钱了。

时间观引发的领导力

20世纪60年代，当菲利普·津巴多刚开始自己的教书生涯时，他邀请了当时还年轻的社会运动家马尔克姆·艾克斯，到纽约大学讲一堂心理学的课。下面是津巴多关于这件事的自述：

> 哪怕是在我们学校这么多元化的学术环境里，20世纪60年代的紧张气氛依然从这堂课的一开始就表现得非常明显。马尔克姆因为攻击"蓝眼睛的魔鬼们"以及那些被他称为破坏哈莱姆区黑人社区的业主而出名。根据他的说法，那些业主多数是犹太人。
>
> 在我简短的介绍之后，穿着整洁的马尔克姆从他的座位上站起来，安静地走向了讲台，打开了一本旧得掉皮的书。他向全班同学解释说，他是一个有信仰的人，如果大家都同意的话，他希望能以一段《古兰经》的祷告文开始这一堂课。虽然班上大部分都是犹太人，但惊讶于他的礼貌和要求，大家都同意了这一要求。之后，马尔克姆以一段轻柔的祷告开始了他的讲座。
>
> 在接下来的50分钟里，当马尔克姆从他的出身、他的过去一直讲到他的目标时，他说话的方式也变得越来越有激情。学生们一开始的敌意也转化成一股充满激情的力量，他们沉浸于这位社会运动家所构想的未来。听众都被他的话融化了。没有一个人在离开的时候还以之前的看法看待马尔克姆或者看待自己和这个世界的关系，他们都宣誓要说服父母以不同的眼光看待黑人运

动。事实上，有一些学生甚至志愿在暑假到一个哈莱姆区的教育项目里教学。

到底是什么让马尔克姆成为一个这么有魅力、有力量的领袖？我们的研究表明，那些伟大的领袖能够完全地扎根于当下，并把他们从当下所产生的激情都投入追求未来的目标上。他们有一种特别的能力，能够在那一刻全身心地投入，并让受众感觉自己是他们注意的中心，然后用他们专注于当下而带来的能量去创造一个能打动人的未来。好的演说家，包括那些福音派的传道人，都拥有这种技能。他们会用生动的图景、有催眠能力的抑扬顿挫的语调、韵脚和不断重复的关键词和短语。他们的现在时用句，如"现在的情况"和"现在正在发展的情况"，能鼓动人们的情绪，使人们回应其号召，投身到任何已指明的方向上去。

当菲利普遇到比尔·克林顿的时候，他马上就意识到了克林顿迷人魅力的关键要素——那种能把注意力集中起来、凝视与他互动的人以及忽视周围一切的能力。这种能力能让他的聆听者觉得自己很特别、非同一般，因为他们的眼神交流整整有45秒！然后克林顿的眼光马上移到下一个热情的支持者身上："很高兴认识你！"当他的手伸出来做出一个再见的手势时，他的手能在队伍的下一个人出现之前马上变成打招呼的姿势。打过招呼的人会直接变成旧相识，而克林顿则把他的注意力全都放到新相识上。但突然之间，一些无足轻重的人都觉得自己重要起来了。然后，就像计时器一样，留给这个人的时间到了，克林顿马上就起来去跟房间里的其他人打招呼。他的时间管理能力是他魅力的重要来源。每个人，虽然只有那么一小段时间，却都感觉自己被区分出来，被重视，被认真地了解。除了把他们珍贵的、有限的时间打包成这样的一小份、一小份有意义的个人化互动之外，克林顿及其他名人还能如何与这些想得到他们注意的支持者打好交道呢？如果你仔细想想，就会发现，让别人在你的注视之下觉得自己非常特别，正是让别人觉得你亲密或者有魅力的关键能力。当然，要达到这样的目的，你可能要花超过45秒的时间，不过这是值得的。

一个完全被当下的享乐主义时间观左右的领袖，也会受到负面的影响。例如，他们当中的一些人难以抵抗性的诱惑，正如我们在政府、教会当中看到的那样。我们能预见，未来的领袖也会有同样的弱点，因为这是与以当下为导向的享乐主义相关的糟糕的时间管理能力所带来的结果，同时也是个人自我管理的失败。进化心理学家大卫·巴斯告诉我们，在交配的时节，大部分雄性物种都会做出尽可能多的交配尝试，而那些头等雄性则可以挑选它们的配偶。相反，雌性相对于雄性而言更加以未来为导向，因为它们的进化计划就是要寻找那些能为后代带来最好的资源、提供最成功的基因的雄性。因为同样的理由，年轻有魅力的女性也会选择那些年老，甚至一点儿魅力也没有的男人，只要他们足够有钱或者有地位。美国前国务卿亨利·基辛格曾经被媒体追问，为什么在他长相如此一般的情况之下，能吸引到这么多美丽的女性，他给出了一个经典的回答："权力就是最好的春药。"

根据珍·里普曼·布鲁门在《有毒的领导者的诱惑》(*The Allure*

of Toxic Leaders）中的分析，有一些领导者的魅力远远不止于吸引性伴侣，他们还有一种非常强的吸引力，能紧紧抓住追随者的心。布鲁门在书中描述了我们如何以及为何会追随那些有破坏性的领导者，比如像安然公司的雷和斯基林，还有世界通信、泰科国际、美国制造业公司 Sunbeam 以及其他同样破产了的公司的领导者。她也研究了为什么人们会相信那些口若悬河的电视传道人，为什么我们会被咄咄逼人的媒体形象吸引，为什么我们会屈从于像阿道夫·希特勒这样的鼓动者和杀人犯的蛊惑。某种程度上，这些人都满足了我们的一些基本的心理需要，而且他们无一例外都是行动派，从来不会为后果考虑。他们的形象就是绝对权力的化身，而我们当中的很多人，都抵挡不了这种危险的诱惑。

企业精神

　　根据管理学大师彼得·德鲁克的观点，创新并不是用一个瓶子去捕捉闪电。创新可以用系统化的方式去追求和得到，如果你知道要在哪里找的话。在《创新与企业精神》一书中，德鲁克告诉了我们要到哪里去寻找，并确认和排列出 7 种创新的来源和创业机会。他的列表上排第一名的是"意外"。从德鲁克的观点来看，当未来不以我们原来想象的那样发展时，意外就会出现。意外可以是意外成功或者是意外失败的信号。在这两种类型当中，意外成功能提供更多的机会，但意外失败也同样有它的价值。路易·巴斯德（巴斯德消毒法的发明人）曾经写道："机会总是青睐有准备的人。"当意外机会出现的时候，那些以未来为导向的人更有可能明白它的意义，也更懂得如何去抓住它，因为他们已经在教育上投资了自己，也学会了如何去关注一切的机会和因果联系。他们能很快地从发现走到理解，因为他们早已经准备好把新的东西整合到原来熟悉的模型里，或者以此创造一个更好的新模型。

毫无疑问，你以前应该听过一些被形容为"自切片面包以来最好的东西"（意指有史以来最好的东西）的创意。但你也许从来没有停下来想一想，为什么英文里会用这样的说法。毕竟，切片面包有什么值得夸赞的呢？直到1928年，人类才有切片面包，但在那之前，没有切片面包的人类似乎也活得好好的。我们自己切面包的时候，甚至还有一些时光倒流的浪漫感，所以切片面包也没什么了不起的，不是吗？

如果我们真的停下来想一下，到底是什么让切片面包如此突出，我们会发现它之所以伟大的两个特点。第一点，切片面包能省下我们不少时间。虽然不是很多时间，但也是我们大部分人都希望能省下来的时间。第二点就更加微妙：切面包并不是一项精准的科学。当你自己切的时候，你要么切得太薄，要么切得太厚。切面包其实非常难，即使我们用再多的时间，也不可能切得比机器好。所以，切片面包机不仅省下了你切面包的时间，还能省下大量你想切出完美面包所花的徒劳的时间。切片面包机给了你一些之前从来没有过的东西——完美的厚度均等的面包片。

在我们做新事情的同时，这些新的发明也会花掉我们不少时间。我们能做的新事情越来越多，花在它们上的时间也越来越多。如果我们能做的新事情总是比旧事情要好的话，多花的时间也是值得的。但事实上并不总是如此。正如史蒂芬·柯维指出的那样，紧急的事情总是在我们的优先次序列表上排得更前，从而把那些不那么紧急，却可能更加重要的事情挤到后面。同样，做新事情的能力会把旧事情推到后面——无论这件旧事情有多么重要、能给我们带来多少欢乐。未来的目标能帮助我们回避这种紧急（新鲜）事物的陷阱。一旦我们决定了是否要名声、财富、快乐、刺激、安静、舒适，无论是要一部分还是全都要，我们就可以决定如何最科学地分配我们的时间，以得到它们。

🕐 时间陷阱

有一些发明能让我们做一些之前做不到的事情，或者让我们能以更好、更快、更便宜的方式做老事情。大部分情况下，这都是好的，但创新和科技也可能会带来负面的影响。例如，假设你真的非常喜欢切面包，在有了切面包机之后，你还会像以前那样经常自己切面包吗？很有可能就不会了。很多时候，省时间要比享受亲自切面包的过程更紧急。但是，每个人拥有的时间都是固定的。花时间做新事情，就意味着只能花更少的时间去做老事情。如果老事情并不能给你带来享受，那还好。但如果老事情能给你带来享受，那就不好了。

创新和科技能节省我们很多的时间，但它们也能花掉我们不少时间。我们需要花时间才能学会使用新的科技，而且使用新科技本身也是耗时的，这些时间可以花在别的事情上。对于某些人来说，科技所花掉的时间是可以接受的，甚至是能带来快乐的。对于另一些人而言，科技只是一种工具，花在上面的时间一定要得到有效的控制。还有人认为，科技没有必要，只会把他们喜欢的以旧方式做事情的乐趣剥夺。

下面，请阅读对三个成功人士典型的一天的描述，思考一下他们是如何控制科技的，科技又是如何控制他们的，再思考一下科技是如何融入你的生活当中的。

音乐工作者温顿·马萨利斯的一天

在演奏和作曲之外，我还需要做很多别的事情，比如做演讲或者募款，但所做的一切都是为了爵士乐。哪怕我在谈美国的文化或者美国的人民，我讲的依然是爵士乐。所以，一切都围绕着我的技能而来。我并不是一个非常有条理的人。对于我而言，我的座右铭是"想做就做，全身心投入"。

我从来都没有发过电子邮件。我有一台电脑，但我从来都没有打开过。我有一部手机，我刚刚才学会怎么用它来发短信。我做事一向轻率，或者有时候我会把我想发的短信告诉我的员工，让他们帮我打字发出去。

音乐在于即兴，在于能够在当下与别人的互动中创造出新的东西来。做得很好的人并没有很多。达到极致意味着练习、练习、再练习。我对这一点非常认真。我们都有着同样的理解系统，可以理解音乐和人与人之间的爱。这是一种心流体验。

高管比尔·格罗斯的一天

我会在早上 4 点 30 分左右醒来，然后看一下市场的情况。我家楼下有一个彭博交易终端，还有一部德励财经信息终端机以及一些其他的交易工具。彭博交易终端是最重要的工具：你可以看到最近的纽约交易汇总，也可以看到最近 50 年巴西货币的实时历史。你能看到的东西实在是太多了。

查完日本和欧洲的市场后，我会给自己做一点儿早饭，在 5 点 45 分左右出发去工作，在 6 点左右到达办公室。前一到两个小时我通常会用来适应今天的市场情况，了解各种新发布的经济数据。有很多宏观数字——GDP、失业率以及其他的就业数据，通常都会在太平洋时间早上 5 点 30 分左右发布出来。

作为一个证券投资组合经纪人，消除干扰信息是非常关键的。你需要把信息流简化到最低的程度。你可以把一整天都花在阅读不同的意见上。对我而言，这意味着完全不回甚至不看任何我不想收到的电子邮件。除非是我妻子的电话，否则我在一天里只会回复三到四个电话。我没有手机，我也没有黑莓商务手机。我的座右铭是"我不想与人联络，我希望能完全失联"。

我一天当中最重要的时间并不在交易厅里。每天早上 8 点 30 分，我会从我的桌子面前站起来，到对面的一个健身房去。我会做一个半小时左右的瑜伽或者健身，一直从 8 点半做到 10 点。我会远离办公室、远离噪声、远离彭博交易终端。

在 45 分钟的健身单车和大约 10~15 分钟的瑜伽之后，突然之间一些重要的想法就会出现。我认为这一个半小时是我全天当中最有价值的时间。

高管玛丽莎·梅耶尔的一天

我不会觉得信息超负荷了,因为我真的很喜欢信息。我的个人邮箱一天有15~20封邮件,但我的工作邮箱有时候一天会收到700~800封邮件,所以我需要一些更快的东西。我有时候会来一个邮件马拉松,抽一个周六或者周日,坐下来连续回10~14个小时的邮件。

我对于速度非常敏感。就以TiVo数字电视服务为例,我觉得我花了太多的时间看着"请等候"这个标志浪费时间。我很喜欢我的手机,但当你接电话的时候说"喂,喂"时,你还是能感觉有那么一秒的耽搁。

我一直都在尝试找到让非生产性时间变得更有生产性的方法。如果我正在开车去一个地方,我会一边开车一边打电话给家人或者朋友。或者当我不得不排队的时候,我会打开手机尝试处理一些事情。

在普通的一周里,我会开70多个会议,每天大约要工作10~11个小时。每周五6点左右,我会离开办公室,去旧金山做些有意思的事情。

上面的每一个人都是他们行业当中顶尖的人才。但是，他们的生活方式和对待时间的态度都不一样。你觉得这三个人当中谁使用时间的方式最有智慧？他们当中谁的工作日和你最相似？你最羡慕谁？这样的工作方式让你感觉如何？你的答案能告诉我们很多东西。

如果你是一个以未来为导向的人，我们猜测你最认同玛丽莎·梅耶尔的描述。她的生活是最典型的美国成功故事的缩影。她通过天赋和努力走到了她现在的位置，她把邮件量和工作时长当作自豪的徽章挂在胸前。她用数字来描述她的一天：收了多少邮件，工作了多少个小时，等待了多少秒钟。她的每周、每日、每分、每秒都是计划安排好的。每一秒钟都很重要。对于她而言，没有产出的时间就是浪费掉的时间。以前那位追求最短时间工作最多的弗雷德里克·温斯洛·泰勒如果在世，也一定会为玛丽莎感到自豪。

如果你是以当下为导向的人，我们猜测你与温顿·马萨利斯最有共鸣，他同样是一个美国成功故事的典范，虽然他的成功并不是因为他能长时间工作来追求未来的目标，而是因为他能完全地投入音乐的当下，全然忘了自己。温顿认为他的生活完全沉浸在爵士乐的激情里。和他的爵士乐一样，他生活中的大部分也是即兴的。大部分的时间里，他只不过是在做他自己。他太投入自己的艺术当中，所以他都懒得学习任何未来导向的人喜欢用的工具，比如电脑、电子邮件或者日程安排。但是，他的天赋也是需要长时间的练习来打磨的，而且他的能力把他放到一个很高的位置，能请别人帮他处理预约、电子邮件以及其他各项未来导向的杂事和各种日常生活细节。

比尔·格罗斯的态度则是一种处于温顿和玛丽莎之间的实用主义。和玛丽莎一样，比尔也工作很长时间，用数字描述自己的一天。但是，和玛丽莎不一样的是，比尔非常有意识地花时间将自己从"母体"当中脱离出来，所以他和温顿一样，通过瑜伽的方式进入全然自觉的状态。对于比尔而言，科技是一种必要的而且非常有用的工具，但他也意识到科技只能帮他到这里。科技以及花在上面的时间只是一种手段，而不是目的。

生活和事业都像马拉松长跑。正如第一个完成了马拉松的希腊人一样，很多人和很多商业帝国都在比赛的最后死去了。但是，从现在到比赛结束这段时间里，你可以做新的事情，但这不代表你应该或者一定要做它们。请评估一下你自己使用时间的方法，看看自己花在当下的目标和未来的目标上的时间分别有多少。你今天想要什么，你明天想要什么，你应该如何平衡这两者？季度收入当然重要，但不被送进监狱也同样重要。而仅仅关注于当下，也可能会让我们走到破产的那一步。仅仅关注于未来，可能会鼓励我们把新奇的事物放在简单的快乐之上。请回忆一下我们在第 5 章里提到的成功的中层管理人员，尽管他们地位很高，物质上也非常富有，但他们的个人生活却非常空洞。有谁希望自己的墓志铭上写的是这样的话？请问问你自己，你今天想做的是什么。你希望如何度过这个周末？不要问自己今天需要完成什么或者在真正能抽空去享受生活之前还有什么责任必须完成。请坚持问自己最重要的那个问题：我真正希望从生活中得到的是什么？我要做什么才能得到我想要的东西？实现未来目标，最好的路线是什么？

时间观的冲突是政治的核心

作为社会中的人，我们经常在礼貌性的交谈中回避政治辩论，而把政治问题留给那些能经受得住激烈争吵的关系，或者留给那些我们主动想疏远的人。如果你和我们一样，那你肯定也是慢慢才学会这一课的，而且时不时还会忘记。毫无疑问，你肯定也曾带着这样两个问题结束一场与你政治立场完全相反的人的政治讨论。第一个问题是：他们怎么会相信那样的事呢？——其他人的信仰背后隐藏的坏想法总是能让我们非常疑惑。他们怎么能对这么明显的事情熟视无睹呢？——他们的想法明显就不理性，不合逻辑，甚至一点儿也不正常。

我们也会想：我已经说得如此简单明白了，他们怎么会还看不到我所坚持的立场背后的逻辑和道德价值？如果有哪个人能给出像我们这么清晰的证据，我们肯定会接受他们的政治观点。我们还会充满感激地去接受它！最终，我们总是意外于我们对手的天真，因为他们怎么都无法被我们理智、正确的立场打动。当然，他们也是这么看我们的。

为什么关于政治的辩论总是如此地没有成效呢？虽然只有很少人曾经对此做过研究，但我们认为时间在政治事件和政治辩论当中也有着未曾被发现的影响。理解这种影响，能让我们对自己和其他人的政治立场都有更深入的认识，也能为我们解决冲突提供可能。

时间观的冲突其实是政治过程的核心。1979年心理学家丹尼尔·卡尼曼和阿莫斯·特沃斯基发表了一份简单但非常有意思的研究报告，即对于当下的看法和对于未来的期待如何影响我们的选择。为了说明他们的前景理论，他们要求受试者想象在一次抛硬币的游戏当中输掉了100美元。你选了正面，结果出来是反面。和你一起玩儿的朋友建议再赌一次——同一个硬币，赢了不用还，输了翻倍。如果你接受了挑战，然后猜错了，你就欠了你朋友200美元。如果你接受了挑战，然后猜对了，你就不欠你朋友任何东西了。如果你选择玩第二次的话，你就有50%的欠200美元，50%的不欠任何东西的概率。第二次的收益期待因此就减去了100美元，而这正好是第一次之后欠你朋友的数值。因为无论你是否接受第二次，收益期待都是一样的（–100），你应该更有可能接受而不是拒绝第二次挑战。但理论上，你接受还是不接受，这次挑战的概率应该是没有偏差的。但实际上，你的选择却是有偏差的，你很有可能会选择接受第二次挑战，你更有可能会选择欠债200美元的风险而不是选择确定的100美元的欠债。

在这个例子里面，当下被描述成第一次打赌留下来的亏损，你损失了100美元。未来包括了两种可能的结果，每种可能出现的概率都一样。卡尼曼和特沃斯基的研究表明，人们更喜欢冒险而不是接受已有的损失。用卡尼曼和特沃斯基的话说，在损失的情况下，人们更倾向于冒险。

现在让我们想象一下，你在第一次打赌的过程中赢了100美元。你那位输了的朋友问你是否想再赌一次。如果你接受了第二轮打赌，有50%的概率你可以赢200美元，但也有50%的概率你可能会什么都赢不到。期待收益的均值还是一样的，是100美元。因为期待收益的均值和你之前赢的金额是一样的，所以你接受和拒绝这个挑战的概率应该是一样的。理论上，你应该觉得接不接受都没有关系。但事实上，你还是有倾向性的。你更有可能选择不接受这次挑战。

在这个例子里，当下被描述成第一次打赌带来的收益。你赢得了100美元。未来被描述成两个可能。同样，每一个可能出现的概率都是一样的。卡尼曼和特沃斯基的研究表明，人们在收益的情况下，更加倾向于规避风险。同时，人们拥有了确定的收益之后，一般都会选择回避风险。

在他们的研究中，卡尼曼和特沃斯基创造了一个人为的情景，而在这个情况当中，每一个人都对于他当下的情况和未来的可能性了如指掌，比如他知道他刚刚赢了或者输了100美元。"赢家"和"输家"都面临着一个关于不确定的未来的选择。虽然未来有不确定性，但他们都知道这两种可能（正面或者反面）的准确概率。他们也知道这些可能性会带来的后果。如果他们拒绝了这次打赌，他们的现状不会发生改变。如果他们接受了这次打赌，他们可能会比现状多或者少100美元的收益。

在生活当中，决定很少能如此清晰。有时候我们觉得自己会是赢家，就愿意接受挑战；有时候我们又觉得自己可能是输家，就会回避任何的风险，哪怕我们的客观环境并没有发生改变。我们当下的状态取决于我们如何重构过去、解构当下以及建构未来。通过不同时间观的视角，我们可以用不同的方式去解释当下、定义我们自己。因此，我们可能今天把一件事情当作一种损失，明天又认为是一种收益。

实验当中的未来和我们真实生活中的未来也很不一样。我们面临的选择很少会是简单地接受或者拒绝一个提议,我们面临的选择也很少只有两种可能的结果。而在我们面临的选择当中,我们甚至很少知道每一种后果出现的概率是多少。在生活当中,哪怕是简单的选择也有两种以上的结果。我们被迫要建构自己的未来。我们也许对于未来的可能性只有一些模糊的概念,但我们几乎从来不能完全了解它们。在生活中,我们重构过去、解释当下、建构未来的方式,影响了我们理解当下以及形成对未来的期待的方式。

有经验的选民知道,一次选举和抛硬币打赌其实非常类似。和卡尼曼和特沃斯基的研究不一样的地方是,研究当中受试者对于当下和未来有着完整的认识,但在实际的选举当中,我们的投票行为却非常复杂,它被情绪、政府宣传、误导的信息、不确定性的因素所影响。政客们、政党们以及一些有着特别诉求的团体对于选民们所面对的困境却没有一丝同情。为了操纵选民,他们甚至主动把原来已经非常复杂的选举搞得更加复杂。

当我们参与到一次政治进程的时候,第一步要做的是理解当下情况到底是收益的局面还是损失的局面。当政客们想把它"打扮"成一次收益的局面时,他们就会说,我们现在的情况要比以前好得多。把当下"打扮"成一次收益的局面,那选民就会更可能给那些自称带来当下局面的人投票。这种策略对于以过去为导向的选民而言最为奏效。把当下"打扮"成一次损失的局面,从另一方面来说,就是政客们极力鼓吹现在的日子比以前要差得多。把当下理解成为一种损失的局面,会增加选民选择那些鼓吹改变、不需要为当下局面负责的政党。这种策略对于以当下或者以未来为导向的人最有用。

第二步就是操纵未来的可能性和确定性。不确定性越大，危机的风险越大，对于风险的反感情绪也就越大。不确定性增加了投票人选择当前政党的可能性。更大的确定性会减少危机出现的风险，反过来也会提高人们对于风险的追求。确定性会提高人们选择改变的可能性。

主要的大政党和现任官员都倾向于把当下描述成收益的局面，然后极力提醒大家未来的不确定性，提醒大家选择他们的对手可能带来的风险。他们希望人们把选择现任官员当成一种有保证的收益，而把选择他们的对手视为一次有风险的行为，很有可能会带来灾难性的后果。这种恐吓策略增加了人们对未来潜在灾难的可能性的估计。小政党和其对手们通常都会把当下描述成一种损失局面，然后指出选择他们之后会带来的光明前途。他们希望选民们认为选择在位者其实是一种确定的损失，而选择他们则是一次值得去冒的小小风险。

表 10-1　视角理论、政治、时间与策略

候选人		时间区域		更可能选择
		当下	未来	
	在位者	描述成收益	强调不确定性	现状
	挑战者	描述成损失	强调确定性	改变

比尔·克林顿赢得1992年的总统选举，当时用的口号就是"不要停止思考未来"。乔治·布什赢得2004年的总统选举，一部分的原

因是他迎合了选民们对于稳定的需求，以及希望在位者保持现状继续这场"反对恐怖主义的全球战争"的诉求。他在不同场合的演讲都回应了在中场改变领导者是一种愚蠢的想法这个主题。他的对手，约翰·克里被描述成在许多议题上都前后矛盾、反反复复的人。克里从来都没能成功地让别人相信支持他会比支持他的对手能带来一个更光明的未来。

让我们来看看肯尼迪总统对于他当时国民诉求的回应（不要问政府能为你做些什么，问你能为你的政府做些什么）产生的影响，它把关注的重点从当下转移到了未来。它让人们不再抱怨当下的不公平、不公正、福利系统的不足，而是开始展望他们个人的行为如何能为自己创造一个更好的未来、更好的国家。它让很多年轻人投身维和部队，就像马丁·路德·金当年著名的、强有力的"我有一个梦想"的演讲产生的影响一样，激励着年轻人和老年人为一个充满博爱、热情和尊严的更美好的未来而努力。

环境政治

保护有限的自然资源是全球关注的重要事项，但人们依然经常看不到为后代进行环境保护的必要性。相反，他们自私地滥用和剥削自然资源。作者相信，世界上最珍贵的资源并不是提供能量的石油，而是我们赖以生存的水。我们的生活用水远远不够，而且随着世界各国出现人口的爆炸性增长，世界各国为了争夺水资源的所有权和使用权也将引发新的冲突。

一项在墨西哥进行的研究就突出表明，用以当下为导向的时间观去处理水资源保护的问题会带来很多限制。300名墨西哥市民完成了ZTPI，并报告了他们参与水资源保护实践的频率。

研究的结果与我们的预期一致。那些过去导向的人并不经常参与水资源保护的行动。支持环境保护的行动与以未来为导向的时间观呈正相关。以当下为导向的人参与水资源保护的行动最少。未来导向的时间观随着受教育的年数以及个体年龄的（如果超过18岁的话）增加而增加。但是，在世界上很多其他的国家，教育资源本身就非常有限，而人口统计也显示全球年轻人口比老年人口要多，这就使以当下为导向的时间观在全球范围内占据主导地位，并最终导致我们在保护自然环境的行动上的失败。为了解决这一问题，我们也许需要发展出新的、不同的环保策略，来针对大部分以当下为导向的公民。

向普鲁士人学习

我们每个人都用自己的时间观来筛选我们所看到的政治信息和虚假信息：这些信息在一定程度上都是由教育系统所创造的，而教育系统的发展又是在政客的鼓吹下，被政府长期掌控的。因此，整个时间观的大循环就完整了。政府创造了教育市民时间观的机构。民众投票维持了那个创造了机构的政府。

但世界并不总是如此。1852年，马萨诸塞州州长爱德华·埃弗里特发现了当时的社会亟需把小孩子教育成在快速工业化社会中有用的公民。为了得到有用的建议，埃弗里特找到了一个叫霍勒思·曼的律师，他也是当时马萨诸塞州的教育委员会的秘书长。霍勒思·曼曾经环游世界，评估各国的教育系统，并最后推荐了普鲁士人的教育系统。普鲁士人的教育系统包括 8 年的义务性教育，强调培养学生的品格和学业能力。学业能力又包括阅读、写作和算术能力。品格课则专注于自制力、道德修养和顺从的培养。虽然一代又一代的美国儿童在成长的过程中都恨透了霍勒思·曼的建议，但这在当时却是非常有远见的决定。

埃弗里特当时的目标并不是要培养出一代自由的思想家，而是要为美国培养出一代听话的、终生都将在工厂里度过的工人。对于合格的工人来说，最首要的品质就是准时、服从管理以及对于单调乏味事情的容忍。而普鲁士的教育系统则能以军队的标准培养出这些"技能"来。

当他们进入学校的时候，大部分的小孩之前过的都是自由散漫的生活，想怎么玩儿就怎么玩儿，怎么想都可以，但在进入学校之后，他们就有了一位老师，有了课程表，还有了工作。课程表以及时间开始管理他们的生活。他们学会了迟到是一件不好的事情，一天之中只有一些时间是可以出去玩的，课间休息只有 20 分钟，而且每天都要在同一时间回家。他们也学会了无论他们工作得有多快或者多慢，他们都不能少上一年、一周，哪怕是一天的课。学校里的游戏规则就是组织化、编队化，而每天上的课都是为了培养他们在工厂里能用得到的技能。至于这些课能不能让他们为工厂以外的生活做准备，甚至能不能让他们适应一个几乎没有工业的社会，那就完全是另外一个问题了。

我们教育系统的主要功能就是把以当下为导向的享乐主义小孩驯化、改造成以未来为导向的成年人，以确保他们能在未来找到自主的一席之地。学校打破了小孩子们对于时间的"野生的"观念，取而代之的是一种更文明的、以未来为导向的时间观，确保他们的行为变得可预测、可控制，并与社会中的其他人保持一致。今天的教育系统中，让小孩子们忘记的东西，比如玩乐和自然而然的自发性，与让他们真正学到的东西，这两样的比例几乎是一样的。安静地坐好、不要说话、不要玩、不要做出特别的行动、学会延迟满足、服从权威、忍受无聊，这些都是传统教育系统中最重要的课程。

对于大部分人来说，我们的考试系统的确很成功。大部分人都学会了以未来为导向的时间观，也成了社会中有价值的一员。他们准时上班，按时付清账单，认真计划退休。但对于其他一些人来说，这个系统并没有生效——他们反抗无聊的工作和组织化的生活。没有未来导向的时间观来控制他们的欲望，他们恢复到儿时的以当下为导向的享乐主义。以当下为导向的危险诱惑他们吸毒、酗酒、滥交、意外怀孕、冒险、破产和犯罪。

没有习得一个以未来为导向的时间观所引发的问题显而易见，但解决这些问题的答案却并没有那么显而易见。首先，那些过度以当下为导向的人通常不是没有意识到他们自己的问题，就是根本不想改变现状。他们就想按自己的方式来过自己的生活。相反，以未来为导向的人喜欢发现自己的问题并寻求解决的方法。对于那些以未来为导向的人，他们问题的来源通常都是因为在做决定的时候未能预测到一些随之而来的负面结果。解决这种问题的方法非常简单，只需要指出这些行为会带来的负面结果就可以了。以未来为导向的团体，比如像美国的计划生育组织就花费了无数的时间和金钱设计教育类的项目，教育以当下为导向的人，让他们明白当下的行为和未来可能会带来的后果：如果你选择没有保护措施的性行为，那么你在9个月之后就可能会有一个小孩，或者你随时都可能会得性病。

这些项目背后的逻辑是无可辩驳的，而且如果一个以未来为导向的人看了这些材料，一定会产生这些项目希望看到的效果。不幸的是，那些参加这些项目的、最可能从中受益的人却是那些以当下为导向的人。根据定义，我们就知道这些人不会有很强的以未来为导向的时间观。比如在加州圣马特奥的社区学校里，我们就找到了一些以当下为导向的学生。我们给50个学生上了一个为期两周的心理排练课，教他们通过想象预演排练自己在做的某个动作。换一句话说，我们鼓励这些孩子去想象一些他们在未来可能会做的事情的情景。

在接下来的两周里，约翰每天都会访问参加实验的两个班，带着他们上心理排练课。每个人都选择了某个个人的目标，然后让他们想象和那个目标相关的想法、感受和行动。一开始，他们选择的目标需要是在第二天可以实现的目标。在后面的几天里，他们选择的目标可以慢慢地延伸到更远的未来：下一周、下一个月、6个月之后、1年之后、5年之后、10年之后，甚至是25年之后。对照组也学习同样的心理排练课，但他们并不会每天都进行练习。两周之后，有一个学生吸毒过度、一个学生逃走了，还有一个学生辍学了。

那些学会了把自己的目标视觉化并且每天都练习的人，他们被记录下来的改变非常明显。那些定义不明的或者不切实际的目标——成为一个脑外科医生，变成一个摇滚明星，或者成为NBA全明星选手，被一些更具体、更详细又在他们的能力范围之内的目标所取代，比如拿到高中同等学力的文凭，不犯罪进监狱，回到正常的高中。他们对于是否能实现这三个人生目标的概率的估计，和他们以未来为导向的时间观呈正相关。

我们也发现，学生对于时间的态度发生了改变，这些改变不那么容易被量化，比如学生们在研究结束之后的讨论课上留下的这些感人的话。学生们写道："一开始，我并不知道这种锻炼是干什么的，但它帮助我完成了我人生中最重要的一个目标，那就是不要进监狱。练习的过程也非常有意思。"还有人写道："我人生中第一次设定了一个目标，并且完成了它。这在之前从来没有发生过。"

那些强调当下行为在未来会带来负面结果的项目，对于那些以当下为导向的人来说几乎没有影响，因为思考未来本来就对他们没有什么意义。相反，以未来为导向的人已经学会了认识到这两者之间的联系，因而也不会发展出成瘾行为。训练那些以未来为导向的人，相当于给那些已经得救成为基督徒的人布道。

用来灌输以未来为导向的时间观的传统训练项目，在最好的情况之下也只有微弱的效果。例如，6项独立的针对"毒品、酒精控制与教育"项目的长期效果的评估发现，那些参与了这个项目的孩子使用毒品或者酒精的机会和那些没有参加过的孩子并没有区别。有两种可能的方式可以改善这些项目，第一种是建立一些不需要参与者有未来导向的行为改变项目，这些项目应该仅仅通过当下的训练来改变他们当下的行为。我们目前看不到这样的项目，这从另一个方面也说明那些设计和评估项目的人基本上都是以未来为导向的人为主。

另一种方式是，把人们教育成以未来为导向的人，让他们可以从传统的行为改变项目当中受益。这并不意味着需要教他们在余生都做一份朝九晚五、一周五天的正常工作。这意味着我们需要给他们灌输足够的未来导向，让他们至少能意识到他们的行为会带来的后果。这也意味着需要让他们懂得什么叫意外事件，什么叫因果关系，什么叫延迟满足，以及什么是做计划，什么叫定目标，什么时候应该在达到目标的时候自我奖励，在违反社会风俗和道德规范的时候要学会自我控制。这些项目应该是一个让他们学会社会化的过程，因为大部分的以当下为导向的人并没有成功地内化这些规范。

我们也需要这样的项目来进行公共教育，来提出未来发展的结果，就像在20世纪80年代随着没有保护措施的性行为和艾滋病毒之间的关系被发现所做的干预一样。但对于大部分人而言，只有在他们学会了以未来为导向的时间观之后，他们才能懂得把自己的行为和这些不好的结果联系起来思考。

对于那些同时有着以当下为中心的享乐主义和以未来为导向的时间观的人来说，他们的未来导向对于他们的享乐冲动起着刹车的作用。那些在当下的享乐主义上得分高、在未来导向上得分低的人油门很大，但刹车不行。他们违反法律，打破常规，因为他们对于未来并没有概念。他们并没有"如果……那么……"的概念，只会考虑"如果……"的问题。以当下为导向的人之所以犯罪，是因为他们从来都没有学会过以未来为导向的时间观，或者他们的未来导向被消磨或者被掩盖起来了。

社会通常把未来导向的惩罚加在以当下为导向的罪犯身上。当人们犯下了罪行，我们以拿走他们未来时间的方式来惩罚他们，我们把他们送到监狱里去反省。对于以未来为导向的人来说，这种以未来的辛苦日子作为惩罚的方法无疑是非常强有力的威慑。但对于以当下为导向的人来说，牢狱时光却并不是什么大事。当一个人没有未来的概念时，如果他相信他本来就没有未来时，又有谁能把未来从他手中拿走呢？

我们的司法系统并没有很好地处理这些以当下为导向的人。几乎所有的传统行为改变项目都有一个通病，那就是它们都是由未来导向的人，为未来导向的人而设计的。我们生活于其中的世界就是一个由未来导向的人创造、为未来导向的人而创造的世界，而那些落后了的、以当下为导向的人就倒霉了。

为了找到一个当下导向被体制歧视的具体例子，我们可以看一下福利和社保系统的支持时效限制。美国旧金山湾区的阿拉梅达郡，正在讨论是否应该对一般性补助进行时间限制，把每月发放的补助限制在6个月内发放。加州其他的33个县已经进行了补助限制。从未来导向的角度来看，这个决定非常合理。本书的作者预测，有时限的补助计划将不会对那些以未来为导向的人有任何影响，因为他们当中很少人会真的需要这种一般性补助，如果需要，他们也会尽快找到工作，尽可能不领补助。从以当下为导向的角度来看，这将损害那些真正需要这些补助的以当下为导向的人。我们预测，这种限制会让政府省下不少的钱，但不能帮助那些以当下为导向的人真正走出领补助的命运。因为以当下为导向的人，很可能会对政府规定的时限无动于衷。我们预测，相对于以未来为导向的人，会有大量的以当下为导向的人因为逾期而拿不到补助。

　　解决这个问题的方法，当然要比简单地无限期延长补助期限要复杂得多。一个相对简单的解决类似问题的方法是，首先承认以当下为导向的人更需要接受政府补助。他们从不未雨绸缪，因而也更有可能会依赖政府为他们设立的防护网。第二步是，承认限时的方法是一种对于那些最需要补助的、以当下为导向的人来说并不适用的方法。简而言之，以当下为中心的人在这种局面中被惩罚了两次。他们的当下导向时间观让他们掉到了现在的局面当中，而向他们提供的解决问题的方案却是为了调动那些未来导向者的积极性而设计的。总而言之，我们要意识到，在我们的公共补助计划或者康复性的公共教育项目上，并没有一种简单的方法能满足所有人的需要。

　　以当下为导向的人，在21世纪可能是一群被忽视的人，而其他那些以未来为导向的人，无论性别、种族或者国籍，都会按照时间的规则工作和娱乐。享乐主义者却不会这样做。正如拉尔夫·埃里森在《看不见的人》一书中所描写的那样，有色人种被主流白人社会忽视，而当下导向者在现代社会中也是被忽视的。未来导向者的世界观在当下导向者的世界里也无处不在。以当下为导向的人所面临的歧视也是无所不在的，而且根植在现代社会的结构当中。例如，如果你问大部分的美国商业人士，他们是否会雇用一位在面试当中迟到15分钟的人，大部分的人都会说"不"。但在这个世界的大部分地区里，迟到15分钟其实都算准时。和埃里森的《看不见的人》不一样的是，以当下为导向的人并不能看着自己更深色的皮肤，问自己为什么拿不到这份工作。有一些以当下为导向的人并不知道自己在一个以未来为导向的社会里，他们其实是"看不见的人"。时间影响了我们的个人、社会、商业和政治生活，我们必须意识到并开始研究我们可以做些什么，因为我们对待时间的态度能使个人和集体的生活变得更好。

第 11 章
重置你的心理时钟

◔ 提升时间洞察力

时间对每一个准备使用它的人来说，已经停留了很久。

——列奥纳多·达·芬奇

完成伟大的事情，两种东西不可或缺：一个计划和不充足的时间。

——伦纳德·伯恩斯坦

本章的目的是为你提供一个指南，以帮助你形成合理且平衡的时间观念，让你更长寿、更充实、更快乐、更成功。在我们开始介绍之前，你必须确定自己是否真的想改变你的日常生活。改变你对待时间的态度绝非易事——你需要花长达数年的时间去了解你自己的时间观,而且(就算你了解了),你也无法在一夜之间就将它颠覆。尽管道阻且长,但你不妨即刻开始,循序渐进。

我们提供给你的方法是扬长避短。首先,我们会向你介绍何为最优化的均衡时间观,并且说明为什么它是高效生活的基础。接下来,我们会讨论,当你试图修正你的观念时,你会面对哪些挑战。最后,我们会为你奉上一些通用的方法和具体的策略,帮助你把其他时间观中的精华整合并入你自己的时间观中,以牵制你现有的繁复而极端的时间观念。我们会帮助你接纳时间的悖论,并且从中获益。

在开始之前,我们也希望你能够明白,我们并不打算给予你时间管理上的建议。现在市面上有太多诸如"自助"的书籍,告诉人们如何更好地利用当下有限的时间,从而在未来取得更多的成果。这些书籍指导人们如何在更短的时间内做更多的事情,强调目标及阶段性目标,规划待办事务清单,核对每日所完成的事务。活在现在和过去的人不需要"待办事务清单"——他们分别需要"正在进行事务清单"和"已完结事务清单"。因此,这些书籍仅对一小部分放眼未来的人有用。此外,这些书都是未来导向的,对于人们来说,过分重视未来可能会产生弊大于利的结果。

很多讨论时间管理方面的书籍建议你设定一系列的目标作为辅助,去攀登成功的阶梯。若无宏伟计划,很有可能在你奋力爬完梯子后,才幡然醒悟你的梯子错搭在别的墙头上。的确,我们同意越快明确你的个人目标越好,但是我们同样坚信攀爬本身就具有价值。不到山顶,你永远无法知道你可以俯瞰到怎样的景色。

在你把任务和目标分门别类放到日历盒子中去进行时间管理时,

你应该知道把什么放进盒子中，你需要评估你努力的方向和步骤。同样重要的是，你不要总是患得患失。

⏰ 最佳时间观组合

时间观会给你带来诸多误导，它会混淆你的视听，干扰你的思绪，使你不能充分欣赏自己，也会阻碍你的自我实现。它使你看任何事物都像通过一个滤镜一样。这个滤镜使你不能汲取过去的经验，享受当下，规划未来。然而，均衡而弹性的时间观会助你做出最合时宜的选择，让你用开阔包容的眼界去欣赏人类经验的全景。依据不同情况的具体要求，某个时间观必须先行，其他的时间观可能需要暂时后退待命。比如，当你手头有工作需要完成时，未来导向时间观必须来到第一线。而当你的工作结束需要放松时，享乐主义时间观则自然而然成为首选。而在节假日时，你需要准备享受家庭生活，积极怀旧的时间观可能最合适，它可帮你进入该有的状态。

依据我们的研究结果（当然我们也必须在此承认，作为西方人，我们也存在固有的局限和偏见），我们认为最佳的时间观是：

- 强烈的积极怀旧时间观
- 适度的未来时间观
- 适度的当下享乐主义时间观
- 较弱的消极怀旧时间观
- 较弱的当下宿命主义时间观

这样的组合有三大优势。

拥有对过去的积极看法，会给你根基，让你更加有底气。自我确认的中心，即过往经验。这些过往经验能够将处于不同时间、空间的你连接起来。积极的过往经历会使你踏实而坚定，使你的生活连贯而流畅，让你与你的家庭、传统习俗和文化更加协调。

带着未来观点，你能够描绘出一个充满希望、乐观和力量的未来。未来会给你插上翅膀，让你向着更高的目标飞翔。同时，让你在面对征途上的挑战时更加自信。它能够使你勇往直前，也能够使你无所畏惧。

而当下享乐主义会带给你生命的力量和活着的乐趣，让你解读人类、探索未知领域、发现自我。适度的享乐主义是积极的，它能够使人们领略自然之美，尽享欢愉。

最为理想的时间观极少包含消极怀旧观念和当下宿命论观念。我们所做的研究也证实了这两者不能给人们带来任何益处。新研究同样表明，消极怀旧和当下宿命主义时间观会导致人们的身心健康受到影响。在一项针对荷兰年轻人的研究中，一组受试者由接受精神治疗的病人组成，另一组则由精神状况良好的人组成。他们均被要求完成津巴多时间观量表、标准人格测试以及其他一系列测试。相较于精神状况良好的一组，正在进行精神治疗的受试者有更强的消极怀旧时间观和当下宿命主义时间观，同时，他们也有着更少的积极过往观念。实验者认为，这些时间观能够非常准确地反映出人们存在的问题，比如神经质、自控能力差、缺乏责任感以及人际交往困难。同时，当下宿命论、消极怀旧观也成了人们是否会自杀以及是否会萌生自杀想法的最明显征兆。

英国的一项研究表明，前文中所提及的两种时间导向与低自我实现感、低水平的积极态度和期待，以及高水平的消极态度和期待有关。最近，在大西洋彼岸的一项实验研究同样表明，时间观念因素会影响I型糖尿病患者调整和适应生活。其中，女性受试者的焦虑、抑郁和愤怒情绪都与消极怀旧和当下宿命论有关，而那些能够较好适应生活的患者，普遍都对当下生活抱有积极的看法，对未来有着更开阔的展望。并且，他们能够积极主动地规避对当下生活和自身状况的消极想法。这些患者还能够很好地处理对过往和当下的消极看法，并且以未来为导向，这也使他们获得了更好的治疗效果。

稍后我们会向你介绍一些方法，帮助你将消极的看法转化为中性，甚至积极的看法。在探索如何使你做出建设性的改变之前，我们想与你分享一个故事。

"一路向南"

在20世纪六七十年代的加利福尼亚州，嬉皮士常常在十字路口请求搭便车。一些摇滚青年，通常会举着一个板子，上面写着他们想去的目的地。有些路过的司机会带他们一程，甚至可以直接带他们去目的地。

有一天，菲利普·津巴多在驱车从旧金山去斯坦福大学的途中，遇到了一个年轻人，而这个年轻人的板子上只是简单地写着"一路向南"。剩下的故事让菲利普亲自给你讲述吧：

摩（"摩"是摩西的简称）跳进我的奔驰车里，直接坐到了副驾驶上。他的巨大背包和大型猎犬挤在后座上。他刚刚从当地的一所社区大学休学，准备去体验真实的社会。在我们稍作交谈之后，摩问我是否可以吸烟。"当然可以。"我回答道。但是，我并未意识到他在邀请我和他一起抽烟。他很慷慨地拿出烟与我分享，但我婉拒了。不过，我对他到底想要去哪儿非常感兴趣。

"你打算走多远呢，我只能载你到帕洛阿尔托。"我说道。

"可以啊。"他答道。

"到圣克鲁斯吗？"

"不，只是朝南走。"

"去洛杉矶？"

"不，只是朝南走。"

"你是要去墨西哥吗，我也很想去那儿。"

"不，只是朝南走。"

我不得不承认，我被他的闪烁其词弄得意兴阑珊，可他明明口口声声说着想过一种通透的人生，像一本翻开的书一样直白。因此，当我的车开到101高速公路上的斯坦福出口时，我跟我的这位乘客说："你在这里下。"

"喂，兄弟，你怎么一点儿都不酷呢。"

"我已经破例让你在车上抽烟了，这会给我带来麻烦的，你明白吗？我好心捎带你和你的狗一程，你却连去哪儿都不告诉我，而且……"

"噢，我懂了。你一定是认为我要去一个地方。但是你误会了，我其实漫无目的，只要朝南走就可以了。我真的没有具体的目的地，没有要去的某个特定的地点。因为就算我预先设定了目的地，也不见得能搭到去那儿的便车，这样一来，我会很沮丧。谁想背负着这样的心理负担前行呢？至少我是不想的。所以啊，只朝着一个大致的方向走，就算只有人带我走一小段路，我也不会失落，反正一直朝着南方走就好啦。你能载我这么一段路，我今日的行程已经完满。就算没能走得更远，我也开心，我已经做到了一路向南，你看是不是这个理儿？"

"嗯，我知道了，"我说，"但还是请你下车。"

"先生，感谢您载我这一程。祝您拥有美好的生活，从今天开始！"

后来，当我深刻地反思这段经历时，我发现我对未来的生活过分看重了。我设定好了要去的地方，一个标准的目的地，为了某些特定的缘由。我从来不敢想象没有旅行计划的旅行会是什么样子的。事实上，对于这个敢于说走就走，敢于漫无目的地浪费时光的孩子，我由起初的恼怒，转为嫉妒。他是在纯粹地追求着过程。而我，早就不再花时间去细嗅沿途的玫瑰了，因为我压根都注意不到它们的存在。我发现自己深切地渴望重新当一回孩子，去推迟所有的预约，扔掉那些待办事务清单，暂时搁置我需要承担的事务和责任。

当菲利普惊喜地发现自己心中隐秘的想法后，他接受了催眠治疗。正如我们在第5章所提及的那样，这项治疗使他原本狭隘的当下生活变得开阔丰富，也使他对过往渐渐释怀，对未来不过分忧虑。在专业研究的指导下，他着眼于个人经历，使自己的行为不再与时间捆绑，摆脱了时间观的桎梏。他在个人生活和学术研究两个方面的转变都充分证明未来导向可以向当下导向转化。在举其他诸如此类的成功转变的案例之前，我们还想分享一些关于菲利普·津巴多的事情：

> 从那天起之后的30年，每当我为应尽的职责义务而烦恼时，我就会闭上眼睛，拇指与食指相扣，然后念道："我正在一路向南。"这个简单的手势让一切事情都归置到平衡正确的位置上，并且提醒我要从无尽的追名逐利中抽出时间给那些所谓的"次要事情"——比如享受一次推拿按摩，联络一个老朋友，在本地的咖啡厅品尝一杯卡布奇诺，或者准备一顿烛光晚餐。

改变你的时间观

我们认为，人们的时间观是后天习得的，因此是可以改变的。当然，不是每个人都同意这个观点。很多心理学家认为，人们构想未来的能力是由基因决定的，故而很难改变，甚至不可能改变。我们在第4章提到过的那位年长的精英爱德华·班菲尔德就持有类似的论调，他给当下导向贴上了"病态"的标签。然而，如果他的观点是正确的，那么所有人在某一时间点上都是病态的，因为我们都曾是活在当下且及时行乐的孩子。同时，班菲尔德还认为穷人无法摆脱穷困的境遇，因为他们长期抱有当下导向的观念，经年累月地活在穷困的当下，并且毫无回转的余地。

对于是否可能改变人们对时间的态度以及与之相关的行为举措，我们的看法就乐观多了。菲利普所做的关于治疗成年人和青少年害羞的研究，以及他撰写的诸多关于社会影响和态度转变的文章，让我们有理由相信，对大多数人而言，当他们有充分的动机，并且学习了该如何去付诸行动时，他们的态度和行为是完全可以改变的。还记得我们在上一节提到过的孩子吗？在习得了一种心智模式之后，他们就由当下导向转变成了未来导向。

重置时间观

缓和紧张的未来

当你过度使用未来导向的时候，它会对你造成负面影响。试想，你是否处于无休止的竞争状态之中？你是否为了获得未来的成功不惜牺牲与亲友共处的时光？你是否正处于一种不断榨干生活的水分以获得更紧凑的生活节奏的困境之中？如果是这样，你就是在将过多的筹码放在了未来。

以下是一些帮助你获取平衡的时间观的建议。

首先，你需要少做些事情，而不是多做。当有电话调查问你有多忙的时候，我们期待你能够回答说："比上一年轻松一些。"这个回答意味着你在工作中表达出拒绝:"对不起,我做不了那些。"它也意味着当你在规划待完成事务清单的时候,划去了后面几项任务,并且在完成眼前的任务之前绝不会再添加新的任务。

你需要确定哪些是你必须做的事情,哪些是刻不容缓、重要至极的事情(剩下的都可以删除)。这样做的目的是精减你的职责和义务。请你尽可能地删除任务,直至你处于舒适区。这样的精减过程可能会影响你从小建立的、毋庸置疑的自我意识——做一个高效者,做很多事情。然而,当你不需要从事太多活动的时候,你也不必竭尽所能,顾及方方面面,此刻你才能真正充分施展你的才华和能力。高效多产从删繁就简开始——扔掉垃圾,清除衣柜中的旧工作服,推掉那些你不喜欢的活动。

拉尔夫·凯伊斯在他的一本专门解读紧张忙碌生活的著作《时间锁链》(*Time Lock*)中告诉我们:"一味盲目增加生活中的可能性会导致选择项泛滥,这正是形成时间锁链的关键因素,而缩小选择范围会帮助人们更专注地生活。"

在未来生活中,你需要练习给予和接受时间这个礼物。时间是你最珍贵的财富,因此在恰当的时机,请把时间给你最关心的人。同时,也请给你自己一些时间去休息,玩耍,娱乐,运动,享乐,重返童真。尝试在双休日中的一天什么工作也不做。不要忘了,你偶尔可以断绝与外界的一切联系。

在工作日,请试着不要让工作侵入你的家庭生活。全周无休、24小时待命的工作状态会吞噬你的生命。凯伊斯提醒我们,未来导向的人们常常忽略一个显而易见的事实:"匆忙紧张的生活是我们主动选择的。我们也完全可以选择慢生活、断舍离，这是我们的权利，但是要我们做出这样的选择并非易事。"

让我们从简单的事情开始做：不要开车上快车道，花时间去打招呼，并耐心倾听人们对此的回应。对着镜子里的自己郑重承诺，你会平衡好未来导向、复苏的积极怀旧以及振奋的当下享乐主义三者中的精髓部分。当你工作的时候，请你找到心流状态，因为内在动机所带来的愉悦感会把你不得不做的事变成你想要做的事。

缓和紧张的当下

你当下的能量具有绝佳的感染力，会吸引人们环绕在你周围。然而，这些能量若不加梳理，分散随意，则会干扰生活规律，而且造成浪费。你渴望冒险的那一部分天性会引领你四处游荡，去尝试那些众人避之不及的风险。在连天使都不敢驻足的地方，若你横冲直撞，胆大妄为，你的下场只会是死路一条。

如果节制是一种美德，那么这一点对于享乐主义者来说则是毋庸置疑的。将震耳欲聋的音乐调低音量，反而会使你更能听清歌词。若想锻炼大脑肌肉，你需要抵制那些不经大脑却富有魅力的诱惑。明白庄家总会是赢家，会使你不再那么迷恋赌博。不管你听到其他什么说法，只要你生活放荡、英年早逝，那么你的遗体一定会很难看。

如果你是一个成功的享乐主义者，你会为那些过度重视未来的人和僵化过去的人树立很好的榜样。你清楚地阐明了感官体验、情感体验和好奇心。将单纯的享乐主义调配成当下享乐主义时间观会让你调动起内在的智慧，你的焦点不仅要落于当下，更要锁定彼时他方。去享受和探索那些百无聊赖的时光,并在其中发现新的趣味;期待和揣摩未来的岁月,去想象在未知的剧集中你还会扮演些什么角色。最后要说的是,做一个领衔主演固然好,但是做一个导演或者剧作家更佳。这样一来,你就能掌控全剧的走向,并且可以为这幕剧创作出一个美好的结局。

抛开消极的过往

如果你受到复发性抑郁症的困扰,那么你可能持有消极怀旧时间观,它会广泛地影响你的生活,你人生中所有的负面经历都会受制于这一时间观。你会在每一件事情上责怪自己,认为什么都是自己的错。你不再认为是某件具体事情使你难过,而是发现生活处处都是失败和障碍。你对消极过往的关注会使你非常容易陷入一个抑郁沉思的恶性循环之中。

你若想要改变过往的负面经历,不仅要使这些经历转化为中性,还要发现其中被隐藏的积极因素。不论何时,一旦你发现一些似曾相识的负面经历正在重演,就要让自己迅速抽离出来,并且在你的回忆中添加新的片段。这些新片段可以是你刚刚经历过的积极事件或者情感。试着练习在乐观态度的光辉中,用新的积极个人经历去冲刷掉那些老旧的消极过往。这样做会使你对当下的经历保有一个鼓舞人心的态度,并且会引领你走向更美好的未来。

在这项重建时间观的治疗中,你不只是用美好的回忆来替代消极经历,你还在用现在经历中的活力因子去重新创造你的过往。你从心理上将过往经历转化为了你期待发生、应该发生、本可以发生的样子。

举例来说，一位女士对男性和男性当权者非常不信任，因为与他们的接触会使她回想起童年被父亲漠视的经历。难道她的父亲总是不理睬她吗？抑或这样的拒绝只是偶尔发生呢？试想也许是她满怀热情地跳到父亲的膝头，想要告诉父亲她今天遇到的事情，然而父亲并没有积极回应，而是说："亲爱的，我现在实在太累了，我们能不能晚一点儿再说？"而在这位女士的记忆中，父亲简短的解释被理解成为"我对你从来都没有什么兴趣"。如果她能重建她的回忆，她就会意识到，她的父亲是因为工作太累才没有陪她好好说话，她同样也会回忆起父亲在稍后给了她温暖的拥抱和晚安吻。

很多研究表明，你对于过去的很多记忆都是经不起推敲的，而且它们很容易就被歪曲。阿什利·布里连特对那些数年后回忆起的童年期间遭受体罚的记忆持怀疑态度，他解释道："有些事情会在我记忆中长存，然而它们却从未发生过。"

这一观察结论让人不禁联想起乔治·奥威尔在《一九八四》中对于利用政党权力篡改历史的评述：

> 将人们对于某一事件真实情况的记忆重塑成（政党）需要的样子，这是非常有必要的。当初到底真正经历了什么并不重要，真正重要的无非是存在于人们记忆中的永不停息的胜利罢了。

你完全可以塑造出自己的胜利，将消极的记忆颠覆，以此让你拥有更加积极的现在和未来。因为过去积极时间观会直接影响到是否有好的结果和健康的生活方式，这也是你所期待的。在过去，和其他人相比，也许你没有获得那么多的爱、成功和好运气，但是请你忘记这些吧！这一切都过去了，你与之和解了，你也决定要积极地看待你的过往，重新开始。

向未来导向转变

如果你被当下困扰或者沉溺于过去，以下是一些帮助你变得更以未来为导向的建议。

- 做第 5 章中的练习

- 设定几个你今天可以完成的、合乎情理的目标，然后为明天也设定这样的目标，再为这个月设定目标。将它们写在"将会完成事项清单"上。随身携带这份清单，并且定时回顾

- 戴上手表，就算它不走了
- 在你手背上写下未来的某一个重要日期

- 记录你朝着目标迈进的每一次
- 练习心理模拟，心理演练和可视化练习。逐步地将形象化延伸到未来，将对未来的愿景排成一个序列

- 如果你还年轻，请浏览"www.deathclock.com"网站

- 制定"待完成事务清单"，并按事情的轻重缓急来排列顺序。检查你所完成的事务，并给自己一些奖励。尝试去找出让你没能完成余下部分的原因

- 练习延迟满足。准备一碗诱人的巧克力、坚果、樱桃，或者任何你爱吃的东西，然后在心中把它们密封起来，默念："等一下再吃。"

- 预设一个允许自己尝一口的时间

- 避免酗酒

- 拒绝诱惑

- 读些优秀的科幻小说,尤其是那些未来主义的科幻小说
- 准备预约日历簿,记录你预约的体检、牙医、视力检查
- 将使用牙线清理牙齿作为你的每日仪式
- 与未来导向者交流,了解他们的世界(学习他们的优点,同时别走极端)

- 不要把这个世界想象得非黑即白。考虑一下灰色地带,去理解那些在极端中间的诸多可能性。试着体会偶然性、选择项和概率
- 朝着长远重大的回馈努力,不要只盯着眼前的蝇头小利
- 在你的个人生活中营造一些稳定性,以便对未来做出一定的预测

向当下导向转变

如果你被未来牵制或者沉溺于过去,以下是一些帮助你变得更以现在为导向的建议。

- 做第 4 章中的练习

- "一路向南"

- 为自发行为做准备。选出双休日中的某一天,不对其做任何规划。等到了那一天,再决定做什么。(对于那些超前享乐者,我们建议让其他人来为你决定做什么事情,然后你依旧要享受其中。)

- 练习放松、冥想、瑜伽以及自我催眠

- 去一个喜剧社
- 练习讲笑话

- 别戴表
- 去拉斯维加斯

- 适量饮酒
- 买一个宠物
- 练习专注

- 去游乐园
- 听现场爵士乐演奏
- 与孩子玩耍，配合他去玩一个游戏
- 学习新东西

- 学习即兴表演的技能，并参与即兴运动
- 学着放松身心。放风筝，吹泡泡，掷飞盘。每当你觉得自己太严肃或者太懂事的时候，试着变愚钝一点儿
- 享受爬山远足
- 去KTV欢唱，走调也没事儿
- 练习享受身体感官的愉悦。定期去做按摩，做SPA，泡热水澡，蒸桑拿，或者长时间淋浴
- 让自己开怀大笑，痛快去哭
- 去一家新的餐厅吃饭
- 答应大部分的邀约

- 从当地的救助站领养一只宠物
- 结交一些享乐主义者

向积极怀旧导向转变

以下是一些帮助你变得更有过去积极时间观的建议。

- 做第3章中的练习
- 参加一个传统文化活动

- 弥补以前的过失

- 看看你中学时的年鉴
- 做一个剪贴簿，记录下你的过往。你能找到的所有有关你自己、你的家人、朋友的照片、信件和报告册，并全都放在剪贴簿中。写下你对你生活每个阶段的反思
- 录一段关于你家庭的口述历史。采访过程从最年长的亲人们起，直到最年幼的那一个。在一个自在而

隐秘的地方录制。让录制过程充满快乐和放松，无须对此做出任何评价，你就是一个有兴致的文化人类学家。作为一个记录者，你也可以采访一些人，问问他们对于某些特定活动的记忆，或者他们对于你年轻时候的特殊记忆

- 给一位老朋友打电话
- 告诉你的父母你爱他们

- 帮助准备家庭聚会，并且参与组织和执行
- 向你的父母、祖父母以及特殊的亲人道谢，感谢他们曾经为你做的一切。通过便签、电话、贺卡甚至电子邮件去表达谢意，做了之后你就会知道，这样做给你和亲人们带来多么美好的感受

- 回你的故乡看看

- 看一部老电影，读历史小说和人物传记，听一些老歌或者古典音乐

- 开始记日记，并且偶尔回过头去读一读
- 把捕捉到欢乐时光的照片放在你的房间中

- 与持过去积极时间观的人相处，避免接触持过去消极时间观的人

打造崭新的均衡时间观

那些拥有均衡协调时间观的人生活得更快乐。英国一项最近的研究将均衡的时间观定义为：在积极怀旧、未来和当下享乐这三项积极时间观中得分超过平均分，并且在消极怀旧和当下宿命时间观这两项中得分低于平均分。150名符合以上得分要求的受试者在各项幸福指标测试中也得到非常高的分数。他们对自己的过去、现在和未来都非常满意，并且他们都有着乐观积极的心态。更为重要的是，这些拥有

均衡时间观的人，都更充分地完成了自我实现——他们在职场中更成功，与家庭和朋友相处得更愉快。另外一项用苏格兰人作为受试者的关于平衡时间观和幸福感的研究也得到了一致的结论。

时间观的延续性和均衡度同样对拥有幸福感且能干的人至关重要。比如，延续性被证实与智力、成就、身份认同、自我实现和对待时间的积极理解相关。一项在美国人和南斯拉夫人之间的对比研究发现，高产出性的时间导向和成年人的幸福指数有着重要的关系。

和我们的均衡时间观概念有关的还有时间（管理）能力，该能力是自我实现的必要因素。时间能力量表旨在测量个人时间观中的均衡度和延续性。这两个概念是互补的。

> 能够自我实现的人首先有时间（管理）能力，他们会充实地活在当下。这样的人，能够将过去和未来与现在连接成有意义的整体。对比那些没有自我实现的人，他们背负较少来自过往经历的内疚、悔恨和厌恶情绪。同时，他们还会将当下的工作目标与长远的抱负形成有意义的联结。这是一种对于未来的踏实恳切的信念，既不生硬刻板，也不虚无缥缈。

该工作的时候就忘我地工作，该享乐的时候就尽情享乐。趁着祖母还健在的时候，开心地听她讲那过去的事情。与你的朋友保持有意义的联系。孩子们睁着好奇的眼睛去看这个世界，你也要睁着好奇的眼睛去看待孩子。听到一个笑话，看到生活中滑稽的事情，就放声大笑。释放欲望，享受激情。记得未雨绸缪，也莫负阳光。你的社交行为和性行为与理性自我是相辅相成的。充分地去主宰你的人生。以上都是在习得均衡时间观后，你可以获得的益处。而在获得这些益处之后，纵使生命时钟无情而冷漠地转动，你已然找到了可以从容开启个人幸福和人生意义的钥匙，足矣。

若想拥有更有品质的生活，你需要做的最重要的一件事情就是用崭新的、平衡的时间观换掉那些陈旧的、扭曲的时间观。改变从来都是痛苦的，但痛苦只是短暂的，改变之后的收获会让你深感痛得值得。一旦你找到了时间观之间的平衡，你就能自在地从过去、现在和未来找到最好的部分，然后打造一个全新的自己，也是更好的自己。

第 12 章
时不我待

让你的人生更有意义

> 生活不过是一个又一个的时间点,让我们享受其中。因此,当它还在继续时,不要荒废它。
>
> ——普鲁塔克

我们认为,塞缪尔·贝克特的《等待戈多》是有史以来动作最少的一幕话剧。正如剧名所暗示的那样,本剧的"行动"由两个主角完成——流浪者弗拉基米尔和爱斯特拉冈日复一日地在一条荒路上等待着那个神秘的戈多。漫长的等待让人痛苦,甚至濒临崩溃,对弗拉基米尔如此,对爱斯特拉冈如此,对观众亦是如此。

贯穿全剧的线索暗示着我们,不能以一种惯常的眼光来欣赏《等待戈多》。比如,该剧的表演均以一种荒诞的顺序展开。弗拉基米尔和爱斯特拉冈等了戈多一整天,但是戈多却没有来。他们只好接受了戈多当天不会来的事实,但是很快他们又重燃希望:说不定戈多明天会来呢?夜幕很快降临了,弗拉基米尔和爱斯特拉冈非常沮丧,他们决定放弃等待,去找地方休息。

> 爱斯特拉冈:好的,那我们走吧?
> 弗拉基米尔:好的,我们走!
> (他们一动不动。)

他们是如何做到以静为动的?其实,他们所说的"动"并不是你所认为的"动"。他们的"动"是以时间的流动来计量的,而非空间上的位移。在这狭窄简陋的舞台上,贝克特将人类生命凝练至其最本质的状态。他摒弃了传统意义上的进程和时间概念,揭示了人类存在的本质。从最根本上说,贝克特剥离了物理空间和人们在其中的活动,却没有阻止时间的流逝。

弗拉基米尔和爱斯特拉冈的人生和我们的不一样。在他们等待的过程中,他们讲故事,说笑话,结识新的人,亦哭亦笑。他们做些无意义的运动,继而又感到厌倦。他们也互相寻求帮助。对于弗拉基米尔、爱斯特拉冈和其他人来说,无聊的时光总是漫长的,欢乐的时光总是短暂的。弗拉基米尔和爱斯特拉冈发现,不论做什么,时间都是一样在流逝,并无快慢之分。这是宇宙间的基本规律:时间不停在流逝。演员的时间会流逝,观众的时间会流逝,宅在家中的人的时间也会流逝。

🕐 人生苦短，你在等待什么？

在连续的几天中，弗拉基米尔和爱斯特拉冈接连几天碰到了波佐和他的仆人幸运儿。波佐声称弗拉基米尔和爱斯特拉冈在等待戈多时脚踩的土地归他所有。第一天，波佐让幸运儿做了一场即兴演讲，来给弗拉基米尔和爱斯特拉冈消遣逗乐。尽管幸运儿的演讲意思含混，但他的措辞优美而清晰。次日，当这四个人再次相遇的时候，波佐并不记得他们之前见过，更奇怪的是，幸运儿哑了，波佐瞎了。弗拉基米尔询问幸运儿是什么时候哑的，波佐听后很生气：

波佐：(突然勃然大怒。)"你还要用你那该死的时间叨扰我多久？！真是可恶！什么时候？什么时候？有一天！你对这个回答不满意吗？这一天和其他的任何一天并无二致。有一天，他哑了；有一天，我瞎了；有一天我们会聋了；有一天我们就出生了；有一天我们会死去。同样的一天，同样的一秒钟，满意了吧？(渐渐冷静下来。)他们让新生横跨坟墓，光芒一瞬，夜幕又落。"

尽管贝克特无法阻止时间的流逝，但他可以（在剧中）改变时间流逝的速度，数年好像在一日间就过去了，这也并不像我们的生活。就时间而言，只有三天是重要的：昨天、今天和明天。昨天是今日之前所有日子的总和，明天是今天之后所有日子的总和。这三天就是我们活着时所拥有的一切。

贝克特并不是第一个为人类存在的虚无和短暂而哀叹的人,他当然也不会是最后一个。在贝克特完成创作的 300 多年前,莎士比亚在《麦克白》中写道:

> 明天,明天,又一个明天,
> 一天接着一天地蹑步前进,
> 直到最后一秒钟;
> 我们所有的昨天,
> 不过替傻子们照亮了到死亡的土壤中去的路。
> 熄灭了吧,熄灭了吧,短促的烛光!
> 人生不过是一个行走的影子,一个在舞台上指手画脚的拙劣的伶人,
> 登场片刻,就在无声无息中悄然退下;
> 它是一个愚人所讲的故事,充满着喧哗和骚动,
> 却找不到一点儿意义。

很多伟大的思想家在找寻人生的意义。一些人寻见了,还有一些人发现了人生的虚无和荒谬。不论他们在何处寻找,就算他们没有找到意义,但也找到了时间。时间是一个人的核心部分。在本章开篇,我们引用了普鲁塔克的名言,对他而言,尽管生命短暂,但是在生命的火花中也许蕴含着一些意义。生命的全部意义,就在于去寻求生命的意义以及在何处能找到生命的意义。

充分利用时间

我们的时间是短暂的，不论我们做什么，它都会流走。因此，请让我们有目的地使用它。让我们的时间对我们每个人都有意义，对我们所接触的所有人都有意义。而问题的关键就在于该如何合理地使用时间。如果你知道为什么你的时间是有意义的，那么你就是幸运的，请准备在明天的生活中寻求新的目的。如果你现在还没有寻找到，稍等一会儿，你会找到的。

你生活的目的从何而来？正如成功和幸福一样，我们的目的存在于当下，同时，我们持之以恒地朝着未来努力，希望能够维系这个目的。我们每个人奋斗的目标各有不同，但为了目标而奋斗才是至关重要的。社会期望其实意义甚微，个人期望才是重中之重。弗拉基米尔和爱斯特拉冈的目的很简单，即在这个宿命主义的当下等待着。他们等待着似乎谁都不认识的戈多。弗拉基米尔和爱斯特拉冈对戈多的说法千变万化，一会儿说"可以说是个老相识"，一会儿说"简直不认识他"，一会儿又说"纵使相逢应不识"。尽管他们无法知道戈多到底是怎样的，但是他们依然选择去相信他，付出自己的时间来等待戈多。（除此以外）他们也拿不出更有价值的东西去表达对戈多的信任了。

你在等待什么呢？你在等待什么去赋予你的生活以目标、意义以及方向呢？当你在等待你的戈多时，时间流逝如常。不要让时间在不经意间溜走。当你意识到时间在流逝时，请你好好珍惜。

不同的人对时间有着不同的解读，有人认为时间是金钱，有人认为时间是爱，有人认为时间是工作，有人认为时间是玩乐，有人认为时间是与朋友相伴,有人认为时间是照顾孩子,还有人认为时间比这些有更多的含义。其实,你怎样使用时间,时间便是什么。现在,不要再等待了,你应该采取行动,充分利用生命。昨天时机不成熟,明天为时已晚,而今天则是我们每个人行动的最佳时期。

寻找目标是个人追求。只有你自己知道你什么时候到达成功的彼岸。我们不能陪伴你,但是我们可以告诉你一个简明的起点,我们称之为时间的黄金准则——"你希望别人如何去使用时间,你就要求自己如何去使用时间"。难道你不希望他人努力工作,倾其所有的才华,给你和他们自身带来益处吗?难道你不希望他们为施展才华后得来的成功而高兴吗?难道你不希望他们沉浸在当下的欢愉中吗?如果对于以上问题,你的答案都是肯定的,你也应该对自己抱有相同的期待。

重温,沉浸,享受

显而易见,时间的黄金法则是我们对传统黄金法则的延伸,传统的黄金法则即"你希望别人怎样待你,你就要怎样待别人"。这条法则合乎情理,如果我们都遵循它来生活,世界会变得更加美好。然而,若我们仔细思索一番就会发现,这条法则仅在某些情况下适用。在很多时候,我们并没有为他人做任何事情,他人也没有为我们做任何事情,我们只关心自己的事情。在这些时候,传统的黄金法则并不适用。但是,如果我们从时间的角度来重新诠释这条法则,它就变得处处适用了。因为就算是在我们独处的时候,时间也在流逝。试想，如果我们都依据时间的黄金法则来生活，世界将会变得多么美好。

黄金法则在很多宗教中都很常见，它主要是告诉人们如何智慧地运用时间。请你读一读下面这段话，猜猜它出自哪种宗教学说：

> 当我见到老朋友的时候，我常常会感叹光阴荏苒，同时我也会由此反思自己是否合理地运用了时间。合理运用时间是至关重要的事情。我们拥有这肉身，特别是这构造奇妙的大脑，我觉得每一分钟都是珍贵的……因此，我们需要充分利用我们的时间。对我来说，合理利用时间即是：如果可以，你就去服务他人，去兼济众生。如果你做不到，至少你不能伤害他们。我认为这是我人生哲学的基本。

目标宣言很简单。若力所能及，就帮助他人。若力不从心，至少不伤害他人。没有人可以给你一个目标，除了你自己，没有人能够替你赋予时间以意义。你可以选择不开始这次旅程，但是请记住，时间一样会流逝。

不论你为了何种目的而活，时间都会给你三次机会变得快乐。积极怀旧的时间观可以带你重温一切你所能记得的快乐时光；当下享乐主义的时间观可以带你沉浸在当下的幸福与欢乐之中；最后，未来导向的时间观可以带你去为将来的幸福做准备并且享受着期盼带来的欢乐。不论你从何处寻找到了幸福，你一定要留给自己足够的时间去享受这种幸福。把时间作为礼物送给自己，如果你不留给自己时间去快乐，那么其他人就更不可能做到了。

如果你对你的过去、现在和将来并不满意，也不要担心，要相信一切都是可以改变的。时间会塑造我们，正如河流塑造河岸那样。我们并不能总是预测改变的方向或者改变发生的速度，但是我们确信，改变是一定会发生的。有些时候，小小的改变积少成多，就成了剧变。一捧捧泥沙不断地堆积就能改变壮阔的密西西比河的河道，你在对待时间的态度上一点一滴的转变，会不断累积直至影响你的整个人生。改变的速度不会总是如你所愿，但是改变总是会在适当的时候出现。

让我们回溯到你与我们这段旅程的最初。那时，你知道个人的时间观会影响其所做的决策，而社会共同的时间观会影响国家的命运吗？现在，我们指出了这些影响，我们也希望你能用这些新知识去改变自己和他人的命运。

尽管我们分析了每一种时间观的利弊，但我们最想传递的信息则是：塑造一个平衡的时间观会使你的生活变得更好。适度的未来导向与当下享乐主义，再加之固定剂量的积极怀旧时间观，就是我们所倡导的最理想的时间观组合模式。如果你能够根据不同的事宜来灵活地转换时间观，你就能最大程度地利用时间。

🕐 一切尽在你手中

不论你是独酌的饮者，还是一国领袖，时间的流逝都是一样的。时间对于你来说举足轻重，而且到最后，它会成为最重要的事情。时间就是你所拥有的一切。也许你在用时间寻找幸福和目的，不论它们对你来说意味着什么。在家人、朋友、同事和学生的簇拥下，菲利普和约翰在时光的河岸上翻动着有趣的石头，寻找人生的目标。我们在不断地寻求新的知识以平衡我们对昨日所得的感激，对今日所得的敬畏，对明日所得的希冀。在与你同行的旅途中，我们为你翻开了许多石头，当你发现了这些石头下埋藏的东西时，我们希望你能尽情享用它们。当你花时间在读这本书的时候，我们会是你的好管家，但愿这本书能以某些方式激发你去重温昨昔，享受今朝，主宰明天。

后　记

忙，越来越忙

在我们完成了本书的第一版后，这个世界发生了很多变化。全球经济萧条，格陵兰冰盖也有着相似的灾难性命运。具有讽刺意味的是，全球气候变化是为数不多我们可以预见（但没能避免）的事情。我们确信，人们对待时间的态度依旧在规划人生和塑造世界的过程中起着重要作用。毋庸置疑，人们的生活和世界是非常复杂的。身体的、心理的、环境的因素都对我们有着显著的影响。此外，个人对待时间的态度是其他心理过程和态度的基石，也是人们感知和体验这个世界时所用的滤镜。庆幸的是，近期的研究阐明了这一滤镜是如何塑造和引导人们日常生活的轨迹的。

未知世界中的健康与幸福

首先，为大家带来一则好消息。尽管当今世界充斥着喧嚣、无常和焦虑，但大多数人还是快乐且健康的。2008 年夏，我们与《今日美国》合作展开了一次调查，结果表明，有64%的受访者（超过2 000人）表示他们"快乐"或者"非常快乐"，只有9%的人在报告中表示他们"不快乐"。同样的结果也出现在由受访者自我汇报的身体和心理健康调查中。有65%的受访者在报告中称他们身体健康，而报告自己心理健康的受访者的比例甚至高达72%。只有不足10%的人在报告中称自己身体或心理不健康。调查取样并不是随机的（它是基于网络的），并且数据是通过受访者的自我报告收集来的，所以当我们在概括结论时，的确需要谨慎小心。但是，这些数据的确描绘出了一个有关快乐和健康的美好景象，至少对《今日美国》的读者来说是如此。快乐和健康在不同性别和年龄组中分布均匀——尽管在自我报告中称自己心理健康的年长者会稍多一些，（大概是因为）时间确实可以治愈一切伤口！总之，尽管人们在世界上会陷入某些困境，但是他们还是能保持快乐和健康。

然而，健康和快乐并不是均匀地分布在各个时间观中。正如我们在第9章中所报告的研究结果，《今日美国》的调查显示，相较于在积极怀旧、未来以及超未来的时间观中得分较低的受访者，在这三项中得分高的受访者的自我报告表明他们更快乐、更健康。相反，在消极怀旧和当下宿命主义时间观中得分较高者比得分较低者的快乐、健康程度要低一些。

这个结论让我们确信，理想健康的时间观结构应该包含强烈的积极怀旧时间观，适度强烈的未来时间观、当下享乐主义时间观，较弱的消极怀旧时间观和当下宿命主义时间观。消极怀旧时间观和人的快乐、健康之间的关系非常明显。就平均水准而言，在消极怀旧时间观这一项得分较高的人比得分较低的人报告自己快乐的比例要低40%，称自己心理健康和身体健康的比例分别低38%和26%。

明显加快的生活节奏

大多数人都很忙

我们在2008年与《今日美国》合作开展的调查触及了快乐和健康问题，这项调查的大部分内容都和人们对待时间的态度以及他们的生活节奏联系紧密。除了时间观，这项调查还包含与忙碌有关的内容，比如人们在太忙时会牺牲什么？哪些事情会使人们感到愤怒和不耐烦？以及人们会用什么高科技产品来节约时间？有69%的受访者表示，他们"忙碌"或者"非常忙碌"，只有8%的人认为自己"不怎么忙"或者"完全不忙"。相较于男性，女性的自我报告显示她们更忙一些，而且在中年的时候这种忙碌达到顶峰。那些30岁以下或者60岁以上的人会清闲一些。具有强烈当下宿命主义时间观和消极怀旧时间观的人的自我报告显示，他们认为自己不怎么忙，而具有强烈积极怀旧、未来和超未来时间观的人更忙碌。

大多数人希望自己不那么忙

将近一半（49%）的人希望自己能够更轻闲，大约37%的人与他们恰恰相反，而剩下13%的人对此不确定。女性比男性更希望自己能轻闲些，同时中年人比青年人、老年人更希望能够轻闲些，而60岁以上的人却希望更忙碌。此外,具有强烈过去时间观的人想要轻松一些,而当下享乐主义时间观薄弱的人想要更忙一些。

今年比往年更忙

受访者对于"今年是否比去年更忙"这一问题的答案高度一致,我们只发现了两个明显的差异。60 岁以上的人觉得自己今年"似乎"和去年一样忙,此外,具有强烈消极怀旧时间观的人觉得自己今年比去年忙。正如第 2 章中所提到的,人们常常觉得他们生活在时间的风口浪尖,并且拥有不同时间观和处在不同时间阶段的人普遍感觉到生活节奏在加快。在 2008 年的调查中,51% 的受访者表示他们今年的生活比去年要忙碌。很久以前,在 1987 年的一项平行研究中,47% 的受访者表示他们比上一年更忙碌。(除去一些抽样方法的细微差异,这 4% 的差异在误差允许的范围之内。从本质上来说,1987 年和 2008 年的调查结果并没有什么差别)。这可能是因为生活节奏加快的速率在 2008 年和 1987 年是一样的。然而,我们认为更有可能是因为我们对待生活中"加速"的态度没有改变。生活节奏总是在给个人、社会和商业活动施压。

我们都在做什么?

不要冷落亲友以及我们自己

我们发现,两项调查中存在很多一致的地方。在 1987 年和 2008 年,大多数人都感到忙碌,并且觉得这一年要比上一年更忙,很多人希望自己能够清闲一些。上述这些结论都没有什么改变。然而，2008年的调查结果表明，当人们感到特别忙碌、特别有压力的时候，他们会冷落朋友、家人和自己。大多数受访者报告说，他们会牺牲自己在兴趣爱好（57%）、睡眠（56%）、做家务琐事（56%）和娱乐（52%）方面的时间。更严重的是，很多受访者报告说他们会牺牲与朋友（44%）和家人（30%）在一起的时间。还有一些人甚至说他们会牺牲工作的时间（6%）。牺牲做家务琐事的时间可以理解，谁又真的想做这些呢？然而，牺牲睡眠甚至是与家人朋友在一起的时间会严重威胁人的身心健康。

当论及严重的心理后果时，有40%处于婚恋关系中的人报告说，"没有足够的自由时间在一起"给他们的关系带来压力。其他给婚恋关系增压的因素依次是经济问题（36%）、关于如何支配自由时间的决策（23%）、家务分配问题（20%）、性的问题（19%）以及如何教导孩子的问题（13%）。缺少时间比经济问题和性的问题给婚恋关系带来更多的压力，这也许是因为我们从来没有足够的时间去讨论钱或者性生活。

当成年人养育下一代的时候，他们的孩子也会遭受因快节奏的生活而带来的痛苦。在我们1987年和2008年的调查中，最显著的差异是有关家庭晚餐的。在1987年，59%的受访者报告称他们每天都与家人共进晚餐。到2008年，这个百分比跌落至20%。在20年间居然有66%的降幅！对于拥有任何时间观的任何人来说，这一日常的家庭传统在当今已经极少被延续，那些最有可能去继续这一传统的，具有强烈积极怀旧、未来以及超未来时间观的人也很少能做到。这也许是因为家庭晚餐的时间被其他的事情弄得四分五裂，例如各种工作任务、作业、家务杂事、游戏以及电视真人秀。因此，家庭成员会各自解决晚餐，而不是一起享用。

在超未来时间观中，得高分者在任何情况都不会比得低分者牺牲更多自己在其他方面的时间，这种现象是其他时间观所没有的。实际上，具有强烈超未来时间观的人比该观念薄弱的人更少可能会牺牲假期和与朋友相处的时间。以下为根据《今日美国》的调查数据形成的时间观简况。

附表 1

强烈的积极怀旧导向	强烈的消极怀旧导向	强烈的当下宿命主义导向
• 更快乐、更健康	• 最不快乐、最不健康	• 更不快乐、更不健康
• 当排队或者堵车时较少愤怒或者不耐烦	• 当排队、堵车、寻找车位、等待网页加载，或者等待餐厅服务、政府措施、公交车、修理工和电脑启动时较容易愤怒或者不耐烦	• 当寻找车位、等待网页加载，或者等待政府措施、等车、等待维修工人或者排队时较容易愤怒或者不耐烦
• 非常忙碌时，会牺牲去教堂、发展兴趣爱好、参加晚宴或者去电影院的时间	• 非常忙碌时，会牺牲花在家庭、朋友、假期、娱乐、外出吃饭、睡觉、去电影院和去教堂的时间	• 牺牲慈善活动、假期、去教堂、参加文化活动、外出吃饭和工作的时间
• 不会牺牲家庭	• 用吃快餐、使用电话银行服务和发短信来节省时间	• 用电视购物来节省时间
• 用微波炉、语音邮件、硬盘录像机、电子邮件、目录邮购和发短信来节省时间	• 较少雇用清洁工去节省时间	• 较少雇用清洁工去节省时间

（续表）

强烈的积极怀旧导向	强烈的消极怀旧导向	强烈的当下宿命主义导向
• 较少可能因为性生活问题导致婚恋关系压力	• 较多可能因为性生活、经济和家务琐事问题导致婚恋关系压力	• 较多可能因为性生活、经济和教养子女问题导致婚恋关系压力

附表 2

强烈的当下享乐主义导向	强烈的未来导向	强烈的超未来导向
• 更快乐、更健康	• 更快乐、更健康	• 最快乐、最健康
• 当排队时较为愤怒或者不耐烦	• 当等待修理工、迟到的人或医生时较为愤怒或者不耐烦	• 当堵车、等车、等待电脑启动时较少愤怒或者不耐烦
• 非常忙碌时，会牺牲去教堂、发展兴趣爱好、参加晚宴或者去电影院的时间	• 牺牲兴趣爱好、娱乐、假期和看电视节目的时间	• 不会牺牲假期和与朋友共度的时光
• 牺牲慈善活动、家庭、假期和工作	• 不会牺牲家务、工作和睡眠来节省时间	• 吃快餐、用微波炉、车载电话、语音信息和电话银行服务来节省时间
• 用发短信、实时信息、快餐、洗衣服务、微波炉、语音邮件、隔夜航运服务来节省时间	• 较少可能为节省时间吃快餐	• 较少可能使用实时信息去节省时间
• 较多可能因为如何利用空闲时间导致婚恋关系压力		

举例来说，具有强烈积极怀旧时间观的人更可能牺牲去教堂、发展兴趣爱好、参加晚宴和去电影院的时间，但是较少可能

牺牲与家人朋友相处的时间。这表明他们很珍惜与重要的人相处的时光。

相较于其他时间观，在消极怀旧时间观这一项得分高的人会牺牲更多，包括他们花在家庭、朋友、假期、娱乐、外出吃饭、睡眠、看电影和去教堂的时间。事实上，他们基本牺牲了所有对社会健康和心理健康重要的事情，这和之前所提及的，他们在快乐和健康两项得分低的报告结果非常吻合。在当下宿命主义时间观这一项得分高的人同样会牺牲多项活动，包括慈善活动、假期、去教堂、参加文化活动、外出吃饭和工作，还有8%的得高分者会在非常忙碌的时候牺牲工作。当他们认为就算他们努力也得不到想要的生活时，工作成了一个理应舍弃的部分。然而，持有当下宿命主义时间观的人并不太可能牺牲家庭和朋友。

在当下享乐主义时间观这一项得分高的人也说自己会牺牲工作、慈善活动、家庭和假期。他们不会牺牲那些有趣的事情，比如说娱乐或者与朋友相处。在未来时间观这一项得分高的人会牺牲那些与他们目标成就无关的活动，包括兴趣爱好、娱乐、假期和看电视节目的时间。有趣的是，相较于在这一项得分较低者，得高分者较少会牺牲做家务琐事、工作和睡眠的时间。未来导向的人愿意牺牲享乐，但是不会牺牲他们的追求。

在调查一开始，受访者被问及是否希望有更多与家人和朋友在一起的时间，89%的受访者回答说他们希望如此。在之后的调查中，我们问受访者，假如每周都增加一天，他们会怎么利用？31%的受访者报告说，他们会用这一天与家人相处，其他的答案依次是，做些开心的事（26%）、花在自己身上（26%）、与朋友在一起（8%）和推进工作进度（8%）。总体而言，这些结果的分布结构是合理的，但就不同的时间观而言，又是很不同的。

在当下宿命主义时间观这一项得分高的人不大可能花时间陪伴家人，他们会更愿意花时间独处。而在积极怀旧时间观这一项得分高者与前者刚好相反。在超未来时间观这一项得分高的人更可能花时间与家人相处，较少可能会花时间独处或者找乐子。他们不会牺牲与家人共度的时光，同时他们也表示，如果每周有额外的一天时间，他们会选择与家人在一起。当下享乐主义时间观强烈者更可能会花时间找乐子，这些结论再一次与他们会牺牲的事情相吻合。

时间如何使人愤怒和焦躁

1987年和2008年的调查显示，很多和时间有关的事情会使人感到生气或者不耐烦。大多数人报告称在"等待迟到的人"（59%）和"堵车"（60%）时会感到生气或者不耐烦。这两项现代生活中的烦心事在1987年和2008年的调查中都高居榜单前两位。尽管调查结果就各项时间观而言都是相对一致的，但仍存在很多重要的差异。具有强烈消极怀旧时间观的人是最不耐烦的，几乎每件事情都会使他们生气，包括排队、堵车、寻找车位、等待网页加载、等待政府措施、等待餐厅服务、等公交车以及等待修理工。当下宿命主义时间观得高分者同样不耐烦，当他们寻找车位、排队、等待政府措施、等待网页加载、等待维修人员和等公交车的时候，他们会生气。

类似的部分事件也会惹怒未来时间导向的人。具有强烈未来时间观的人会因为等迟到的人而生气,他们因此事生气的可能性比一般人高 13%。比较起来,具有强烈当下享乐主义时间观的人要相对有耐心一些。当然,他们也会在排队时变得生气或者不耐烦,但是与该观念较弱的人相比,他们比较不容易因为候诊而郁闷。在消极怀旧时间观和超未来时间观这两项中得分较高的人不会因为前面提到的这些事件感到生气或者不耐烦。根据报告,这些人在等待或者堵车时较少生气或者不耐烦,因为这两种时间观使人能够对抗现代生活中的烦恼和挫折。这是乐观主义者的又一论点。

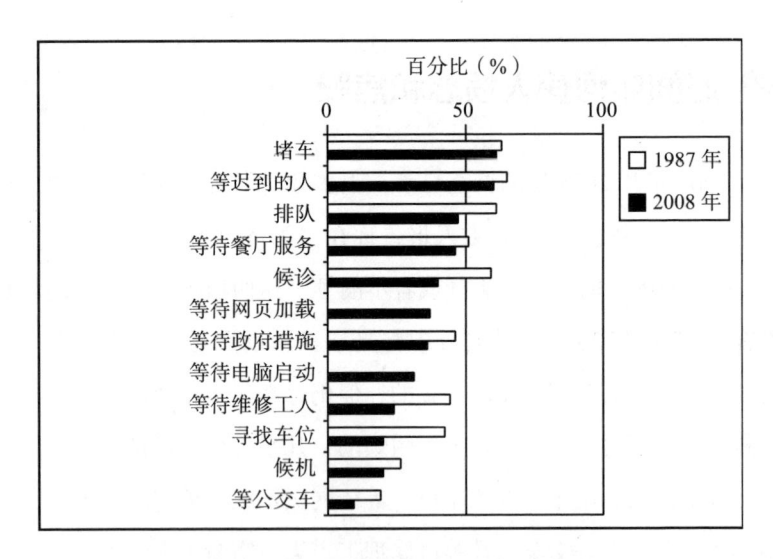

附图 1　让人感到不耐烦或生气的事件

避免高科技陷阱

虽然做出牺牲是应对时间有限这一事实的常见举措，但是还有其他方式可供选择——人们也经常用高科技来节省时间。自1987年以来，我们对待时间的态度的确并没有太大改变，然而，我们对待科技的态度显然不同于过去。在过去几十年间，科技改变了世界。1987年，激光磁盘还是新事物，DVD光碟还没有被研发出来，电子邮件仅在商务人士之间传递，互联网也仅限军队使用。而今，这些高科技早已融入我们的日常生活之中，以至于对很多人来说，离开互联网生活超过一个星期是不可能做到的事情，人们的生活会因没有网络而混乱。

科技有了很大的发展，人们用于节省时间的高科技产品也随之发生变化。在1987年，为了节省时间，64%的受访者选择使用目录邮购，15%使用电视购物。到2008年，这些比例分别陡降至16%和3%，这两者使用率的下降幅度超过了75%。那么，人们把过去用于目录邮购和电视购物上的时间花在哪里了呢？他们用些更新鲜、更快捷的方式来节省时间。在1987年，用家庭电脑来节省时间的受访者不超过20%，而今已超过72%。现在，大多数人为了"省时"，会使用电子邮件（81%）、自动取款机（60%）、网购（56%）和快餐（45%）。

不同时间观的人会使用不同的科技产品，这是完全可以理解的。举例来说，当下享乐主义时间观强烈的人比该观念薄弱的人，更多使用短信、实时消息、快递、洗衣服务和快餐。对于当下享乐主义时间观强烈的人来说，他们甚至可以从用于节省时间的各种方法中获得满足和快乐。我们预测那些在未来时间观这一项得高分者会用最多的高科技产品节省时间,但是他们并不比那些在此项得低分者使用更多的科技产品。令人吃惊的是,具有强烈积极怀旧时间观和超未来时间观的人是使用高科技产品来节省时间最多的群体。未来时间观强的人较少食用快餐,这也是可以预料的。这也许是因为这类人将生活规划得非常好,因此他们不需要去做什么事来节省时间。他们甚至可以从容缓慢地完成某些事情,比如说在家做一些健康的食物。

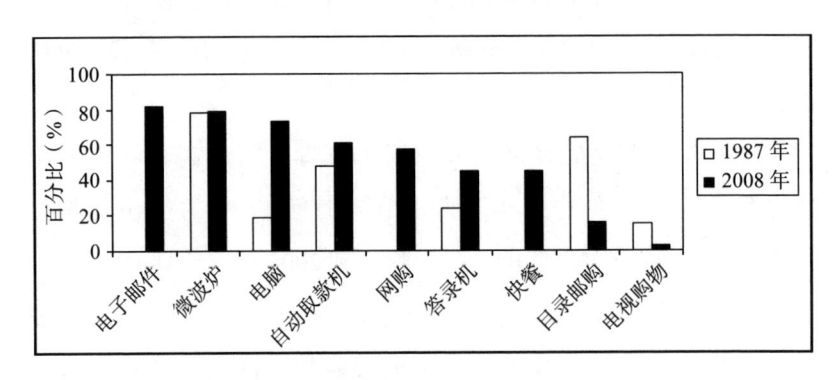

附图2 能节省时间的技术

这些经过时间考验的策略可能会让事情变得更糟

人们在非常忙碌时做出的牺牲也许在短期内是合理的。如果今天牺牲一小时会让明天收获两小时,这个策略就是可行的。所谓"及时缝一针,可以省九针"。然而,这种自我牺牲绝非长久之计,在某些情况下,它会演变成一种生活方式而不再只是一种策略。尤其是对于那些具有强烈消极怀旧时间观的人来说，某些牺牲会成为不健康的或非适应性的习惯。我们不能过着牺牲家庭、朋友和睡眠的生活。

科技是一把双刃剑，尽管它能够节省时间，但也会增加我们的压力、沮丧和愤怒。将近1/3的受访者表示，他们会因为等待电脑启动和网页加载而感到生气或者不耐烦。然而，电脑启动不过在几分钟之间，网页加载也不过需要几秒钟而已，但我们还是会生气，嫌它们太慢了！如今，更多的人会因为电脑而恼怒、焦躁。"技术治疗"会导致忙碌感。除非人们能够意识到这一点，否则沮丧和焦虑会伴随着新的"省时"科技产品的研发而日趋加重。

那么为什么很多人为了明天牺牲今天，依靠技术节省时间呢？他们做这些事是为了缓解对时间的焦虑，特别是对现在及未来的焦虑。对许多人来说，未来比现在更有价值，明天比今天更有价值。这可能听起来不合理，但这是许多人的生活方式。

我们该怎么做？

如果自我牺牲和科技并不是缓解时间紧迫感的正确方式，那么什么才是呢？首先，我们需要认识并且接受这一点——我们不能从自我牺牲、更高效的时间管理策略或者高科技产品中寻求到解决方式。正确的答案需要从内部寻找，即个人对待时间的态度。

一些及时的"药方"

以下四个步骤可以帮助你调整时间观，让你更幸福、更健康。

- **你感到忙碌并且在将来可能会更忙碌，你要接受这种感觉。**这种感觉直到你退休后才会改变。但是，从好的一面来看，忙碌的人更容易感到快乐。
- **学着放松，保持耐心。**有关放松的科技产品会帮助你对抗那些意想不到的挫折。持续增长的耐心会帮助你减少焦虑感。
- **重新审视当你很忙时所做出的牺牲。**当你做出一些牺牲或者取舍时，你很可能当时觉得没什么，但是请你确定这种取舍与你的价值观是一致的，并且不影响你成为你想成为的人。
- **认识到科技是一把双刃剑。**科技可以节省时间，但它也会带来新的烦恼。请当心科技由解决方法转变成问题本身的情况。

尽管这些策略适用于所有时间观，但是不同的时间观对快乐和健康的影响也不同。

积极怀旧的时间观

这种时间观和乐观积极的态度有着紧密联系。有着强烈积极怀旧时间观的人乐观、健康、有耐心。当非常忙碌时他们所做出的牺牲并不涉及身心健康的核心，同时，高科技产品也并不会对他们产生新的困扰。积极怀旧时间观薄弱的人需要去加强他们对待过往的积极态度。如果你在积极怀旧时间观这一维度得分很高，请你继续保持，并且保持乐观积极的心态。

消极怀旧的时间观

消极怀旧的时间观和积极怀旧的时间观恰好相反，而且具有一定的破坏性。有着强烈消极怀旧时间观的人比较容易不快乐、不健康，也比较容易被现代生活中的很多方面激怒（其中很多事是超出个人掌控范围的）。他们会牺牲一些与身心健康息息相关的人和事，高科技也会带给他们烦恼。与其他时间观的人相比，在消极怀旧时间观这一项得分较高的人尤其会在学习放松中获益，比如冥想、瑜伽，这些练习会培养他们的耐心。同样，当他们重新审视自己在忙碌时所做出的牺牲时，也会受益良多。牺牲家庭、朋友、睡眠会影响他们的个人价值观，并且使他们远离人群，易于患病。正如序言中所提及的，在对老兵的时间观念的治疗中，我们着重治疗那些因沉溺在消极过往中无法自拔所带来的问题，这样一来，接受治疗的很多老兵都从中受益匪浅。他们需要拔出深陷消极过往泥潭中的脚，踩在更加坚实的根基上，这样才会有更加美好的现在和未来。他们的另一只脚还有可能陷在当下宿命主义的泥潭中，他们同样需要拔出它，并且朝着享乐主义和未来迈进。这个比喻同样适用于长期抑郁的人群。

当下宿命主义时间观

具有此类时间观的人比较容易不快乐、不健康，也很容易变得愤怒、不耐烦。他们同样也能从学习、练习放松中获益。当非常忙碌时，他们会牺牲很多活动，但是相对于具有强烈消极怀旧时间观的人所做出的牺牲，他们牺牲的并不是快乐和健康的核心。具有强烈当下宿命主义时间观的人需要加强积极怀旧时间观、当下享乐主义时间观、未来时间观以及超未来时间观。对他们而言，强化未来时间观会使他们更少牺牲工作。

当下享乐主义时间观

具有强烈当下享乐主义时间观的人的状况相对良好，他们快乐、健康、有耐心、冷静。排队会让他们变得不耐烦，但这是因为他们等不及想去体验那些刺激的表演，而不是因为他们生气了。他们的确会牺牲家庭和工作，这是因为对他们来说，找乐子、交友和玩耍排在家庭和工作的前面。最后，如何分配自由时间会给他们的婚恋关系带来很大的压力，他们若能和伴侣好好沟通此类问题，也会受益良多。

未来时间观

具有强烈未来时间观的人快乐且健康，他们会因为等人而变得不耐烦和生气。对此，放松策略能让他们认识到，不是所有人都和他们一样以未来为导向。他们会牺牲一些活动，当牺牲程度较轻时，不会影响到他们的生活质量。但是他们需要警惕那些短期的牺牲是否会逐渐成为他们的某种生活方式，或者使他们的未来时间观失调。他们同样会获益于探索如何使用高科技来节省时间这一策略。正如我们再三强调的那样，以未来为导向的人通常会受益于闯入他们生活中的健康的享乐主义。

超未来时间观

超未来时间观是最能带来健康和快乐的时间观。具有强烈超未来时间观的人较少可能生气或者不耐烦,在忙碌时,他们也不太可能去牺牲生活中非常重要的部分。他们会使用高科技产品,但是不会受到它们的困扰。

多样化和均衡

综上所述,消极怀旧的时间观和当下宿命主义的时间观会降低幸福感,影响健康。如果你在这两项中得到较高的分数,我们由衷地建议你去强化其他时间观。请记得每天都做出一点儿努力,因为改变需要时间,挫折也会出现。与以上两种时间观相反,积极怀旧的时间观、当下享乐主义时间观、未来时间观和超未来时间观与幸福和身心健康息息相关。如果你在这些积极的时间观上得分较高,也请你记得适度即可,过犹不及,如果重心过分放在某种时间观上,同样会带来失衡,影响生活质量。失衡是健康时间观的敌人,而平衡是你的朋友。若你把所有的退休金都投到一只股票中,这是欠妥的行为。同理,如果你过分专注于某一种时间观,这也是很不明智的。

时间为你指明三条通向幸福的道路:过去、现在、未来。最明智的做法是将三条路的优势都充分利用起来。多样性是幸福唯一的"免费午餐",正如多样性在投资领域中(的角色)一样。在这无常的时代,谁能拒绝"免费午餐"呢?

在平衡的时间观中,我们每个人都有希望,这个世界也充满希望。当经济焦虑使当下时间观成为重心时,我们更应该保持未来时间观。我们从当下获得动力和能量去做出巨大改变,并从未来获得清晰的目标和方向,而对于过往的尊重会为获取平衡添砖加瓦。最后,实现对明天的理想,基于今天对过去的尊重和对未来的希望。我们对未来的希望,是过去、当下、未来三者的平衡与和谐,是理智与情感的平衡与和谐,是人与自然的平衡与和谐,以及众生的幸福和健康。